JN249819

DOBUN SHOIN

The Principles of Education
for
Young Children

2003

DOBUNSHOIN
Printed in Japan

保育・教育ネオシリーズ[1]

幼児教育の原理

第三版

【監修】
岸井勇雄
無藤 隆
湯川秀樹
【編著】
榎沢良彦

同文書院

authors

執筆者紹介

【編著者】

榎沢良彦（えのさわ・よしひこ）／第１章，第 11 章
東京家政大学教授

【著者】＊執筆順

岸井勇雄（きしい・いさお）／第１章
元関西福祉大学学長

鬢櫛久美子（びんぐし・くみこ）／第２章
名古屋柳城短期大学教授

田川悦子（たがわ・えつこ）／第３章
元鎌倉女子大学短期大学部教授

菱田隆昭（ひしだ・たかあき）／第４章
和洋女子大学教授

岡崎公典（おかざき・きみのり）／第５章
夙川学院短期大学学長

内藤知美（ないとう・ともみ）／第６章
田園調布学園大学教授

平野良明（ひらの・よしあき）／第７章
札幌国際大学教授

大久保 智（おおくぼ・さとし）／第８章
元京都文教短期大学准教授

横山文樹（よこやま・ふみき）／第９章
昭和女子大学大学院教授

矢持九州王（やもち・くすお）／第 10 章
花園大学教授

長谷雄一（はせ・ゆういち）／第 12 章
元大阪城南女子短期大学教授

Introduction

はじめに

グローバル化に象徴されるように，現在の社会は従来の枠のなかでの安定にとどまることが許されず，市場原理にさらされる自由競争の時代を迎えている。このことは基本的には必要なことではあるが，厳しい現実を伴う。優勝劣敗という弱者に冷たい社会。短期的な結果や数字にあらわれる成果の偏重。基礎的な理念よりも人目を引くパフォーマンスの重視など──。

これらは人間形成としての教育，とくに乳幼児を対象とする保育にとって，決して望ましい環境ではない。教育者・保育者は，すべての価値の根源である１人ひとりの人生を見通し，その時期にふさわしい援助をあたえる見識と実行力をもたなければならない。

こうした観点から，本シリーズは，幼稚園教諭ならびに保育所保育士（一括して保育者と呼ぶことにする）の養成機関で学生の教育にあたっている第一線の研究者が，研究の成果と教育の経験にもとづいて書き下ろしたもので，養成校のテキストや資格試験の参考書として配慮したものである。

各章の著者はそれぞれ研究と教育の自由を活用し，個性豊かに叙述したので，その記述に多少の軽重や重複が見られるかもしれない。無理な統一を敢えて避けたのは，テキストを絶対のものとは考えないからである。教科書を教えるのではなく，教科書で教える──といわれるように，あくまでもテキストは参考書である。担当教員は自ら大切と思う点を詳細に重点的に講義し，それだけでは偏る恐れがあるので，他のところもよく読んでおくようにと指示することができる。学生諸君も，読んでわからないところを教員に質問するなど，幅広く活用していただきたい。

「幼稚園教育要領」と「保育所保育指針」は，近年いちじるしい深まりを見せている保育学および周辺諸科学とともに多くの実践の成果を結集したものである。その趣旨が十分に理解されてよりよい現実をもたらすにはさらに少なからぬ努力と時間を要すると思われるが，本シリーズが，この重大な時期を迎えているわが国の保育・幼児教育の世界と保育者養成のために，ささやかな貢献ができれば，これに過ぎる喜びはない。

初版 監修者・編著者代表　岸井勇雄
無藤　隆
柴崎正行

Introduction

第三版改訂にあたって

2017（平成 29）年 3 月 31 日，「幼稚園教育要領」「保育所保育指針」および「幼保連携型認定こども園教育・保育要領」が改訂（定）され，告示されました。これらは，2018（平成 30）年 4 月 1 日より施行されます。そこで，新しい「幼稚園教育要領」等に合わせて，本書を改訂することにしました。

今回の「幼稚園教育要領」等の改訂（定）においては，保育内容については大きな変更はなされていません。改訂（定）の柱となるのは，幼児期から学童期へと子どもの成長・発達を，連続性をもったものとして捉え，それを踏まえた教育実践を行う点です。すなわち，幼・保・小の連携を強化することです。そのために「幼児期の終わりまでに育ってほしい姿」が具体的に明示され，実践を改善するためのカリキュラム・マネジメントの重要性が強調されています。また，すべての子どもの発達を保障する観点から，海外帰国子女等への配慮や，子育て支援のさらなる推進がうたわれています。これらの事柄は全く新しい事項というわけではありません。これまで，幼稚園等の教育においてある程度取り組んできたことです。子どもの発達の権利を保障するため，その取り組みをさらに質的に向上させることが，今回の「幼稚園教育要領」等の改訂（定）のねらいです。

本書の改訂にあたっては，各執筆者は上記の改訂（定）のねらいを十分に理解した上で，学生の皆さんが新しい「幼稚園教育要領」等の内容を理解できるように，各章の内容を見直し，適切に加筆修正を行いました。また，前回の本書の改訂から 9 年が経過しており，その間，幼児教育をめぐる環境や子育ての状況も変化してきました。そこで，必要に応じて新たな知見や最新の資料を取り入れるなどして，内容の充実を図りました。学生の皆さんが本書をとおして，幼児教育の原理を修得され，子どもの最善の利益を尊重する保育者へと成長されることを切に願う次第です。

本書の初版は 2003（平成 15）年 4 月に刊行されました。その編纂にあたられた岸井勇雄先生が昨年逝去されました。岸井先生は文部省（現・文部科学省）在職時より，幼児教育の充実・発展に努められました。文部省退職後は，幼児教育学者として幼児教育の在り方を追究するとともに，子どもの主体性を尊重する幼児教育の実践者を養成することに心血を注がれました。本書は，岸井先生のそのような幼児教育への熱い思いから編纂されたものです。今回，私が編者を引き継ぐにあたり，本書を見直し，岸井先生の幼児教育界への貢献の大きさを再認識しました。ここに，改めてこれまでのご尽力に感謝するとともに，岸井先生のご冥福をお祈り申し上げたいと思います。

2018 年 4 月

榎沢良彦

Contents

目次

第1章 教育とは何か

〈学習のポイント〉 ①教育というと堅苦しいイメージがあるが，本当は人間の子が人間らしく成長する喜びの営みであることを理解しよう。
②人間は誰でも素晴らしい素質をもって生まれてくるが，環境によって結果に大きな開きが生ずることを理解しよう。
③学習の本質は自発性であるが，それには大きな限界がある。必要な学習が楽しく行われるための指導であることを理解しよう。
④生涯学習を樹木にたとえると，幼児教育は目に見えない原体験を中心にした，根を深く育てる教育であることを理解しよう。

1. 人間形成と教育

1 人間も社会も教育によって成り立つ

あるものごとの果たす機能（はたらき・役目）を明らかにするためには，広く消去法が用いられる。たとえば，眼を閉じればものが見えない。だから眼はものを見るはたらき，つまり視覚の機能をもっている，ということがわかる。

この世の中に教育が存在しなかったらどうなるだろうか。いま，世界には60億を超える人々が生活している。そして年間約1億2,000万人が亡くなり，それを少し上まわる新生児が誕生している。つまり毎日約33万人が新旧交代していることになる。日本に限っていえば，年間約120万人，毎日3,200人前後である。そこで重大なのは，亡くなる人の大部分は人生を生き抜いてきた人で，この社会の知識や技術，つまり人間の文化を身につけた人であるのに対し，生まれてくる新生児は，そういう意味では何も知らない，何もできない存在だということである。

これは，人間とほかの動物との決定的な差異である。すなわちほかの動物は生きる力の大部分を，反射のメカニズムとして先天的に内蔵して生まれてくるのに対し，人間は生きる力の大きな部分である知識や技能などの文化を，後天的学習によって獲得する必要があるのであって，その学習の可能性だけが先天的に与えられている，ということによるものである。したがって，後天的学習を保障する教育がなければ，人間も社会も成り立つことができない。

2 人間は形成されてその人となる

世の中には「他人のそら似」とか「そっくりさん」とか，よく似た人がいる場合があるが，顔や姿・形などの外形上すべてが，まったく同じという人はいない。さらに人間としての内容，つまり感じ方，考え方，性格，知識，各種の能力などに至るまで同じという人は，絶対にいない。地球上の60億の人々は，それぞれ独自の内容を個性として生きているのである。

人間としての共通点をもちながら，それぞれの人が1人ひとり異なる内容をもっているという事実は，どこからくるのだろうか。その人間形成の要因は無数にあるが，大きく分ければ，先天的なものと後天的なものとから成り立っている。

人間形成の先天的な要因とは，両親から遺伝された素質である。これは人間形成の可能性を保障する基礎的な要因であるが，バイオテクノロジーによる遺伝子操作などを用いて素質を改善することは，考えるべきではない。こうした品種改良のような方法は，人間の尊厳に対する冒涜（ぼうとく）であるばかりか，実際上もはかり知れない弊害をもたらす恐れがあるからである。

先天的な可能性がよりよく実現するためには，どのような後天的な条件が必要かということを追究することが大切である。なぜなら，どんなにすぐれた人格や能力を備え，自分も他人も幸福にしている人でも，例外なく，生まれつきそのような人格や能力をもっていたわけではなく，生まれてから後の条件の中でその可能性の実現をみたものであるからである。また反対に不幸な結果の場合も，同様に，後天的な条件によって人格や能力の発達が不十分であったり，ゆがめられたりした結果であると考えられるからである。

3 人間形成の過程と後天的条件としての環境

それでは，人間形成に影響を与える後天的条件とはどういうものであろうか。それは出産時，厳密には受胎時，つまり生命としての個体発生から後の，あらゆる物理的，化学的，心理的な刺激や影響のすべてであるといえる。

胎児はすでに母体の心臓の鼓動を感じており，母体の栄養をはじめとする健康状態は当然として，心理情況の影響まで直接受けていることが明らかにされている。たとえば母親が胎児にやさしく呼びかけると，胎児は順調に発育し活発な動きを見せるのに対して，子どもを生みたくないと思っている母親の胎児は発育も遅れ，動きも見せない。これはいわゆる胎教とも結びつく。

出産によって，個体は外界としての環境に直接さらされるようになる。空気の成分・湿度・温度，乳をはじめとする食物，周囲の明るさ，音，とくに音楽や音声といった環境の条件から与えられる刺激に，微妙にしかも確実に反応しながら子どもの成長と発達は進む。とくに，マザリングと呼ばれる，母親やそれに代わる保育者の接し方は，情緒をはじめとする各方面の発達に大きく影響する。

人は，満1歳前後に立って歩くようになる。一流の運動選手でも，生涯でもっとも獲得するのが困難な運動技能は，この立って歩くことだといわれる。にもかかわらず，重度の障害がない限り，すべての子どもがこの時期に直立歩行ができるようになるのは，次の６要素によると考えられる。

① **モデルの存在**:家族をはじめ,周囲の人々すべてが立って歩くのを見ること。学ぶとは，なりたい自分を見つけ，それに向かって努力することである。
② **自発的使用の原理**:子どもは,自分の中に育ってきた力を必ず使おうとする。ハイハイで足腰が発達したことによる。
③ **物的環境**：ものの支えによって，つかまり立ちができる。
④ **人的環境**：子どもがつかまり立ちをすれば「立った，立った」と喜び，１歩でも２歩でも歩けば「歩いた，歩いた」と喜ぶ，子どもの成功を喜び，失敗を責めない，周囲の人の支え。
⑤ **内蔵された練習プログラムの発現**：伝い歩きは，体重の移動とバランス感覚の習得，筋力の強化などに有効な練習プログラムである。
⑥ **自己課題による猛練習**：誰にも教えられず，強制されず，この困難な課題に立ち向かい，習得するまで練習を止めないのは，自己課題だからである。

初めは生理的に発せられる喃語(なんご)が次第に意味をもつようになり，「ワンワン」「ブーブー」などの一語文が,「ワンワンきた」などの二語文になるなど発展して，コミュニケーションや思考の手段となる。この場合にも，自然発生的・内発的な子どもの行動や言語を，肯定的・応答的に受容することや，保育者や周囲の人々が子どもの模倣の対象としてのモデルとなることが，これらの発達を促すことになる。

子どもは，いよいよ周囲のものに興味・関心をもち，自分が行動してそれに深くかかわろうとする。この時期は，それまでの母子一体感から脱して，自分は自分であって母親の一部ではない，という自我に目覚める時期であり，母親や周囲が子どもの行動に制約を与えることで衝突が起こる。いわゆる第一反抗期である。

このころから，幼児は積極的に遊びに取り組むようになり，さらにほかの幼児に関心を示す。そのため，個人や集団で遊ぶ場があれば，幼児の発達はおおいに促される。また，そのそばに大人がいて，遊びや話の相手をしたり，示唆を与えたりすることによっても，幼児たちの生活は大きな影響を受ける。

こうして幼児らしい生活を過ごすことによって，子どもたちは，自分は自分の主人公であり，自分で考え，自分で行動し，自分で責任をもたなくてはならないのだということを体で覚える。また，ほかの人たちも１人ひとりがそういう存在であることを知り，許し合ったり助け合ったりすることによって，お互いの願望が実現することや，大きな喜びが得られることを体験する。そして，言葉を使って考えたり表現したりすることも進み，走ったり跳んだり，歌ったり踊ったり，絵を描いたり物をつくったり，自然を観察していろいろなことを発見したりといったことも，喜んでするようになる。

小学校入学以降は，それぞれの学校の教育課程に従って教育が行われるので，その学校の教育課程と教師の指導によって，知識・技能・態度など各分野の文化の系統的な学習が行われる。同時に，家族や友人とのかかわり，地域や社会の文化などによってさまざまな影響を受ける。中学，高校，あるいはそれ以上の学校に進むに従って，自分が志望する職種や興味を直接反映しながら，人間形成が行われる。

社会人となってからもそのことは続く。職業の専門性や職場の人間関係から大きな影響を受け，結婚すれば配偶者によって，子をもてば保護者になったことによって，さらに子の成長によって，その子から学ぶことも大きくなっていく。

こうして人間は生涯にわたって学習し続け，人間としての内容を形成し続ける。その学習は，個体と環境との相互作用である直接・間接の経験によって行われるのである。

4 人間形成作用の意図的な編成

このように，人間の一生は，先天的に与えられた遺伝子をもった命が，後天的に与えられた環境とかかわる経験によってつくられる。したがって，環境による経験の有無や，その量的・質的な差異は，人間形成に決定的な影響を与えるのであって，これまで述べてきたような順調な例ばかりではなく，後天的条件によっては，人間形成，つまり人間としての成長・発達が，妨げられたりゆがめられたりする場合も少なくない。

そこで，人間形成に影響を与える後天的条件，つまり人間形成作用を洗い出し，そのマイナス部分を排除し，プラス部分を選択し，編成し，用意することによって，幸せな人生，価値ある人間生活を享受できる主体者としての自己形成を支援する必要がある。

たとえば，母親のわが子に対する愛撫（マザリング）は本来純粋自然な愛情によって行われるもので，何かの意図があるわけではない。しかし，そこには欠くことのできない大切な人間形成作用が潜んでいる。子どもをほめたり叱ったりすることも，大人の都合である場合が少なくない。しかし，そのことが人間形成に果たす役割は，大きいものがある。保護者が働いている姿，子どもの遊び，テレビ視聴，いずれも本来必ずしも教育的意図によるものではない。しかし，子どもの人間形成への影響は多大である。

こうした，本来は意図的でも何でもない人間形成作用を，子どもの人間的発達の視点からとらえなおし，適切な接し方を工夫するなどといったことも含めて，よりよい環境を用意し，子どもの心身の発達を助長するのが教育なのである。

言葉を換えて言えば，教育とは，本来無意図的な人間形成作用を意図的に編成して，望ましい人間形成を支援することである。

2. 素質と教育──遺伝と環境──

1 氏か育ちか

先天的条件と後天的条件の関係は，長い間にわたって，人間形成に関心をもつ者の課題であった。わが国では「氏か育ちか」という言葉で表現されてきた。またそれぞれに，「瓜の木になすびはならない」「鳶が鷹を生んだ」などともいわれてきた。

学問の発達が，全領域にわたって等速度で行われれば問題は少ないのであるが，ある方面の研究が突出すると，とかくその面だけが強調されることになる。遺伝と環境の場合も，そうであった。

1865年，メンデルが遺伝の法則を発見して，花の色をはじめ，あらゆる形質が両親の組み合わせによって決定し，そのあらわれ方が計算できるとされたことから，よい子孫を得るためには，結婚の相手を選択する基準を血統に置くべきだとする優生学が生まれ，そのことが強調された。相手の血族に知的障害者や精神疾患者，色覚障害者などがいないことを調べ，遠縁にでも一流の学者や芸術家がいればたいへん結構，といった具合である。

家系研究が盛んに行われ，すぐれた家系としてバッハやダーウィンの例が，逆の例として，アメリカのカリカク家のように代々犯罪者や売春婦の出る家系などが引用された。ヨーロッパでは差別偏見による断種まで行われた歴史がある。

しかし，すぐれた能力に限らず，人間だけに見られる特徴や能力，すなわち直立歩行をはじめ，言語の使用，思考，創造，道具の使用，着衣の習慣，火の使用，調理，泣くこと，笑うこと，芸術，道徳，宗教などは，すべて後天的学習によって獲得するものである。遺伝は後天的学習の発達可能性の遺伝であるから，類人猿の子どもの実験にもあるが，人間の子どもとして生まれない限り，どんなによい環境を与え，どのように教育しても，人間にはなれない。逆に，どんなにすぐれた素質をもった人間として生まれても，人間的環境の中で育てられなければ，その素質は十分に開花しないのである。

比較的に遺伝的要素が強い身体的特徴である体格や体質も，精神的な性格についても，環境条件の影響を少なからず受けることは，戦前と戦後，それぞれに育った日本の青少年の実態によって証明された。知識・技能のすべてと態度の多くは，絶対に遺伝することがない。漢和辞典を編纂した学者の子も，字１つ知らずに生まれてくるし，ピアノの名手の子も，生まれつきピアノが弾けるわけではない。かつて遺伝の例とされたバッハやダーウィンの家系は，逆に環境の好例として挙げるべきものでもあった。

2 人間の中身は後天的学習で決まる

右の概念図（図１－１）は，人間の総合的な能力と，他の動物一般のそれとを大ざっぱに比較したものである。強さとか速さとか，個別の能力では人間よりすぐれた点が多々ある動物も，総合的な能力においては，はるかに劣る。ところが出生時を比較すると，他の動物は留巣性・離巣性の差こそあれ，最低限生存可能な能力をほとんど例外なく身につけて生まれてくるのに対し，人間の赤ん坊はただ泣き叫ぶだけで，ただちに手厚い保護を受けなければ生存できないひ弱な状態で生まれてくる。

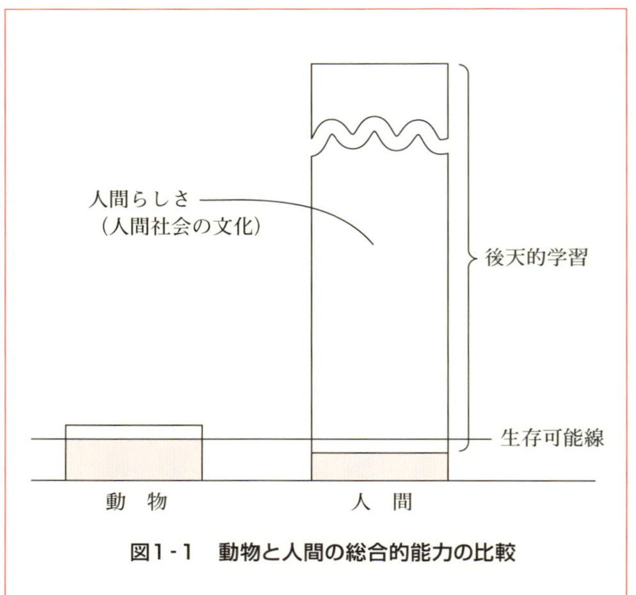

図1-1　動物と人間の総合的能力の比較

しかし，産み落とされると間もなく，親になめられながら起き上がり，親の後をついてよちよちと歩けるほどの動物は，その後，より大きく，強く，速くなるということのほかあまり進歩がない。それに反して人間は，この高度な文明社会の一員として，それを維持・発展させながら生活を楽しむだけの能力を身につけ，発揮する。そのほとんどすべては環境からの後天的学習であり，その内容は，行動様式を含む人間社会の文化である。人間は，生まれてからの環境に何があったか，それとどうかかわって何を身につけたかによって，身につける内容がすっかり違ってくるのである。

大脳生理学によれば，新生児の未熟な脳が成熟していく過程は，３歳ごろまでに模倣によってハードウェアに相当する脳の配線が組み上げられ，４歳を過ぎると，そのハードウェアの脳を使いこなす働きをもった脳細胞が配線されてくる。４歳以降は，それを使う配線を，自分で考え，自分で行動すること，つまり環境と主体的にかかわることによって組み上げていくのである。

一時期，五体満足に生まれさえすれば，あとは環境次第といわれたことがある。

しかし現在では，たとえ心身に大きな障害をもって生まれた子どもでも，適した環境，とくによい人的環境を用意することによって，立派な社会人となることが期待されている。1歳8カ月のとき，聴力と視力を失って三重苦の人生を歩んだヘレン・ケラーが，サリバン先生との出会いによって一流の知識人になった例*が広く知られており，最近では，先天性四肢切断という障害をもって生まれた乙武洋匡が著書『五体不満足』**に活写している通りの生きた実例もある。

人間としての遺伝，つまり人間として生まれることが重要なのであって，あとは後天的条件次第なのである。このことは，先天的条件を軽視することではない。あくまでも人間としての素質を生かすためにこそ後天的条件を整える，これが教育の本質なのである。

*サリバン『ヘレンケラーはどう教育されたか』槇恭子訳，明治図書，1973

**乙武洋匡『五体不満足』講談社文庫，2001

3. 大切な原則

1 自発的活動の教育的意義

自発的活動の教育的意義は，まず人間としての主体性形成にある。スイスの動物学者ポルトマンのいう生理的早産によって，人間の出発はすべてが「依存」状態にある（⇒第4章，p.51）。その新生児が，自分で考え，自分で行動し，自分で責任をもつ，という「自立」の能力を獲得するのが，人間としての成長のもっとも基本であり，さらに自立した個人同士が「連帯」して生きる能力をもつに至らねばならないものである。こうした人間の成長の過程の核心をなす「主体性」は，いかにして形成されるか。これは自発的活動によることをおいて外にはない。

自発的活動の基本的性格として，発達段階との対応がある。すべての子どもは，自分の中に育ってきた力を必ず使おうとするという「自発的使用の原理」によって，行動＝学習の意欲と，行動＝学習の能力が平行して発達するのであって，自発的活動はその能力を実現する機会そのものである。また，発達はある時期にある面だけがとくに著しく行われるという特徴がある。この顕著性の概念と関連して，1つのことに熱中し，やがて移行するという自発的活動の特性も存在するのである。

したがって，自発的活動を中心とする学習効果は著しいものがある。幼稚園，保育所，認定こども園をはじめ，あらゆる学校，学級で，何らかの面で教師をしのぐ知識・技能を示す幼児・児童・生徒がいるが，そのような成果は，自分の興味・関心を追求した結果，得られるのである。

ではなぜこのように自発的活動による学習の効果が高いのであろうか。その主な原因は，①神経の活性化，②集中持続時間の増大，である。①の条件は，その学習（練習）の質を高め，②の条件は，その量を増大する。もしこれと，自発的でない学習（練習）を比較すれば，神経は眠り，活動は強制された時間に限られ，質×量はほとんど0に等しい場合も少なくない。つまり，自発性を伴わない学習（練習）の効果は少ないのである。したがって本当の指導者とは，正しいことを教える以上に，そのことに取り組むことがいかに楽しいかという経験を与える人であるといえよう。

馬を水辺へ連れていくことはできても，馬が飲もうとしなければ一滴も水を飲ませることはできないといわれるように，親や教師が百万言を費しても，子どもは自分が理解し共感した部分しか学ばないのであって，学習の本質は自発性にあるといっても過言ではない。

2 自発性の限界と計画的指導の必要

以上のように，自発性は学習の本質であり，自発性が高ければ高いほど学習効果も高いのであるが，ただし，自然発生的な個人の自発性だけにゆだねた場合，次のような重大な限界が存在する。

① 「自発性」の本質はほとんど「恣意性」にほかならず，無系統・散発的で一貫性・系統性に欠け，社会生活に必要な最低・最小限のことがらさえも学習されない恐れがある。

② 自発的学習には徒労と失敗が多い。必要な努力は惜しむべきではないが，無駄な苦労や取り返しのつかない失敗を避けなければ，試行錯誤や模索のうちに，多大なエネルギーを費消してしまうことになりかねない。

③ 自発的学習は，ほとんど身近な狭い環境からの刺激だけを受けて行われる。幼い子どもほど家族と地域の文化の影響をストレートに受けるのだが，グローバルで複雑・多様な現代社会では，もはや個人の身近な生活範囲は，学習環境としてあまりにも狭い。

④ 自発的学習における価値指向（value orientation）の利己的限界も問題とされる。個人を学習に駆り立てる，望ましいもの，好ましいもの，あるいは必要なものなどの価値指向は，多くの場合自己中心的であるという指摘がある。

こうしたことから，自発的学習のみにまかせることは決して教育的ではない。前述したように，環境とのかかわりによるいろいろな人間形成作用を意図的に編成して，人間としての全面的発達を保障するのが教育である。したがって，人生のそれぞれの時期に，どのような学習が必要であるかを考慮し，自発的学習が的確に行われるよう，物的・人的環境を計画的に考慮しなければならない。こうした教育の具体的方法が指導である。

「指導」というと，わが国では一般に，何らかの意味で強い立場の者が弱い立場の者に対して，自分の考える一定の方向を指示し導き，従わせる，といった響きで用いられることが少なくない。しかしこれは指導というよりも，指示であり，命令であり，強制である。

「指導する」という意味の英語は guide, lead, coach であって，direct, command, conduct ではない。guide の本来の意味は，道を知っている人が案内することであり，lead は先頭に立って案内すること，coach はよい方向に進むように助言することである。

ガイドブックは，あくまでも本人が目的地を選び，またそこに至るルートを選ぶための参考資料を編集したものであって，旅行命令や指示書ではない。指導もまた，本人の年齢や生育歴にふさわしい物的，人的環境を用意することによって，本人が必要な学習を主体的に行う条件を整備して援助することである。用意とは，事前の用意および，子どもの生活の状況に応じて刻々環境を操作して次の展開を導く用意のことである。したがって指導は，しっかりした大綱的枠組とともに緻密・柔軟な計画性をもったものでなければならない。

3 生涯学習体系の根幹

出生と同時に学習は始まり，それは死に至るまで続く。これは現在では自明の理といってもいいが，ユネスコが生涯教育（life-long education）を提唱した当時は，学校卒業後の職業教育や大学拡張運動を意味するものであった。

わが国では，「教育」という言葉が強制的なイメージをもつことから，「学校を出てまで教育されたくない」という考えがあり，「生涯学習」という言葉になったが，それも中高年対象のカルチャーセンターと理解されている場合が少なくない。

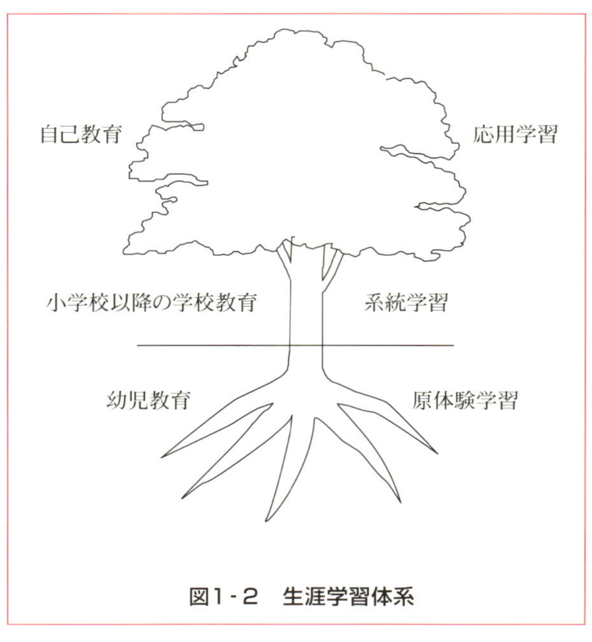

図1-2　生涯学習体系

生涯学習は，もっとも基本的な機能として，原体験学習と系統学習と応用学習の３層から成り立つ。そしてそれはそれぞれ，幼児教育と小学校以降の学校教育とそれ以上の教育の主要な内容である。これを図式化して生涯学習体系を樹木にたとえれば，幼児教育は根，小学校以降の学校教育は幹，それ以上は枝・葉・花・実に該当する（図１－２）。

（1）幼児教育の中核は原体験

原体験とは，一生の人格形成に大きな影響を与える初期の体験のことである。

「乳児が成しとげる最初の社会的行為は，母親が見えなくなっても，むやみに心配したり怒ったりしないで，母親の不在を快く受け入れることができるようになることである。それは，とりも直さず，母親が予測できる外的存在になったばかりでなく，内的な確実性をもつようになったからである。そのような経験の一貫性や連続性，斉一性が自我同一性の基本的な観念を準備する」「信頼ということの一般的状態は，必要物を供給してくれる外的存在が常に同じであること，連続性を有していることを学んだという意味ばかりでなく，自己を信頼し，さまざまな衝動に対処する自分の諸器官の能力を信頼することをも意味する」。*

＊E.H.エリクソン『幼児期と社会』仁科弥生訳，みすず書房，1977

これは，乳児期の子どもが母子関係の中で，自分が生まれてきたこの社会に対する基本的信頼と同時に自己への信頼を獲得していく過程についてのエリクソン（E.H.Erikson ⇒第２章，p.16）の分析の一部である。

人間やこの社会に対する愛と信頼―これほど一生を幸せに生きる力の根源として必要なものはない。そしてこの深く，かつ高度な人格の中核は，まず乳児らしい生活を十分にすることによって形成される。乳児が泣くたびに母親またはそれに代わる一定の保育者が，やさしく声をかけながら様子をみて，必要に応じて授乳やおむつの交換をする。これが夜中まで含めて日に何度となく，365日繰り返されるのが乳児期というものである。この中で乳児は，自分が泣いて不具合を訴えると必ず，裏切ることなくまるごと取り上げて善処してくれる人がいる，自分は愛されている，この世は信頼に値する，と体感し，そのことを人格の中枢にため込んでいくのである。

では，幼児教育ではどのような原体験がなされるのであろうか。たとえば幼稚園では「気の合った友だちと仲よく遊ぶ」という「ねらい」を立てるところがある。幼児期には，気の合う友だちととことん遊び込んで「お友だちっていいもんだ，仲よくするって素晴らしいことだ」という原体験を十分にため込むことが大切である。

私たちが気の合いそうもない人とでも，自分から頭を下げて握手を求めることができるのは，「ひとたび仲よくなれば，あの素晴らしい世界が開ける」という原体験をもっているからである。それを目に見えてよくする教育だけを考え，担任から見て仲のよくないＡちゃんとＢちゃんを組ませて「仲よくしなさい」と命ずるのは容易だが，その２人にとっての原体験はどういうものになるだろう。「こんなヤツと仲よくするなんていやだ，１人で遊んでいた方がずっといい」というマイナスの原体験になる。近頃は大人の管理の下に，早くから「誰とも仲よく」という，結果として完成された姿が求められるが，これがかえって人間嫌いやいじめの原因につながっているとも考えられるのである。このように，幼児期の原体験は子どもの成長を左右するきわめて重要なものなのである。

(2) 楽しさの教育的意義

前に述べた通り，人間の知識や技能は遺伝せず，すべて後天的学習による。自分を振り返ってみればわかることだが，得意なことはそれだけ自分でやったことであり，不得意なことはやらなかったことである。そしてその分かれ目に幼児期の原体験があることに気づく。幼児は自分の中に育ってきた力を必ず使おうとし，環境の中にそれにふさわしいことを発見すると興味・関心をもち，それに取り組む。それが楽しくて，がんばったことが得意になり，環境の中にそれがなかったり，したくないことを強制されたり，せっかくやっているのにを悪く言われたりしたことが不得意になっているのである。

子どもはどのような場合に楽しいかを調査，分類整理した結果，次の10項目が確認された。

① したいことをする楽しさ（自発的使用の原理・主体性の発揮）
② 全力をあげて活動する楽しさ（全力の活動）
③ できなかったことができるようになる楽しさ（能力の伸長）
④ 知らなかったことを知る楽しさ（知識の獲得）
⑤ 考え出し，工夫し，つくり出す楽しさ（創造）
⑥ 人の役に立つ，よいことをする楽しさ（有用・善行）
⑦ 存在を人に認められる楽しさ（人格の承認）
⑧ 共感する楽しさ（共感）
⑨ よりよいものに出会う楽しさ（価値あるものとの出会いと認識）
⑩ 好きな人とともにある楽しさ（愛・友好）

これらはすべて，遊びを中心とした子どもらしい生活の中で体験され，それが一生の原体験となって幸せに生きる力の根となることは明らかである。

荒れる思春期の少年少女の更生に深くかかわった服部祥子氏（精神医学）は，幼児期の楽しい思い出の有無が生きる力の有無に等しいことを発見している。*

＊服部祥子『子どもが育つみちすじ』朱鷺書房，1989

近年，学級崩壊などの原因が幼児期の自由保育にあるとして，短絡的に厳しい「しつけ」を求める空気があるが，それが「手はおひざ，口にはチャック。お約束でしょ！」に直結することは問題である。なぜならば，子どもたちは「お約束」という言葉を聞くたびにイヤな思い，マイナスの原体験を重ねることになるからである。幼児のときは大人にはとてもかなわずに言うことをきかされるが，大きくなれば必ずその縛りを払いのけて自己発揮をする。これまで自己発揮を妨げられてきた子はそのしかたがわからず，限度も知らない。しかも，これまで自分を抑圧してきた大人と，お約束という名の社会のルールを敵として戦うことになる。

そうではなく，たとえばボール１個でも，取り合いをしていれば誰も使えないが，じゃんけんをすれば独占して使える順番が来ること，さらに床や地面に丸い輪を描けば，「中当てドッヂボール」を楽しむことができることなどを体験的に知ることによって，約束とかルールというものは，自己発揮を妨げるイヤなものではなく，みんなが楽しく自分を出し合って生活するために必要な，とてもよいものだというプラスのイメージを原体験することになる。

(3) 小学校以降の学校教育は系統学習，それ以上は応用学習

ここまで述べた幼児教育の中核としての原体験は，決して目に見えるものではない。心理学，とくにフロイト以降の精神分析や深層心理学による仮説として理論化された部分が大きい。しかし，それによって事実としての事象の多くが矛盾なく説明できる意義はきわめて大きく，将来脳科学の発展によってそのメカニズムが解明されることもあり得ると期待される。

こうしたことから，原体験は目に見えぬ学習という点で，樹木にたとえれば根に該当する。幹のようにすっきりとしたものでなく，中心となる太い根から毛根に至るまで複雑にからまった形である点，しかも根がよく張ることが，植物の生育に必要な水分・養分の供給と，幹から上の部分を支持することに不可欠である点も同様である。しかしその部分が重要ということは，それで完成ということではない。目に見える地上部分のために重要なのである。

この高度文明社会に生きるためには，きわめて多くの知識･技能を必要とする。すでに述べたように，それを身近な環境から自発的に学ぶことは到底不可能である。広範な文化の体系ごとに，基礎・基本から系統的に学ぶ必要がある。その過程がカリキュラム（教育課程）と具体的な援助によって合理的に指導されるのが国語・算数をはじめとする教科教育である。こうした合理的な系統学習の指導を受けることによって，初等，中等，高等の段階ごとに，それぞれ人類が獲得した知識・技能を比較的整然と身につけ，徒労や失敗を避けることによって節約されたエネルギーを，より高度な学習に向け，さらに人間の幸福にプラスとなる文化の創造に向けることができるのである。

この系統学習の特徴に，学習成果が目に見えるということがあげられる。どこまで知っているか，何ができるようになったか，である。すなわち，小学校以降の学校教育では，毎日の学習で，毎時毎時，知識も技能も態度も向上させることをめざすのである。

こうした意味で，小学校以降の学校教育は「幹」を育てる教育である。目に見え，上に向かってしっかりした大木を伸ばしていくことが求められるのである。これに対して幼児教育は深く「根」を張らせる教育である。いわば，上下反対方向へ向かう教育であることから，誤解が生じやすい。とくにわが国では1872（明治５）年の学制以来，教育といえば（小学校以降の）学校，学校といえば一斉授業，という通念があり，保育所も幼稚園も認定こども園もミニ学校と考えられやすい。幼小の連携が困難なのも，自分の側の教育から見て相手側を批判することが少なくないからである。

しかしながら，幼児教育と小学校教育にはそれぞれ独自性があるとはいえ，幼稚園，保育所，認定こども園での学びが，その段階で完結して閉じてしまうわけではない。それは小学校での学びへとつながり，小学校教育を通して発展し深められてもいく。言い換えれば，子どもの発達は幼児期から児童期へと連続していくものであり，その意味で，幼児教育と小学校教育は独自性とともに連続性も有しているのである。それゆえ，子どもの発達を健やかなものにするには，それぞれが独自性を強調するだけではなく，両者の連続性にも目を向け，幼稚園，保育所，認定こども園での学びを，小学校での学びにいかにしてつなげていくかを考えることが大切である。つまり，幼稚園，保育所，認定こども園と小学校の連携が大切なのである。

連携とは，双方の使命を正しく認識するところから出発しなければならない。根と幹は進む方向が逆であるが，１つの生命体としてこれほどの連携はないのである。互いに相手の独自性を尊重しつつ，両者のなめらかな接続を工夫することが求められるのである。

さらにまた，最終学校をもって学歴とする考えも改められなければならない。幹は何のためにあるのか。目に見えぬ原体験を核とする幼児教育の根の上に，知識・技能の系統学習を軸とする小学校以降の学校教育の幹が育ち，これらを文字通り「根幹」とすることで，自由に枝を張り，花を咲かせ，実をならせる自己教育を中心とした生涯学習の樹が成り立つのである。

【参考文献】

岸井勇雄『幼稚園教育課程総論』第二版，同文書院，1999

岸井勇雄『子育て小事典―幼児教育・保育のキーワード』エイデル研究所，2003

第2章 生涯学習の中の幼児期

〈学習のポイント〉 ①人生一生，発達のプロセスであることを理解しよう。
②発達段階ごとに発達の危機があり，人とのかかわりにより危機を乗り越えて，生きいきと生きる力（基本的な強さ）を獲得していくことを学ぼう。
③幼児期の発達は，大人を中心とする他の世代の発達と複雑に絡み合って，支えられていることを理解しよう。
④子どもとかかわり，子どもに必要とされることで，幼児教育者としての発達が成し遂げられることを理解しよう。

1．生涯学習と発達課題

1 生涯学習とは

生涯学習という言葉から，市民講座や，老年大学という名前で開講されている生涯学習講座を連想する人が多いのではないだろうか。現代社会は科学の進歩，医学の進歩により平均寿命が延び，人々は仕事を退いた後，あるいは子育てを終えてから長い人生を送る。このような期間を有意義に，目的をもって生きるという発想のもとに生涯学習講座は，各地方自治体の教育委員会による社会教育の一環として，また大学の地域社会への貢献として盛んに行われている。

学校化社会といわれる現代では，人生の最初の 20 年間，成長期の主要部分を，人々は教育期として学校で過ごしている。幼児期（childhood）を C，教育期（education）を E, 労働期（work）を W, 引退期（retirement）を R で表すと，学校教育の普及により，ライフサイクルが学校期を基盤にして「C - E - W - R」型に定型化した，とノルウェーの社会学者 J. ガルトゥング（J.Galtung）は指摘している。*このような，学校教育を中心に教育を考えることが習慣となった社会では，教育，学習は学校教育期に行うものであって，生涯学習といえば，労働期を終えた引退期に再び開始することのように考えることが一般化している。

＊ガルトゥング「社会構造・教育構造・生涯教育」/ OECD 教育調査団編『日本の教育政策』深代惇朗訳，朝日新聞社，1971，pp.232～278

しかし今日では，情報化やグローバル化などの急激な社会変化の中にあって，学校で学ぶ知識・情報・技術の耐用年数は短い。こうした予測不可能な時代には，よりよい社会の創り手として，その時々に直面する変化を受け止め，課題を見出し，自分なりに試行錯誤し，多様な他者と協働していくことが必要である。したがって，学校教育を通して，主体的に学び続けていく資質や能力を育成することが重要となる。幼児期の教育にはその基礎を培うことが求められている。

教育基本法にもあるように，「自己の人格を磨き，豊かな人生を送ることができるよう，その生涯にわたって，あらゆる機会に，あらゆる場所において学習する」*ことが，生涯学習である。かつ，「幼児期の教育は，生涯にわたる人格形成の基礎を培う重要なものである・・・・」**とされていることから，人格形成が生涯にわたってどのように発達していくのかをエリクソンの発達理論から学び，生涯学習の中の幼児期について考えていくことにしよう。

*教育基本法第3条

**教育基本法第11条

2 発達段階と発達課題

人間の発達過程を長期的に眺めると，特定の発達時期に対応して特徴的な構造的質的変化があらわれていると考えられる。つまり，人生にはいくつかの節目があり，その節目と節目により分けられた時期ごとに，成し遂げるべき発達があると考えられる。発達過程を，発達段階とそれに対応した発達課題としてとらえる理論である。代表的なものには，J. ピアジェ（J.Piaget）***の認知発達説がある。感覚運動的知能の時期（0～2歳），前操作的思考の時期（2～7歳），具体的操作の時期（7～11歳），形式的操作の時期（11～15歳）という4つの段階に認知の発達は区分され，この順序で，カッコ内の年齢時期に展開するということを示したものである。また，精神分析家S. フロイト（S.Freud）は，心理性的な発達について論じているが，発達段階を幼児期のみに限って述べている。成人までの生物学的な発達時期と対応し，それ以降の発達時期については触れられていないのが両者の発達段階説の特徴である。当時は，青年期が社会的に明確にされることなく，身体的な発達を遂げる20歳前後の青年は成人と見なされ，また，老年期も区別されることなく成人として論じられていた。

***J.ピアジェ（1896～1980）。フランス語圏スイスに生まれる。知能の構造を明らかにしようと，児童心理学を研究した。数多い著書の中でも，自分の3人の子どもたちを実験観察し，理論をまとめた『知能の誕生』は興味深い。

しかし，自我の形成という心の発達にまで目を向けると，人間は生涯にわたって発達するものであり，成人期以降の成熟過程も含めて考えるべきである。フロイトの精神分析と袂（たもと）を分かったユング（C.G.Jung）は，20歳になっても人のパーソナリティは完成されず，人生の後半で，「個性化」とよばれる発達過程が生じると説いた。その後，E.H. エリクソン（E.H.Erikson）****が，青年期のアイデンティティ形成を中心に心理社会的な発達段階論を提示した。時を同じくして，当時アメリカの進歩主義教育協会などで，発達と教育の問題に関する研究の中から「発達課題」という言葉が使われだした。R.J. ハヴィガースト（R.J.Havighurst）*****が『人間の発達課題と教育』において，人生の各段階ごとに達成されるべき発達上の課題を列挙した。ハヴィガーストの発達課題が，社会的要請や期待が発達の重要な要素であるとしているのに対し，エリクソンの発達理論は，自我の資質に関するもので，先の定義から生涯学習を考えるうえで適切な理論である。以下，エリクソンの発達理論に沿って検討していくことにしよう。

****E.H.エリクソン（1902～1994）。ドイツのフランクフルト郊外に生まれる。青年期に，自分探しの遍歴時代を過ごし，ウィーンでA.フロイトらから精神分析を学ぶ。アメリカに渡り，児童精神分析家，発達心理学研究者として活躍した。

*****R.J.ハヴィガースト（1900～1991）。アメリカ，ウィスコンシン州に生まれる。1942年，『アメリカ高等教育における一般教育』第4章で，発達課題という概念を明確に定義づけた。たちまちこの言葉は，研究者の間に広まった。（第4章p.57参照）。

		1	2	3	4	5	6	7	8
老年期	VIII								統　合 対 絶望，嫌悪 知恵
成人期	VII							生殖性 対 停　滞 世話・配慮	
前成人期	VI						親　密 対 孤　立 愛		
青年期	V					アイデンティティ 対 アイデンティティの混乱 忠誠			
学童期	IV				勤勉性 対 劣等感 達成意欲				
遊戯期	III			主体性 対 罪悪感 目的					
幼児期初　期	II		自律性 対 恥，疑惑 意志						
乳児期	I	基本的信頼 対 基本的不信 希望							

出典）E. H. エリクソン『ライフサイクル、その完結〈増補版〉』村瀬孝雄・近藤邦夫訳，みすず書房，2001，p.73（一部筆者が改訳）

図２-１　漸成的発達図式

3 エリクソンの発達理論

エリクソンは，人の発達とは，もともと個人が備えている発達の素地が，一定の定められた順序で，時間の経過とともに発現してくるのだと考え，人生を８つの発達段階に分けた。人格的な発達が生涯を通して，自己と他者とのかかわり，つまり社会的関係の中で営まれると考えた。どのようにして発現するかは，それぞれの社会・文化により異なるので，出生時年齢０歳は別として，各発達段階の年齢を詳細に特定することはできない。しかし，その順序自体は共通であるというものである。この考えを１つの図に書き表している。

図２－１は，漸成的発達図式とよばれるものである。８つの発達段階それぞれに心理社会的な危機があり，危機はプラスとマイナスの傾向として一対の用語で

表されている。好ましい割合で危機が解決されたとき基本的な強さが獲得され，次の発達段階に進むことができると考えられている。基本的な強さとは，あらゆるものに積極的にかかわり，生きいきと生きていく力である。発達の危機は，発達の契機であり，乗り越えるためには他者とのかかわりが重要なものとなる。危機は，発達にとって積極的な意味をもつものなのである。

しかし，一方で，危機はその人自身の弱さがあらわとなり，動揺し傷つきやすくなるときでもある。他者とのかかわりがうまくとれずに，危機を乗り越えることができないと，基本的な強さを獲得することができずに，生きにくさを生じさせることになる怖さをももっている。したがって，エリクソンの理論を解釈すると，発達とともに広がっていく人間関係の中で，発達の危機に取り組み，基本的な強さを獲得することが発達の課題となる。まずは，身体的成長を遂げた後の育てる者としての大人の発達について，発達段階ごとにエリクソンの理論を見ていくことにしよう。子ども期と同様，大人の発達がさまざまな葛藤を乗り越えて成し遂げられていくことを理解しよう。

2. 育み，世話する者としての大人の発達段階

生物学的に，身体的に完体に達した後にも，人は人格的に発達をしていくものである。それまで，成人としてひとくくりに論じられていた世代を，エリクソンは青年期，前成人期，成人期，老年期の４つに分けて論じている。大人の発達は，子どもを産み，次世代を育て，教育し，人類の未来に信頼と希望をつなぐ者としての課題を負っている。人だけでなく，もの，思想も含めてあらゆるものを社会に生み出していく時期である。では，大人としての基盤である青年期の発達から，発達段階を順に見ていくことにしよう。

1 青年期Ⅴ（アイデンティティ対アイデンティティの混乱：忠誠）

誕生と同時に命名によって，１人の乳児はその子でありその子以外の何者でもない，他と区別された存在であることに明確な形が与えられる。このときから，「われわれが何者であり，何者になろうとしているのか」について，自分自身の考えるものと他者が考えるものとの間にずれが生じ，これをつなぎとめようとするアイデンティティの問題が始まるのである。

幼児期から児童期までは，大人や，大人の仕事，メディアに登場する人物などへの同一化を通してアイデンティティを模索する。そして青年期に，成人として

の役割を身につける準備を整えるためには，「わたしは，ほかならぬわたしである」という感覚を形成し，アイデンティティを追求する必要に迫られる。「さまざまな役割を演じ，できれば自分が本気で演じたいような役割を獲得しようと徹底的に試してみる」。アイデンティティとアイデンティティの混乱という危機を経験し，乗り越え，忠誠という力を獲得する。忠誠とは，人生で遭遇すること，自分の仕事，パートナー探しに自分自身を賭けていくことができる力である。

2 前成人期Ⅵ（親密対孤立：愛）

青年期に形成されたアイデンティティを賭けて，人は相手を受け入れ，関係性を開くという親密性と，その反対に人と人とのかかわりに豊かさを生み出すことができずに孤立するという葛藤の危機を乗り越えて，愛する力を獲得する。他者との親密な関係においては，自己放棄が必ず要求される。真に他者を愛するためには，自分を守っているばかりではだめで，それまでにつくり上げられた自分を捨てる勇気が必要となる。青年期に申し分ない形でアイデンティティが形成されていない場合は，捨てるべき自己もないことになる。また，捨てることをためらえば，親密な関係を築き上げることもできずに孤立し，愛することもできない。

この発達段階において，心理社会的危機は生涯のパートナー探しにおいて顕著に試されることになる。

3 成人期Ⅶ（生殖性対停滞：世話・配慮）

この時期は，人生の中で一番長い期間である。大人として，他者との出会いを通して，人，もの，思想などあらゆるものを生み出し育むという生殖性と，そのような行為がうまくできない停滞の危機を乗り越えて，他者への配慮，世話をする力を獲得する。

新しい世代を生み出し，次世代を育て，教育し，先の世代を支え，介護するという形で，世代サイクルの中心にあって，各世代をつなぎとめる重要な役割を果たす世代である。他者と深いかかわりをもつことが要求されるが，相手とつながっていると同時に，別の存在であることが厳しく試されるだろう。したがって，自分に固執しないことが要求される。たとえば，自分の子どもといえども別の人格であることを認めなければならない。教え，育てる中で，自分の弱さを根づかせてしまうこともあるし，育てた者からの批判はとくに厳しいものとして身にしみ，必要とされることが単純に喜びに結びつくばかりではなく，自己批判となり自己を見つめ直すことを強いられる。そして，さらなるアイデンティティの探求を迫られ，これらはともすれば停滞につながる。世代をつなぐ役割の中では，大人はかつて子どもであった自分自身の子ども時代に直面しなくてはならない。また，親との関係ではいつまでも子どもでもある。親の介護は，まだ経験しない世代への配慮性を試される。このプロセスは，自分の子どもとの将来の関係のあり方を先取り的に見なければならないことになる。他者を生成するだけでなく，自分自身を生成することもこの生殖性には含まれる。

人生の中で一番長い成人期に，人は幾度となく繰り返し危機を経験し，葛藤し続けて，配慮，世話という強さがより確かなものとなっていく。人と人とのかかわりを円滑にし，心を配ることで，自分の個としてのライフサイクルも，他の世代のライフサイクルも豊かに紡ぎだす力を獲得するのである。

4 老年期Ⅷ（統合対絶望,嫌悪：知恵）

あらゆるものを生み出し，育んでいた前段階の能力は衰え，次第に身体は弱りはじめる。身体同様，精神的にも自信がもてなくなり，自分自身への信頼も揺らぎはじめ,周囲の介助を必要とし自律性が失われていくことを認めざるを得ない。記憶力の衰えは何よりも自己の連続性と斉一性を揺るがし，自己の確信を不確かなものにする。この時期，人は絶望感にさいなまれる。また，周囲の身近な人々が亡くなっていくことを通して，死が逃れられないものとして迫ってくる。

しかし，このような恐れや絶望を前にして初めて，人間的弱さを認めて傲慢さを捨て自分の運命を受け入れることに努めはじめる。それまでの人生の段階で，獲得しそこなってきたことへの思いを描いてみても，やり直すにはもはや残された時間に限りがあることを認めて，自分の人生を受け入れまとめていく統合の感覚が芽生える。統合とは，他者の言葉に耳を傾け，自分が生きた社会の中や歴史の中に意味を見いだし，世代継承的サイクルとして次世代につながっていることを認めることである。絶望と統合の葛藤の末，統合に向かったとき，個としてのライフサイクルをまっとうした者としての知恵を，生きていく強さとして獲得するのである。この知恵は，次の新たな世代に語り継がれる。子どもは，老人との出会いによって,経験に裏打ちされた確固たる希望（エリクソンは「信仰」「信念」と呼んだ）を学ぶことができる。

私たちは大人になっても，子ども期の発達を支えていくという役割を果たすために，各発達段階ごとに心理社会的な危機を乗り越え，忠誠，愛，世話（配慮），知恵といった生きいきと生きていくための強さを獲得していかなければならない。いったん獲得された基本的強さも，各発達段階に見合うようつくり直されていくのであり，一生発達は続き，人生は生涯学習の過程であることが理解できる。

3. 子ども期の発達と発達課題

次に，育てられる者としての子ども期の発達について検討することとしよう。

1 乳児期 I（基本的信頼対基本的不信：希望）

乳児期は，基本的信頼と基本的不信の葛藤という危機を乗り越えて，希望という基本的強さを獲得する段階である。この時期，重要な人物は母親，または母親に代わり養育をする人である。乳児は，胎児期における母子一体的な共生的な関係から，口を通して世界とかかわり母子分離の過程を歩む。乳児は授乳や排泄の世話を中心とした母親とのかかわりを通して，抱かれ，あやされ，言葉をかけられることで，愛情を得，基本的信頼の感覚を増していく。一方，泣いて要求を伝えてもすぐさま母親の世話を得ることができずに，不信感を募らせることもある。ことに，発達とともにあらわれる次の３つの変化は，不信の感覚を募らせる危機となるとエリクソンは説明している。

① 生理的危機：歯が生えてくることによる不快感と緊張。
② 心理的危機：自分自身を他者と区別された一個の人間として認識しはじめる。
③ 環境的危機：母親が出産後の養育時に放棄していた仕事に就くことによる分離の感覚の増大。

これらの危機に，乳児は母親の愛情を得ることができないように感じ，不信感覚が信頼感覚を上回るように感じるようになり，極端な場合は抑鬱（よくうつ）状態を招き，希望が獲得されないこともある。しかし，一般的には乳幼児の訴えは，母親という同一存在によってかなえられ，連続性をもっていることを期待することを学ぶ。そして，自分自身を信頼し，さまざまな衝動に対処する自分の諸器官の能力を信頼することも含めて，アイデンティティの基本的感覚を準備する。

希望とは，求めれば必ず得られるという期待や，願望は達成できるという信念である。希望は１度かなえられると，さらに新しい希望を生み出し，たとえ失敗しても，くじけることなく生きていくことにつながる原動力である。希望なくしては，精神はもちろんのこと，身体の成育すら望めないことは，施設児の問題（ホスピタリズム）や，乳児の愛着行動の研究により明らかにされている。

2 幼児期初期 II（自律性対恥,疑惑：意志）

幼児期初期は，自律性と恥や疑惑の葛藤という心理社会的危機を経験することで，意志する力を獲得する段階である。筋肉系が発達し，緊張と弛緩，屈曲と伸展を自分の意志で行えるようになり，保持しておくことと手放すことがコントロールできるようになる。具体的には排泄行動や，歩行に顕著にあらわれ，自律化が進むのである。しかし，まだ完全ではないので失敗もあり，外からのコントロールも必要である。自分で意図したことに対する失敗は，恥の感情や自分自身の自律性や統制力への疑いや戸惑いの感情を引き起こすことにもなる。子どもの強い意志に対して，大人が厳しいしつけや，早すぎるしつけを行ったり，逆に制御をしないで放任すると，子どもの自由な意志による自己コントロールは不能になってしまうのである。

このような危機を乗り越えるためには，母親だけでなく父親も重要な役割を果たす。保護者が，子どもの自律したいという欲求を励ますと同時に，保護者自身が自律した大人としての威厳をもち，社会の一員として法と秩序に敬意を払うことが必要である。

3 遊戯期Ⅲ（主体性対罪悪感：目的）

主体性と罪悪感の葛藤の末，目的をもって生きる力を獲得する時期である。子どもは，この時期，移動能力，言語能力，認知能力が発達してきているので，自分の目標を心に抱きはじめる。幼児期の性的衝動は初め保護者に向けられ，保護者のようになりたいと思うようになる。アイデンティティ形成の萌芽として，保護者との同一化が見られるようになるのである。同一化は，次第に家庭の外にも向けられ，なりたいと思う人物や大人の仕事へと向けられる。大きくなることを夢見，想像力をたくましくして空想にふけることになる。そして，空想に基づいて，自発的に活発に行動する。主体性は遊びの中で発揮され，周囲との競争ともなる。自分で主体的にしようとしたこと，してしまったこと，想像しただけのことにも，罪や，罰の恐れを抱くようになる。家族の者とのかかわりを通して，現実的に，積極的にしてよいことと悪いことを次第にわきまえていくことで，確かな目的をもつことができるようになる。

大人は，必要以上に子どもが罪悪感や憎しみを抱くことがないよう配慮しながら，子どもが価値ある目的を心に描き，追求する勇気をもつことができるようなモデルとならなければならない。この時期に主体的に活動することから獲得した目的性は，あらゆることに興味をもって，勤勉に学び，達成感を獲得することにもつながっていく。

4 学童期Ⅳ（勤勉性対劣等感：達成意欲）

この時期，どこの社会でも実際的なことを成し遂げる技能や技術を子どもに習得させようとする。一方，子どもは大きな好奇心をもち，学びたい，知りたいという強い欲求をもつ。そして，社会の基本原則や技術を学び取ろうとする。その際に，勤勉に達成に向かう傾向と，その反対に劣等感をもって愚かな行為に向かう傾向がぶつかり合う。その結果勤勉性が勝ったとき，達成意欲という力を獲得する。劣等感によってくじけることなく自分の能力を信じ，物事の完遂にあたって道具や知識，自分の知能を自由に駆使する能力が達成意欲である。この時期の危機の舞台は，近隣の社会や学校である。教育の現場において，劣等感から不活発になってしまうことがないよう，評価にも気を配らなければならない。昨今，大学生の学力低下が問題となり，学習のしかたを学んできていないという批判もされているが，学童期に達成意欲が獲得されていないことに起因するのではないかとも考えられる。

エリクソンの発達段階論を検討することで，一生涯発達は続き，各段階ごとに獲得すべき課題があることを確認できた。また，大人と子どもの発達は互いにそれぞれの発達と密接に絡み合って，かかわり合いが発達の危機を乗り越えるのに重要な働きをしていることがわかった。子どもは大人の援助を必要とし，大人は子どもに必要とされることで発達していくのである。

4. 幼児期の発達と教育

エリクソンの発達段階論を踏まえて，発達の援助を目的とした幼児教育に，どのような点に注意して取り組むべきか考えてみよう。幼児期とは，おおよそ，２～６歳くらいまでの子どもを指す。いつから学童期に入るのかについては，国によって教育制度に違いがあるし，先に述べてきたエリクソンの発達段階論に沿って考えるならば，発達の順序と順番は決まっているが，いつ頃どのようにして発現するかは，社会や文化により，しつけを中心とした養育の方法に違いがあるため，一概にいえないので，おおよそということで考えざるを得ない。

1 受容と指導による非認知的能力の育成

幼児は，幼稚園，保育所，認定こども園という新しい環境の中で生きいきと人やものとかかわり，該当する発達段階の課題に取り組むとともに，それまで家庭の中で発達させ獲得してきた基本的な強さを，新しい環境という社会の中で通用するものとしてつくり直さなければならないという課題に直面している。

母子一体の未分化な状態を脱し，自他や主客の分化をしつつある幼児にとって，実際に長時間母親から離れて生活することは大きな戸惑いを生む。母親との関係から基本的信頼と基本的不信の葛藤のすえ獲得した希望を，まずは保育者とのかかわりの中で築き上げなければならない。保育者が，個々の子どものあるがままを認め，受け入れることでそれは可能となるだろう。しかし，いつまでもその状態で止まっているわけにはいかない。幼児は希望が修正されると，保育者に頼ることなく自分でできることから自律しはじめる。子どもの意志を尊重し，自律を促すようなかかわりに移行していく必要が出てくる。

このような，１人ひとりの発達を見極め応答することは，子どもの心情・意欲・態度の育成，すなわち非認知的能力の育成につながる。最近の研究結果からも，この非認知的能力を幼児期に身につけることが，大人になってからの生活に大きな差を生じさせることが主張され，幼児教育の主要なポイントとなっている。

2 保育における個と集団のバランス

乳幼児期から学童期までの幼児期は，誕生したての何もできない状態から，身体，精神，認知能力などあらゆる領域がめざましく発達する時期である。誕生時の無力さを，A. ポルトマン（A.Portmann）は生理的早産と呼んだ。* ヒトという種の重要な特徴，直立二足歩行，言語能力，推論的思考能力をどれ１つとして身につけることなく人間は誕生する。大きな大脳をもったがために，これらの成長を母体の中ですることを待たずに，生理的に未熟な段階で生まれてくるという考えである。言い換えれば，高度な潜在能力をもつがゆえに早産なのである。つまり，人間は，大人の配慮や庇護（ひご）なしには生存することもできなければ，ヒトという種の特徴を身につけることもできない。人間は，発達の可能性と教育の重要性をもった存在であるとともに，人とのかかわりに開かれた存在であるということができる。

＊A.ポルトマン『人間はどこまで動物か』高木正孝訳，岩波書店，1961

誕生後の急激な発達を考えると，誕生の時期の違いは，たった１カ月といえども大きな差となる。また，同時に誕生したとしても，個体差も大きいことに配慮しなければならない。そこで，個々の子どもの発達に即した援助が要求される。一方で，身体機能のコントロールが発達したこの時期の子どもたちは，自らの意志をもって活発に活動しはじめ，主体性も発揮しはじめる。主体的な活動は，友だちとの競争やけんかにもつながる要素をもっている。家庭の中では許されていたことも，園では集団の中でのいろいろなルールに基づいて行動することを学ばなければならない。日常生活のリズムを習慣づけ，園でのルールを指導するために集団に力点を置き過ぎると，子どもとの間に基本的不信感が湧き，園生活での希望が失われかねない。強すぎる抑制は，恥や疑惑の感覚を強く呼び起こし，自分の意志で行動する力も削いでしまう。しかし保育者は，集団のルールにそぐわないことに関しては，いけないことはいけないときっぱりと言わなければならないこともある。幼児の中に罪悪感との葛藤も起こるが，信頼関係が基盤にあれば，主体性の感覚は罪悪感に勝り，幼児は自分なりの目的をもって活動するようになる。幼児期の終わりまでには、友だちとさまざまな体験を重ねる中で、道徳性や規範意識が芽生えるように、個と集団のバランスをとって保育を営むことが大切となる。

3 子どもと保護者の生きていく力を育てる

保育者は禁止や許容という具体的な指導法だけでなく，自分がやっていることは意味があるのだという確信をもって毅然と子どもに接することが，子どもとの信頼感を失わないことにつながる。自分の世界が，信ずるに足るものであるという子どもの信頼感を補強し，禁止されても打ち砕かれず，失敗してもやり直す希望をさらに強い力としていくことで，生きていく力を子どもの中に育てていくことが可能となる。

情報化社会の現代，子育てについての情報は溢れている。一方，高度産業化社会で核家族化が進み，直接目の前で子育ての疑問に答えてくれる人がいない。成人期，子育てにあたる保護者には，自分の育て方でよいのだと自信，確信をもって行動することが難しい，「子育て不安」と呼ばれる問題がある。どのような手順や方法で養育にあたるかに振りまわされてしまうあまり，保護者としての世話，配慮という力が獲得できないのである。子どもは「大人が何によって生きているかを最初に感じ取ってしまう」存在である。大人が自信をもって子どもに接することができるよう，保護者への支援も保育者にとっては大事な仕事となる。

4 保育者の発達と発達課題

若い保育者は，自分のライフサイクルにおいては，前成人期という発達段階にある。親密対孤立の危機の中で，愛する力を獲得する段階にある。青年期，保育者養成過程の中で保育者としての知識や技術を学び，実習経験を重ねながら自分の人生を保育者として賭けていくのだという忠誠の力を獲得してきた。形成された保育者としてのアイデンティティを賭けて子どもと接する中で，親密対孤立の危機を経験する。これまで，育てられるものとして，他者の配慮性に支えられ愛されてきたが，今度は育てるものとして愛する力を獲得していくのである（もちろん，プライベートな生活では配偶者選択を通しても，前成人期の課題は試される）。

しかし，保育者としての仕事は，子どもの発達を援助し，育て，教育することであり，まさに成人期の発達課題である生殖性と停滞の危機に直面している。若い保育者は自分の発達段階よりも先取り的に次の段階の課題を経験し，世話，配慮という生きていく強さを獲得することを迫られている。子どもとかかわり，子どもに必要とされ，子どもの中に希望や，意志，目的という力を育てることで，先取り的な課題は達成される。また，このプロセスは，保育者の後輩を育てようとする，先輩のかかわりに支えられていることはいうまでもない。

人の一生は発達の過程であり，生涯学習の過程である。この生涯学習は，子どもは大人を必要とし，大人は子どもに必要とされることを必要とする，密接なかかわりの中で，それぞれの危機を乗り越えていくプロセスである。

【参考文献】

E.H. エリクソン『自我同一性――アイデンティティとライフサイクル――』小此木啓吾訳編，誠心書房，1973

E.H. エリクソン『幼児期と社会Ⅰ，Ⅱ』仁科弥生訳，みすず書房，1977

E.H. エリクソン，J.M. エリクソン『ライフサイクル、その完結〈増補版〉』村瀬孝雄・近藤邦夫訳，みすず書房，2001

R.J. ハヴィガースト『人間の発達課題と教育――幼年期から老年期まで――』荘司雅子訳，玉川大学出版部，1995

第3章

幼稚園と保育所，認定こども園

〈学習のポイント〉
①幼稚園と保育所の歴史を学び，教育と福祉の面からそれぞれの果たしてきた役割を知ろう。
②幼稚園と保育所の制度と現状を比較し，一致点と相違点について考えよう。
③子どもへの平等な保育・教育のあり方の視点から，幼稚園と保育所の関係について考えよう。
④認定こども園がスタートした背景と機能について理解しよう。
⑤子育て支援のセンターとして幼稚園や保育所，認定こども園が果たす役割について理解しよう。

幼稚園は学校教育法に基づいた，満3歳から小学校入学までの幼児を対象とする学校であり，保育所は児童福祉法に基づいた，保育を必要とする*乳幼児を対象とする児童福祉施設であって，それぞれ文部科学省と厚生労働省が所管している。また認定こども園は，教育・保育を一体的に行う施設で，内閣府が対応している。

その目的と機能，現在の子どもを取り巻く環境を理解することによって，社会の期待に応えられる幼児教育のあり方について考えていきたいと思う。

＊保育所は長年その対象を「保育に欠ける乳幼児」としてきたが，児童福祉法改正により2015（平成27）年から「保育を必要とする乳幼児」となった。

1．教育と福祉

1 幼稚園の成立と発展

わが国の幼児教育は1872（明治5）年に頒布された「学制」の第22章に，「幼稚小学ハ男女ノ子弟6歳迄ノモノ小学ニ入ル前ノ端緒ヲ教ルナリ」と規定されたことに始まるといえる。そして，1876（明治9）年に官立幼稚園として開設された東京女子師範学校附属幼稚園**によってその基礎が築かれ，これ以降1879（明治12）年には鹿児島，大阪，仙台にも幼稚園が開設されている。しかし，これらは民衆の大部分が生活にあえいでいたこの時代に，ひとにぎりの裕福な上流階級の子どもを対象としたものであった。

＊＊首席保姆・松野クララ。保姆・豊田芙雄，近藤 浜ほか。現在のお茶の水女子大学附属幼稚園。

1882（明治15）年になると，「簡易幼稚園」開設の通達が文部省から出され，貧しい家の子どもも幼稚園教育の対象とされた。その結果，幼稚園はその数を増していき，1897（明治30）年には222園が設置されるようになったが，この頃の幼稚園はまだ一般の人々の間に広く普及したものとはいえなかった。こうした状況の中で，1911（明治44）年には幼稚園の規定が緩和されて，幼稚園に託児所的な機能が認められ，その大衆化が図られた。

表3-1　幼稚園数・園児数・就園率の推移

年　度	幼稚園数				在園児数				就園率
	実　数				実　数				
	計	国立	公立	私立	計	国立	公立	私　立	
S25（'50）	2,100	33	841	1,226	224,663	2,952	107,606	114,095	8.9
S35（'60）	7,207	35	2,573	4,599	742,367	3,400	228,045	510,922	28.7
S45（'70）	10,796	45	3,904	6,844	1,674,699	4,210	397,836	1,272,653	53.7
S50（'75）	13,108	47	5,263	7,798	2,292,180	5,575	564,145	1,721,460	63.5
S52（'77）	13,854	47	5,576	8,231	2,453,687	5,939	627,283	1,820,165	64.2
S54（'79）	14,622	47	5,951	8,624	2,486,506	6,227	653,847	1,826,432	64.4
S56（'81）	15,059	48	6,149	8,862	2,292,811	6,512	596,060	1,690,239	64.4
S58（'83）	15,190	48	6,227	8,915	2,192,853	6,568	551,851	1,634,434	63.8
S60（'85）	15,220	48	6,269	8,903	2,067,991	6,609	504,461	1,565,921	63.7
S62（'87）	15,156	48	6,263	8,845	2,016,225	6,600	470,454	1,539,171	63.6
元（'89）	15,080	48	6,239	8,793	2,037,618	6,557	454,148	1,576,913	63.9
H3（'91）	15,040	48	6,244	8,768	1,977,580	6,630	410,708	1,560,242	64.1
H5（'93）	14,958	49	6,205	8,704	1,907,167	6,740	379,856	1,520,571	63.8
H7（'95）	14,856	49	6,168	8,639	1,808,432	6,778	361,662	1,439,992	63.2
H9（'97）	14,690	49	6,085	8,556	1,789,523	6,803	360,630	1,422,090	62.5
H11（'99）	14,527	49	5,981	8,497	1,778,286	6,911	360,558	1,410,817	61.6
H13（'01）	14,375	49	5,883	8,443	1,753,422	6,819	360,962	1,385,641	60.6
H15（'03）	14,174	49	5,736	8,389	1,760,494	6,718	361,136	1,392,640	59.3
H17（'05）	13,949	49	5,546	8,354	1,738,776	6,572	348,945	1,383,249	58.4
H19（'07）	13,723	49	5,382	8,292	1,705,402	6,457	331,222	1,367,723	57.2
H21（'09）	13,516	49	5,206	8,261	1,630,336	6,315	306,015	1,318,006	56.4
H23（'11）	13,299	49	5,024	8,226	1,596,170	6,044	286,323	1,303,803	55.7
H25（'13）	13,043	49	4,817	8,177	1,583,610	5,785	274,164	1,303,661	54.8
H27（'15）	11,674	49	4,321	7,304	1,402,448	5,510	238,036	1,158,902	53.5
H28（'16）	11,252	49	4,127	7,076	1,339,761	5,394	223,066	1,111,301	48.5

資料）文部科学省「学校基本調査」
平成19年度は，平成19年度学校基本調査速報（平成19年5月1日）

大正期になると，明治末期の幼稚園の大衆化を受けて幼稚園の普及が進められた。1926（大正 15）年には小学校令から独立した「幼稚園令」が制定され，これによって幼稚園の地位が明確にされた。そして幼稚園に託児所的機能が強められるとともに，すべての幼児を対象とした幼稚園教育が広められていった。幼稚園の設置数をみると，1913（大正２）年には568園であったのが，1926（大正15）年の幼稚園令制定後には1,066園に増加している。

昭和に入って幼稚園の普及はさらに進められた。しかし，第二次世界大戦は幼児教育にも影響を及ぼし，幼稚園は休園や廃止，あるいは戦時託児所へと転換されたのである。

戦後は 1947（昭和 22）年の「学校教育法」の制定により，幼稚園は小学校や中学校などとともに学校体系の中に位置づけられた。幼稚園の設置数は 1946（昭和 21）年の 1,303 園から，幼児教育への関心の高まりや第一次ベビーブームの影響もあって，1955（昭和 30）年には 5,425 園へと増加し，昭和 50 年代後半のピーク時には１万 5,000 園を超していた。しかし今日，少子化*の影響を受けて，幼稚園の設置数は毎年少しずつ減少を続け，2016（平成 28）年には１万 1,252 園となっている（表３ - １）。

2 保育所の成立と発展

わが国の保育事業の始祖は 1890（明治 23）年に，新潟に赤沢鍾美が設立した家塾新潟静修学校の付属施設**といわれている。その後，保育事業は幼稚園教育や小学校教育の普及，産業の発展と相まって，各方面で始められるようになっていった。1894（明治 27）年に，東京の大日本紡績株式会社が女性労働者のために，工場付設事業として開設したものや，野口幽香，斎藤峰による 1900（明治 33）年の二葉幼稚園***（1915（大正４）年に二葉保育園と改称）はその代表的なものである。

日露戦争によって神戸に，出征軍人児童保管所が２カ所つくられたことも，保育事業の歴史上注目されることであろう。日露戦争後，社会の貧富の格差が広がり，労働者の階級的自覚が形成されるようになって，内務省は社会政策として保育事業を助成するようになっていった。

大正期は児童保護に関しても大正デモクラシーの影響を受けて，児童尊重のもとに社会事業が高まっていった。また，工場で働く女性が増えたことにより，妊産婦や乳幼児の保護が体系化され，乳児保護機関の１つとして乳児保育所があげられている。

公立託児所は 1919（大正８）年に大阪市に２カ所，1920（大正９）年に東京市に開設されたのをはじめとして，大正末期には 196 カ所に増加している。また，1923（大正 12）年には農繁期季節保育所が設置されている。そして，1926（大正 15）年末には児童保護施設は 945 カ所を数えるようになっていた。1923（大正 12）年の関東大震災は，託児所の増設，乳幼児に対する重湯（おもゆ）や牛乳の配給などの応急措置だけでなく，これを機に児童施設がつくられたものが少なくない。

昭和初期には世界大恐慌，東北・北海道の大凶作などの影響を受け，社会問題が多発した。こういった状況に対処すべく，1929（昭和４）年「救護法」が制定

*わが国の年間出生数は，1947（昭和22）～1949（昭和24）年にかけての第一次ベビーブーム期は260万人台であったのが，昭和30年代には160万人前後に減少した。その後，1971（昭和46）～1973（昭和48）年の第二次ベビーブーム以降再び減少を続け，平成に入ってからは，120万人前後で推移し，2016（平成28）年には98万人となっている。

**「守孤扶独幼稚児保護会」の名称で，赤沢鍾美の妻・仲子が保育を行った。現在も赤沢保育園として引き継がれている。

*** 東京麹町のスラム街の幼児のために開設された施設。

表３-２　保育所の施設数・入所児童数の推移

年　度	施設数数	入所児童数	年　度	施設数数	入所児童数
S22 (1947)	1,500	58,904	H11 (1999)	22,275	1,844,244
S25 (1950)	3,686	292,504	H12 (2000)	22,199	1,904,067
S30 (1955)	8,321	653,727	H13 (2001)	22,231	1,949,899
S35 (1960)	9,782	689,242	H15 (2003)	22,354	1,920,599
S40 (1965)	11,199	829,740	H17 (2005)	22,570	1,993,796
S45 (1970)	14,101	1,131,361	H19 (2007)	22,848	2,015,337
S50 (1975)	18,238	1,631,025	H 21 (2009)	22,925	2,040,934
S55 (1980)	22,036	1,996,082	H22 (2010)	23,069	2,080,072
S60 (1985)	22,899	1,843,550	H23 (2011)	23,385	2,122,951
H2 (1990)	22,703	1,723,775	H25 (2013)	24,038	2,330,658
H7 (1995)	22,488	1,678,866	H27 (2015)	25,464	2,330,658
H9 (1997)	22,387	1,738,802	H28 (2016)	26,237	2,393,988

2015（平成 27）年度からの数値は幼保連携型認定こども園の数を含む。
資料）厚生労働省「社会福祉施設等調査報告書」「保育所関連状況取りまとめ」
「保育所の状況等について」

され，生活扶助，医療給付，助産などが実施されるようになり，貧児の施設収容も進んだ。1938（昭和 13）年に厚生省が設置され，社会局に児童課が設けられ，児童保護行政の体制が整えられた。そして，第二次世界大戦への突入は，児童保護のうえで多くの問題を生み出し，その解決は戦後に持ち越されることになったのである。

戦後は混乱の中で孤児・浮浪児の救済に追われながら，連合軍の占領下にあって 1947（昭和 22）年，「児童福祉法」が制定されるに至った。児童福祉法はすべての子どもたちの健全な育成を目的とし，託児所の名称は保育所に統一されて児童福祉施設の１つとして法的に位置づけられた。

1950 年代後半に始まった高度経済成長は，女性の家庭外就労を増加させ，保育所の増設運動が展開された。そして 1980 年代後半には，数の上では委託保育の需要を充足し，少子化の進行とともに定員割れが問題になってきたが，近年は母親のライフスタイルや社会状況の変化などに伴い，施設数，入所児童数ともに増加している（表３－２）保育所に対するニーズは，変化や地域差が大きいものである。

保育所に入所を希望しても入ることができない待機児童の問題は 1960 年代からみられたが，1990 年代以降は都市部において増加し深刻な社会問題となっている。待機児童は2001（平成13）年に「待機児童ゼロ作戦」が策定されてから減少を続けていたが，「新待機児童ゼロ作戦」がスタートした2008（平成20）年に再び増加に転じた。この背景には保育所の受入児童数の増加によって掘り起こされた潜在需要とともに，不安定な雇用や不況のために共働きをしなければならない家庭が増えていることが考えられる。国の対策も継続して行われ2017（平成29）年には「子育て安心プラン」が発表され期待が寄せられているが，根本的な解決に至るのは難しい状況でもある。

2015（平成27）年4月に導入された「子ども・子育て支援新制度」では量と質の両面から子育てを社会全体で支えるとして，保育所（原則20人以上）より少人数の単位で待機児童が多い0～2歳の子どもを保育する事業「地域型保育」が市町村の認可事業として創設された。「地域型保育」は家庭的保育（保育ママ），小規模保育，事業所内保育，居宅訪問型保育の4つからなり，待機児童が多い都市部や子どもの数が減少している地域などさまざまな状況に合わせて保育の場を確保できるようになった。

3 幼稚園・保育所の制度と現状

これまで述べてきたように，わが国における小学校就学前の保育・教育は幼稚園と保育所の2つの制度によって成り立ってきた。これを保育の「二元制度」という。

幼稚園の所管は文部科学省で，「学校教育法」によって3歳から小学校就学までの幼児の学校教育機関として位置づけられている。その目的は学校教育法第22条に「幼稚園は，義務教育及びその後の教育の基礎を培うものとして，幼児を保育し，幼児の健やかな成長のために適当な環境を与えて，その心身の発達を助長することを目的とする」と述べられている。

一方，保育所の所管は厚生労働省で，「児童福祉法」によって保育を必要とする乳幼児を対象とした児童福祉施設として位置づけられている。その目的は児童福祉法第39条に「保育所は，保育を必要とする乳児・幼児を日々保護者の下から通わせて保育を行うことを目的とする施設とする」と述べられている。

このように幼稚園と保育所はそれぞれの目的と機能をもって，教育と福祉の分野に位置づけられている。しかし，対象となる子どもの立場からすれば，制度上の差が子どもの発達や教育の差となってはならないわけで，保育制度を一元化しようとする試みが戦前から取り上げられ，種々の検討が重ねられてきている。

近年では1971（昭和46）年の中央教育審議会答申や1981（昭和56）年の文部・厚生両省の「幼稚園および保育所に関する懇談会」の報告で取り上げられてきた。そして1985（昭和60）年に設置された教育審議会でも議論が繰り返されたが，1987（昭和 62）年の第３次答申で，「幼稚園・保育所は就園希望，保育ニーズに適切に対応できるよう，それぞれの制度の中で整備を進める。この際，幼稚園については，保育所の整備が進んでいない地域などにおける時間延長，保育所については臨時的要請に対応する私的契約など，両施設の運用を弾力的に進め，家庭や社会の要請，変化に柔軟に対応する」とされ，幼稚園と保育所は二元制度を存続していくこととなったのである（表３‐３）。

また，幼児教育の普及状況をみると地域によって差がみられる。図３‐１（p.35）は５歳児の幼稚園就園率と保育所在籍率を示している。沖縄・神奈川・埼玉など幼稚園就園率が高い県では保育所在籍率が低く，北陸３県および長野・新潟など保育所在籍率が高い県では幼稚園就園率が低い。このことから，地域によっては幼稚園が保育所の，また保育所が幼稚園の機能を果たしていることがわかる*。

＊さらに両者を合わせると５歳児の97.2％が，幼稚園あるいは保育所で教育・保育を受けており，わが国の小学校就学前教育の普及率の高さを知ることができる。

表３‐３　幼稚園と保育所の比較一覧

区　分	保　育　所	幼　稚　園
1. 根拠法令	・児童福祉法第39条 ①保育所は，保育を必要とする乳児・幼児を日々保護者の下から通わせて保育を行うことを目的とする施設（利用定員が二十人以上であるものに限り，幼保連携型認定こども園を除く。）とする。 ②保育所は，前項の規定にかかわらず，特に必要があるときは，保育を必要とするその他の児童を日々保護者の下から通わせて保育することができる。	・学校教育法第22条 幼稚園は義務教育及びその後の教育の基礎を培うものとして，幼児を保育し，幼児の健やかな成長のために適当な環境を与えて，その心身の発達を助長することを目的とする。
2. 所管	厚生労働省 ・市町村	文部科学省 ・国立幼稚園…文部科学省 ・公立幼稚園…教育委員会 ・私立幼稚園…都道府県
3. 対象	保育を必要とする 乳幼児（１歳未満） 幼　児（１歳から小学校就学の始期まで） 少　年（小学校就学の始期から18歳未満） 保護者から申し込みのあった場合，市町村は保育を必要とする乳児又は幼児等に保育を実施する義務あり（児童福祉法第24条）	満3歳から小学校就学の始期に達するまでの幼児（学校教育法第26条）
4. 設置者	地方公共団体，社会福祉法人等（児童福祉法第35条），（宗教法人，学校法人，NPO，その他の法人企業などでもある） 設置にあたっては知事の認可が必要である（ただし，設置者が都道府県の場合は，この限りでない）（児童福祉法第 35 条）	国，地方公共団体，学校法人等（学校教育法第２条），社会福祉法人（宗教法人などもある） 設置にあたっては，市町村立幼稚園の場合は都道府県教育委員会，私立幼稚園の場合は知事の認可が各々必要である（学校教育法第 4 条）

5. 設置・運営の基準	児童福祉施設の設備及び運営に関する基準（厚生労働省令） （児童福祉法第45条）	学校教育法施行規則第36～39条 幼稚園設置基準（文部科学省令） （学校教育法第3条）
6. 入所(園)の条件，手続き	・市町村が政令で定める基準に従い，条例で定めるところにより「保育を必要とする」と認められた児童につき入所を決定（市町村が家庭の状況を調査） ・保育を必要とする乳幼児をもつ保護者が保育所を選択し，市町村に申し込む。	・保護者が幼児教育を受けさせることを希望する場合（家庭の判断）
7. 入所(園)・退所(園)の時期	・保育を必要とする状況が発生したとき ・保育を必要とする状況が消滅したとき （年度途中，随時入退所）	・学年の始（4月）・学年の終（3月）が一般的 ・満3歳の誕生日から入園できる ・就園を希望する保護者と幼稚園設置者の契約による
8. 保育(教育)時間・日数	・1日につき8時間を原則として，その地方における乳幼児の保護者の労働時間，その他家庭の状況等を考慮して保育所の長が定める。 （児童福祉施設の設備及び運営に関する基準第34条） ・延長保育，夜間保育も実施。春，夏休みなし	・毎学年の教育週数は，特別の事情のある場合を除き，39週を下ってはならない（学校教育法施行規則第37条）。幼稚園の1日の教育時間は，4時間を標準とすること。ただし，幼児の心身の発達の程度や季節などに適切に配慮すること。（幼稚園教育要領）
9. 保育内容の基準	・保育所における保育は，養護及び教育を一体的に行うことをその特性とし，その内容については，厚生労働大臣が定める指針に従う。（児童福祉施設の設備及び運営に関する基準第35条） ・保育所の保育の内容，保育の計画については，厚生労働大臣が公示する保育所保育指針による。幼児教育を行う施設として共有すべき事項として，３つの「育みたい資質・能力」，10の「幼児期の終わりまでに育ってほしい姿」，また保育のねらいおよび内容について「健康」「人間関係」「環境」「言葉」「表現」の5領域が示されている。	・幼稚園の教育課程その他の保育内容に関する事項は，第22条及び第23条の規定に従い，文部科学大臣が定める。（学校教育法第25条） ・幼稚園教育要領では，幼稚園教育は学校教育法に規定する目的及び目標を達成するため，幼児期の特性を踏まえ，環境を通して行うものであることを基本とする，とされている。その上で，３つの「育みたい資質・能力」，10の「幼児期の終わりまでに育ってほしい姿」，また幼稚園教育のねらいおよび内容について「健康」「人間関係」「環境」「言葉」「表現」の5領域が示されている。 ・学級は，学年の初めの日の前日において同じ年齢にある幼児で編制することを原則とする。（幼稚園設置基準第4条）
10. 保育士・幼稚園教諭の資格	・指定保育士養成施設卒業 ・保育士試験（短大卒程度で受験・8科目） 上記の保育士資格を有する者（児童福祉法第18条の6）が申請し，保育士資格登録→保育士登録証（児童福祉法第18条の18）	・幼稚園教諭普通免許状 専修（大学院終了），一種（大学卒）， 二種（短大卒）（教育職員免許法） ・専修免許…修士の学位を有することで，教科に関する科目6単位，教職に関する科目35単位，教科または教職に関する科目34単位以上修得（大学院終了） ・一種免許…学士の学位を有することで，教科に関する科目6単位，教職に関する科目35単位，教科または教職に関する科目10単位以上修得（大学卒） ・二種免許…準学士の称号を有することで，教科に関する科目4単位，教職に関する科目が27単位以上修得（短大卒）

11. 職員・職種・保育士等の配置基準	・保育士，嘱託医，調理員*（*委託することもできる） 0歳児　3：1 1，2歳児　6：1 3歳児　20：1 4歳以上の幼児　30：1 （児童福祉施設の設備及び運営に関する基準）	・園長，教頭，副園長，主幹教諭，指導教諭，教諭，助教諭，養護教諭，養護助教諭，栄養教諭，事務職員，講師 1学級あたり幼児35人以下 （幼稚園設置基準3条） 各学級専任の教諭1人以上 （幼稚園設置基準第5条）
12. 施設・設備の基準 (a) 備えられなければならない施設・設備 (b) 備えるよう努めなければならない施設・設備	乳児または満2歳未満の幼児を入所させる保育所では，乳児室またはほふく室，医務室，調理室，便所／満2歳児以上の幼児を入所させる保育所では，保育室または遊戯室，屋外遊戯場，調理室，便所（児童福祉施設の設備及び運営に関する基準第32条） 規定なし	職員室，保育室，遊戯室，保健室，便所，飲料水用設備，手洗用設備，足洗用設備（幼稚園設置基準第9条） 放送聴取設備，映写設備，水遊び場，幼児清浄用設備，給食施設，図書室，会議室（幼稚園設置基準第11条）
13. 公費負担	市町村が支弁した費用から利用者負担額を控除したものを国1/2，都道府県1/4，市町村1/4で負担	幼稚園就園奨励補助金を所得が基準以下の家庭に子の年齢別に支給（国1/3，市町村等2/3） 運営費は設置者負担が原則。国は私立幼稚園に対して助成を行う都道府県への補助，就園奨励事業を行う市町村への補助を実施。
14. その他補助	保育対策等促進事業の補助（公私とも）（休日・夜間保育事業，病児・病後児保育事業，延長保育促進事業など）	私立幼稚園の経常経費に対する都道府県助成に対して国が一定額を補助（公立は地方交付税） 新設・増改築等の補助
15. 行政の仕組	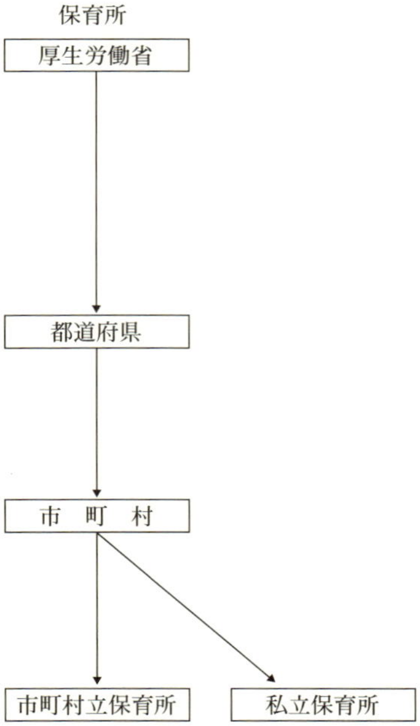 保育所 厚生労働省 ↓ 都道府県 ↓ 市　町　村 ↓　↘ 市町村立保育所　私立保育所	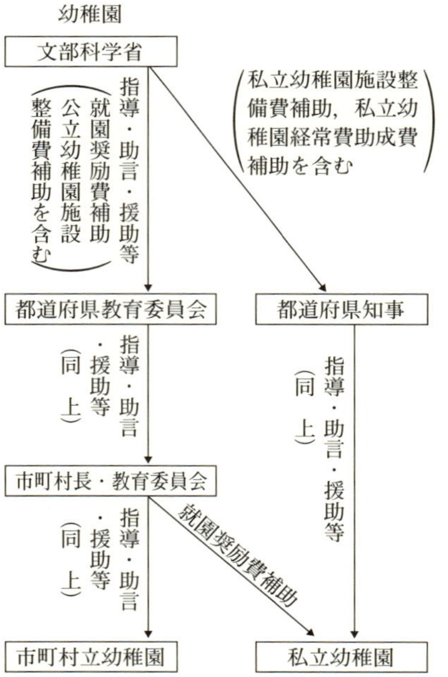 幼稚園 文部科学省 ↓ 指導・助言・援助等（就園奨励費補助　公立幼稚園施設整備費補助を含む）→ 都道府県教育委員会 ↘（私立幼稚園施設整備費補助，私立幼稚園経常費助成費補助を含む）→ 都道府県知事 都道府県教育委員会 ↓ 指導・助言・援助等（同上）→ 市町村長・教育委員会 市町村長・教育委員会 ↓ 指導・助言・援助等（同上）→ 市町村立幼稚園 市町村長・教育委員会 ↘ 就園奨励費補助 → 私立幼稚園 都道府県知事 ↓ 指導・助言・援助等（同上）→ 私立幼稚園

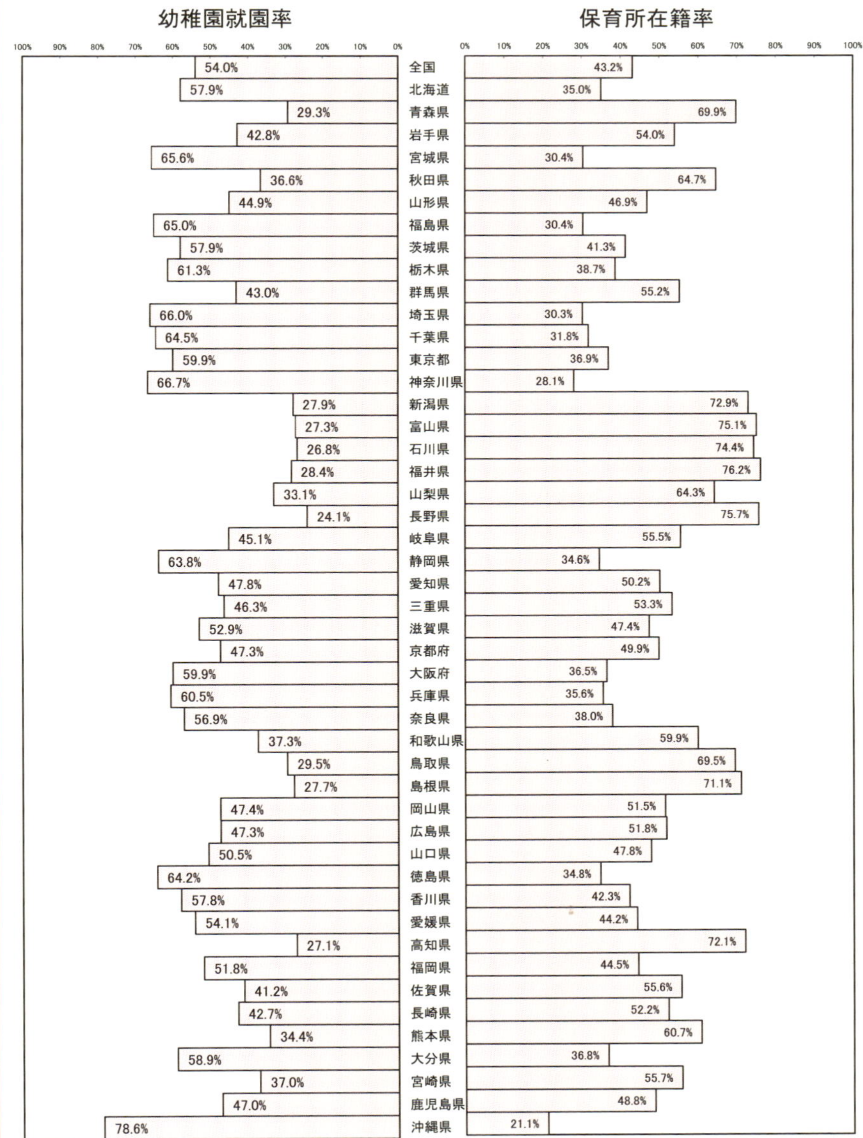

（注）
・保育所在籍率については，「平成25年社会福祉施設等調査」（平成25年10月1日現在）の集計施設数を調査対象施設数で割り戻した数値を学年齢別に換算し，文部科学省で推計したものである。
・幼稚園就園率，保育所在籍率については，それぞれ幼稚園在籍者数，保育所在籍者数を平成26年度の小学校1年生人口で除したもの。
・推計値であるため，幼稚園就園率と保育所在籍率の合計が100%を超えることがある。

（資料）
文部科学省「平成25年度学校基本統計」（平成25年5月1日現在），「平成27年度学校基本統計（速報）」（平成27年8月6日現在），「平成26年度学校基本統計（速報）」（平成26年10月1日現在），厚生労働省「平成25年社会福祉施設等調査」（平成25年10月1日現在）

出典）『全日本私立幼稚園連合会要覧』（2016 年）

図３-１　幼児教育の普及状況（５歳児）

資料3-1　幼稚園と保育所との関係について

（昭和38年10月28日　文初第400号児発1046号
各都道府県教育委員会，各都道府県知事あて
文部省初等中等教育局長　厚生省児童局長通知）

幼児教育の充実振興については，かねてから種々御配慮を煩わしているところでありますが，近時，人間形成の基礎をつちかう幼児教育の重要性が認識され，幼稚園および保育所の普及と内容の改善充実の必要が強調されていることにかんがみ，文部，厚生両省においては，幼稚園と保育所との関係について協議を進めた結果，今後，下記により，その適切な設置運営をはかることにいたしましたので，このことを貴管下の市町村長，市町村教育委員会等に周知徹底させ，幼児教育の振興について，今後いっそうの御配慮を願います。

記

1　幼稚園は幼児に対し，学校教育を施すことを目的とし，保育所は，「保育に欠ける児童」の保育（この場合の幼児の保育については，教育に関する事項を含み，保育と分離することはできない）を行うことを，その目的とするもので，両者は明らかに機能を異にするものである。現状においては，両者ともその普及の状況はふじゅうぶんであるから，それぞれがじゅうぶんその機能を果たしうるよう充実整備する必要があること。
2　幼児教育については，将来その義務化についても検討を要するので，幼稚園においては，今後5歳児および4歳児に重点をおいて，いっそうの普及充実をはかるものとすること。この場合においても当該幼児の保育に欠ける状態がありうるので，保育所は，その本来の機能をじゅうぶん果たしうるよう措置するものとすること。
3　保育所のもつ機能のうち，教育に関するものは，幼稚園教育要領に準ずることが望ましいこと。このことは，保育所に収容する幼児のうち，幼稚園該当年齢の幼児のみを対象とすること。
4　幼稚園と保育所それぞれの普及については，じゅうぶん連絡のうえ，計画的に進めるものとすること。この場合，必要に応じて都道府県または市町村の段階で緊密な連絡を保ち，それぞれ重複や偏在を避けて適正な配置が行われるようにすること。
5　保育所に入所すべき児童の決定にあたっては，今後いっそう厳正にこれを行うようにするとともに，保育所に入所している「保育に欠ける幼児」以外の幼児については，将来幼稚園の普及に応じて幼稚園に入園するよう措置をすること。
6　保育所における現職の保母試験合格保母については，幼稚園教育要領を扱いうるよう現職教育を計画するとともに，将来保母の資格取得等については，検討を加え，その改善をはかるようにすること。

2. 共通する「保育」の精神

1 幼稚園と保育所の関係

幼稚園と保育所の歴史的な変遷と現状をみてきたが，目的や機能が異なっても両者に共通することは，「就学前の子どもを健やかに育て，教育する」ということである。これについては，すべての子どもへの平等な保育・教育のあり方という視点から，戦前・戦後を通して幼稚園と保育所の一元化について種々の検討や議論がなされてきたが，実現に至らなかったことはすでに述べたとおりである。

しかし，近年の各種通知などには幼稚園と保育所の関係について，省庁の枠を

資料３‐２　幼稚園と保育所の施設の共用化等に関する指針について

（平成10年３月10日　文初幼第476号
児発第130号
各都道府県知事・教育委員会・各指定都市市長・
教育委員会・各中核市市長・教育委員会宛
文部省初等中等教育局長・厚生省児童家庭局長）

幼稚園と保育所の今後の在り方については，近年における少子化の進行，共働き家庭の一般化などに伴う保育ニーズの多様化等を背景として，地方分権推進委員会第一次勧告（平成８年12月）において，地域の実情に応じた幼稚園・保育所の施設の共用化等，弾力的な運用を確立することが求められました。

このような状況を踏まえ，文部省と厚生省は共同して，国民の多様なニーズに対応できるよう，望ましい運営や施設の在り方を幅広い観点から検討するため，平成９年４月に「幼稚園と保育所の在り方に関する検討会」を発足させました。

この検討会においては，当面，幼稚園と保育所を合築し，併設し，又は同一敷地内に設置するに当たっての施設の共用化等に関する取扱を中心に検討を行い，この度，別紙のとおりこの指針を取りまとめましたので，貴職におかれては管下の市町村その他関係者に周知徹底の上，適切に指導し，幼児教育・保育の充実に一層の御配慮をお願いします。

別紙

幼稚園と保育所の施設の共用化等に関する指針

１　目的

多様なニーズに的確に対応できるよう，幼稚園と保育所の施設・運営の共用化・職員の兼務などについて地域の実情に応じて弾力的な運用を図り，幼児教育環境の質的な向上を推進し，共用化された施設について保育の内容等運営が工夫され，有効利用が図られることを目的とする。

２　内容

⑴　幼稚園及び保育所について保育上支障のない限り，その施設及び設備について相互に共用することができる。

⑵　共用化された施設について必要とされる基準面積は，原則として，それぞれ幼稚園設置基準，児童福祉施設最低基準により幼児数を基に算定するものとする。

　ただし，この方法によることが適切でないと認められる場合には実情に即した方法により算定するものとする。

　共用部分については原則として幼稚園及び保育所の各々の専有面積により按分して管理する。

⑶　幼稚園と保育所が共用化されている施設における職員の数については，それぞれ幼稚園設置基準，児童福祉施設最低基準により算定するものとする。

⑷　幼稚園及び保育所に備えられている園具・教具・用具について，幼稚園及び保育所は相互に使用することができる。

⑸　幼稚園と保育所が共用化されている施設においては，教育・保育内容に関し，合同で研修を実施するように努める。

⑹　施設設備の維持保全，清掃等の共通する施設管理業務について一元的な処理に努める。

超えて共同で出されたものがみられ，これらをたどることによって改めて，共通する「保育」の精神について確認することができる。

まず，1963（昭和38）年に文部省と厚生省から，共同通知「幼稚園と保育所の関係について」が出されている（資料３‐１）。通知には「保育所のもつ機能

資料3-3　子どもと家庭を支援するための文部省・厚生省共同行動計画

（平成10年６月19日）

Ⅰ　趣　旨

子どもに関する非行等の様々な問題への対応が我が国社会にとって大きな課題となっている中で，次代を担う子どもが健やかに育つための環境づくりを進めるため，教育行政と厚生行政が緊密に連携し，効果的な施策の実現を目指す。

Ⅱ　推進体制

文部省及び厚生省施策について，定期的に情報交換，意見交換を行うため，個々の施策・法案協議の場とは別に，文部省生涯学習局，厚生省児童家庭局を窓口とする「教育・児童福祉施策連携協議会」において協議を行う。

Ⅲ　連携施策

1　家庭における教育・子育て支援の充実（略）

2　地域における子どもの健全育成（略）

3　幼稚園と保育所の連携の促進

(1) 教育内容・保育内容の整合性の確保

・幼稚園教育要領や保育所保育指針の改訂に際しては，教育課程審議会や中央児童福祉審議会への相互の関係者の参画や両省間の協議を通じ，内容の一層の整合性を確保。

(2) 幼稚園教諭と保母の研修の合同開催

・新幼稚園教育要領の趣旨説明などを内容とする研修の対象に保母も加え，厚生省の協力を得て開催。

・他の国レベルの研修について，文部省と厚生省で共同して発足した検討会である「幼稚園と保育所の在り方に関する検討会」において合同開催を検討するとともに，都道府県等レベルの合同研修の開催を働きかけ。

(3) 幼稚園教諭と保母の人的交流の推進

・市町村において，地域の実情に応じて幼稚園教諭と保母の人的交流が行われるよう働きかけ。

(4) 幼稚園教諭と保母の養成における履修科目の共通化

・幼稚園教諭と保母の養成における履修科目について，どのように共通化できるかを「幼稚園と保育所の在り方に関する検討会」において検討。

(5) 幼稚園と保育所の子育て支援に係る事業の連携実施

・子育て相談や子育てサークルの支援などを地域の実情に応じて幼稚園と保育所が共同して行えるよう，文部省の幼稚園における子育て支援活動推進事業と厚生省の保育所における地域子育て支援センター事業を連携して実施。

(6) 公的助成及び費用負担の在り方の検討

・幼稚園と保育所のそれぞれに対する公的助成や保護者の費用負担などの在り方について「幼稚園と保育所の在り方に関する検討会」において検討。

4　学校等における子どもの健康を守る取り組み

以下（略）

のうち，教育に関するものは，幼稚園教育要領に準ずることが望ましいこと。このことは，保育所に収容する幼児のうち，幼稚園該当年齢の幼児のみを対象とすること」と記されていて現在に至っている。

また，1998（平成10）年には文部省と厚生省から「幼稚園と保育所の施設の共用化等に関する指針」が出され，幼稚園と保育所の施設･運営の共用化や，教育･保育内容に関する合同研修の実施などが示されている（資料３‐２）。

さらに同年，「子どもと家庭を支援するための文部省・厚生省共同行動計画」が両省から出されている（資料３‐３）。これは子どもに関する非行などのさまざまな問題への対応が大きな課題となっている中で，次代を担う子どもが健やかに育つための環境づくりを進めるために，教育行政と厚生行政が緊密に連携し，効果的な施策の実現を目指すものである。

このように幼稚園と保育所の関係については，とくにその教育内容の共通化が進められてきたことが知られるのである。「幼稚園教育要領」の改訂に伴って，「保育所保育指針」の改定も行われるなど，幼稚園と保育所がともに就学前教育に重要な役割を果たしていることは明らかである。このことを踏まえて，今後の幼児教育をさらに充実・発展させていくことが，これからの保育者に求められているといえよう。

2 幼稚園運営の弾力化

わが国においては第二次世界大戦後，幼稚園は学校教育法に基づく学校に，保育所は児童福祉法に基づく児童福祉施設に位置づけられた。その実態には地域によって違いがみられるものの，それぞれの目的・機能によって両者はその役割を果たしてきた。しかし，少子化や核家族化，母親の就労をはじめとする社会状況の変化によって，近年は幼稚園に保育所的な役割が期待されるようになり，運営の弾力化の傾向が全国的にみられるようになってきている。いわゆる幼稚園と保育所の垣根が低くなったということなのである。

その１つが幼稚園における低年齢児の受け入れである。幼稚園の対象は学校教育法第 26 条に，「幼稚園に入園することのできる者は，満３歳から，小学校就学の始期に達するまでの幼児とする」と明記されている。しかし，地域社会の変化によって，遊び相手や集団活動を求めて低年齢から短時間の集団保育を望む保護者の要望が高まり，2000（平成 12）年度から満３歳に達した時点での幼稚園入園の条件の整備が行われた。

また，保育時間については，「幼稚園教育要領」に「幼稚園の１日の教育時間は，４時間を標準とすること」とされているが，通常の教育時間の前後や長期休業期間中などに，地域の実態や保護者の要請に応じて，保育時間の延長すなわち「預かり保育」が実施されている。これを実施している幼稚園の割合は 1997（平成９）年は約３割であったのが，2000（平成 12）年には約５割に増加し，2014（平成 26）年には８割以上に及んでいる。

地域によっては，幼稚園の低年齢児の受け入れや「預かり保育」の実施が，保育所の待機児童の解消につながるなど，幼稚園におけるこれらの取り組みへの期待は大きい。

2009（平成 21）年施行の「幼稚園教育要領」では，「教育課程に係る教育時間の終了後等に行う教育活動」が後述の子育ての支援とともに総則に位置づけられ，

第3章において留意事項が詳細に示された。これに基づいて，責任ある教育活動として「預かり保育」が実施されることが大切である。

3 幼稚園と保育所の連携

幼稚園は文部科学省，保育所は厚生労働省とその所管官庁が分かれているため，それぞれの制度の中で運営されてきた。一方，両施設ともに小学校就学前の幼児を対象としていることから，文部科学省と厚生労働省は，近年，その連携の強化に努めてきて，各地方公共団体においても地域の実態に合わせて，施設の共用化，教員と保育士の合同研修などが行われるようになってきている。幼稚園と保育所の施設の共有化については指針（資料3－2，p.37）が出された当初の2000（平成12）年には共有化施設数は161か所であったのが，全体として年々増加傾向にあり，2014（平成26）年には580か所となっている。

また，国の異なる制度のもとで運営される幼稚園と保育所を自治体レベルで一体化する動きも全国的に広まってきている。1998（平成10）年に文部省と厚生省から出された「幼稚園と保育所の施設の共用化等に関する指針」を受けて，各地に幼稚園と保育所を一体化した施設が開設されている。しかし，教育内容が同じでも保育料に違いがあるなど，実質的な一体化の実現は難しい現状もみられた。

こうした中，東京都千代田区は独自に同一の条例を作成して，2002（平成14）年4月に幼稚園・保育所の枠を超えた新しい一元化園である「こども園」*を開設した。このような試みは，少子化が進む一方で保護者のニーズが多様化している中で，今後の幼稚園と保育所のあり方をめぐって注目された。

＊「こども園」は，設置条例を新たに制定すること，「保育に欠ける」という保育所の入所要件を撤廃すること，保護者が時間割の中から自由に保育時間を選択できること，幼稚園教諭と保育士が一体となって乳幼児育成にあたることなど，全国初の取り組みであった。

また，自治体の補助金を受けている小規模保育室の運営に私立幼稚園が参加したり，保育所の設置認可にかかわる規制緩和に伴って，幼稚園を設置する学校法人が保育所を設置することができるようになるなど，近年の幼稚園と保育所の連携には目まぐるしい変化がみられる。

2014（平成26）年度幼児教育実態調査（文部科学省）によれば，保育所との交流を行った幼稚園は33.5％，保育所の保育士と交流を行った幼稚園は38.3％であった。

4 認定こども園について

近年の少子化の進行や教育・保育に対するニーズの変化に伴って，幼稚園では園児数が減少し，一方，保育所では待機児童をかかえるというアンバランスが生じている。また，子どもが少ない地域では幼稚園と保育所が別々では，子ども集団が小規模化したり，運営が非効率だったりと，現行の保育制度をめぐって種々の問題が生じてきた。

「就学前の教育・保育を一体として捉えた一貫した総合施設」については，中央教育審議会幼児教育部会と社会保障審議会児童部会の合同検討会議において2004（平成16）年5月から検討が進められ，同年12月に審議のまとめが行われた。これを受けて2005（平成17）年度には，文部科学省と厚生労働省の連携事業である総合施設モデル事業が全国30カ所*で実施され，総合施設における教育・保育の内容，職員配置，施設設備のあり方などが検証されることになった。**

この結果を踏まえて，「就学前の子どもに関する教育，保育等の総合的な提供の推進に関する法律」***が2006（平成18）年6月に公布され，同年10月から「認定こども園」がスタートした。そして2014（平成26）年4月に「幼保連携型認定こども園教育・保育要領」が内閣府・文部科学省・厚生労働省の共同告示として公布された。さらに2015（平成27）年4月に施行された「子ども子育て支援新制度」の「認定こども園法の改正法」により，地域の実情に応じた認定こども園の普及が図られた。

認定こども園は，幼稚園と保育所のうち，「親の就労の有無にかかわらず0歳から就学前の子どもに幼児教育・保育を提供すること」「地域における子育て支

*公立15カ所，私立15カ所。
**平成17年度モデル事業は，実際には公立9カ所，私立26カ所，計35カ所で実施された。
***通称「認定こども園法」

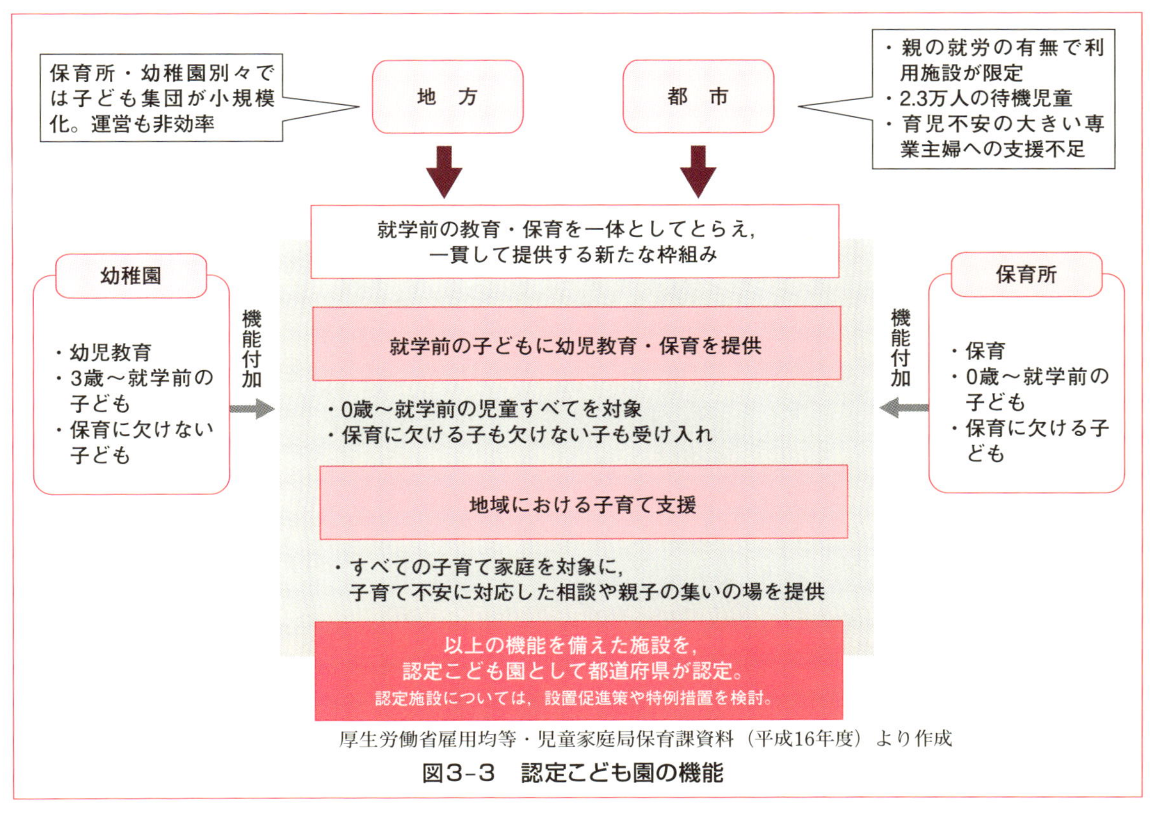

厚生労働省雇用均等・児童家庭局保育課資料（平成16年度）より作成

図3-3　認定こども園の機能

援を実施すること」を機能として備える施設を都道府県が認定するものである。認定対象には「幼保連携型」「幼稚園型」「保育所型」「地方裁量型」の４つの類型があり，2016（平成 28）年４月現在の認定数は 4,001 園となっている。

認定こども園の教育・保育の内容は，幼稚園型は「幼稚園教育要領」，保育所型は「保育所保育指針」に基づくことを前提に，「幼保連携型認定こども園教育・保育要領」を踏まえて実施される。職員の資格は，幼保連携型は幼稚園教諭免許状と保育士資格を併有した保育教諭を配置することとし，その他の認定こども園では０～２歳児は保育士資格が必要，３～５歳児は学級担任と長時間保育の双方を行うことになるため，幼稚園教諭と保育士資格の両免許・資格の併有が望ましいとされている。このため認定こども園における保育者は，これまで幼稚園と保育所という枠の中で培ってきた就学前の子育ての知識や技術を相互に受け入れて生かしていく柔軟な姿勢をもち，かつ保育者の資質向上に努めていくことが大切である。

認定こども園は幼稚園と保育所が現行の法的な位置づけを保持したまま，両方の良さを併せもっている教育・保育を一体的に行う施設としてスタートしたが，2015（平成 27）年４月施行の「認定こども園法の改正法」により「学校及び児童福祉施設としての位置付けをもつ単一の施設」として新たな「幼保連携型認定こども園」が創設された。今後は社会のニーズに対応していくとともに，教育・保育の質を高めるための検討がさらに重ねられていくことが望まれる。

3. 子育て支援センター

1 子育て支援の意義

近年の子育てを取り巻く環境の変化は著しく，子どもが育つことも子どもを育てることも難しくなってきている。

わが国では戦後の高度経済成長期以降に核家族世帯*が増加してきた。核家族の増加は，夫婦を中心とした男女平等の家庭を現実のものとしたことと引き換えに，三世代家族がもつ子育て機能を失わせてしまったのである。核家族では母親が１人で子育てに専念することが多く，母親は育児の助言を受けたり，相談する人がいない状態で子どもと向き合うことになった。その結果，過度の母子密着による育児不安や育児ノイローゼがみられるようになってきているのである。

＊核家族世帯には，夫婦のみの世帯と，夫婦（ひとり親）と未婚の子どもからなる世帯とがある。近年は，夫婦のみの世帯が増加している。

また地域においては，とくに大都市では個人のプライバシーが守られ，個人が自由を獲得できるようになったのと引き換えに，地域社会の結びつきが稀薄になってきている。子育て経験者が若い世代に子育ての助言を行ったり，子どもを預かったりということがなくなり，閉ざされた家の中で1日中子どもと向き合う孤独に悩む母親が少なくない。さらに，母親自身も成長の過程で幼い子どもと触れ合った経験がなく，本来は家庭や地域で身につけるはずの子育ての知識や喜びをもたないまま大人になってしまい，こうした若い親たちが，子育てに戸惑いを感じるのは当然ともいえることなのである。

このような子育ての負担や不安を軽減させるため，近年，幼稚園や保育園における子育て支援の充実が求められている。子育てのたいへんな面ばかりでなく，楽しさや喜びを伝えるため，幼稚園や保育園が「親と子の育ちの場」となることが期待されているのである。

2 幼稚園と保育所，認定こども園における子育て支援

子どもを取りまく環境の変化に伴い，近年の幼稚園と保育所においては，子育て支援の活動が実施され成果をあげてきている。

幼稚園においては，2007（平成19）年6月の学校教育法の一部改正により，第24条に「幼稚園においては，第22条に規定する目的を実現するための教育を行うほか，幼児期の教育に関する各般の問題につき，保護者及び地域住民その他の関係者からの相談に応じ，必要な情報の提供及び助言を行うなど，家庭及び地域における幼児期の教育の支援に努めるものとする」との条文が加えられた。これを受けて，2008（平成20年）3月に告示された「幼稚園教育要領」では子育て支援について，改訂前の「幼稚園教育要領」に記されていた幼児期の教育に関する相談に加え，情報の提供，保護者との登園，保護者同士の交流の機会の提供などがあげられ，幼稚園が地域における幼児期の教育のセンターとしての役割を果たすよう努めることが具体的に示された。さらに2017（平成29）年3月に告示された「幼稚園教育要領」では，「その際，心理や保健の専門家，地域の子育て経験者等と連携･協働しながら取り組むよう配慮するものとする。」と追加され，その役割を一層果たしていくことが求められるようになった。

保育所においては，2001（平成13）年の児童福祉法改正によって，保育士資格の法定化とともに，保護者に対して保育に関する指導を行うことが保育士の職務に位置づけられた。これよりさきの2000（平成12）年に施行された「保育所保育指針」にも，日常の保育を通じて蓄積された子育ての知識，経験，技術を活用して，子育て家庭の支援を図ることが記されていたが，2008（平成20）年3月に告示された「保育所保育指針」では，「保育所における保護者に対する支援の基本」が示された後に，「保育所に入所している子どもの保護者に対する支援」と「地域における子育て支援」とが記され，保育所の保護者支援の業務がより明

確にされた。そして 2017（平成 29）年 3 月に告示された「保育所保育指針」では，保護者・家庭および地域と連携した子育て支援の必要性から「保護者に対する支援」の章を「子育て支援」に改め，外国籍家庭など特別な配慮を必要とする家庭への支援，不適切な養育などが疑われる家庭への支援など記述内容の充実が図られた。

認定こども園においては，スタート当初から認定要件の 1 つとして子育て支援事業の実施が盛り込まれている。具体的には子育て相談，親子の集いの場の提供，一時預かりなどで，すべての子育て家庭を対象に提供されている。2014（平成 26）年 4 月告示の「幼保連携型認定こども園教育・保育要領」では第 1 章総則の第 3「幼保連携型認定こども園として特に配慮すべき事項」に園児の保護者に対する子育ての支援と地域における子育て家庭の保護者に対する支援とが記されていたが，2017（平成 29）年 3 月に告示された「幼保連携型認定こども園教育・保育要領」では「第 4 章子育ての支援」として新たに章立てされ，子どものプライバシーや多様な生活形態の保護者への配慮など現代的な課題を踏まえた内容の改善・充実が図られた。

子育て支援の具体的内容は，一時保育，親子登園，園庭・園舎の地域への開放，親同士が交流する子育てサークルの活動の支援，子育て講座の開設，子育て相談の充実を図ることなどである。さらに，中学生や高校生の乳幼児とのふれあい体験*の場として，幼稚園や保育所が機会を提供することもあげられる。これは幼児にとって貴重な体験となるばかりでなく，中学生や高校生にとっても，子育ての喜びや大切さ，親の役割について考えるよい機会となっている。

＊家庭科，職業体験，総合学習などで取り入れられて成果をあげてきている。

幼稚園や保育所，認定こども園が子育て支援のセンターとしての役割を果たすことができるように，これからの保育者には地域の実態を把握し，社会や保護者のニーズにあった子育ての支援を展開していく力をつけることが求められているのである。

【参考文献】

岸井勇雄『幼児教育課程総論』第二版，同文書院，2002

日本保育学会『日本幼児保育史』全 6 巻，フレーベル館，1968 ～ 1975

文部科学省『幼稚園教育要領』1988，2008，2017

厚生労働省『保育所保育指針』2000，2008，2017

内閣府・文部科学省・厚生労働省『幼保連携型認定こども園教育・保育要領』2017

幼児保育研究会『最新保育資料集』ミネルヴァ書房，2001，2002，2008，2017

第4章 教育課程（全体的な計画）の基本

〈学習のポイント〉 ①「幼稚園教育要領」の「幼稚園教育の基本」，「保育所保育指針」の「保育所保育に関する基本原則」ならびに「幼保連携型認定こども園教育・保育要領」の「幼保連携型認定こども園における教育及び保育の基本」は，幼児教育を実践するうえで必要な共通認識が集約されたものであることを理解しよう。

②幼児教育は，環境を通して行うものであるという意味を，正しく理解しよう。

③幼児が主体的に活動できる環境を構成する際，保育者としてどのような役割が果たせるか考えよう。

幼稚園，保育所，認定こども園における教育活動は，各園で設定された教育課程あるいは全体的な計画に則って行われている。教育課程あるいは全体的な計画とは，教育の目的および目標を達成するために，園に在園する全期間を見通して，幼児の心身の発達過程に応じ，教育内容を組織化した計画であり，その園における基本構想ともいうべきものである。この教育課程，全体的な計画は，各園において創意工夫をしながら，幼児や園，地域の実態に即した適切なものを編成することとされているが，その基準となるのが「幼稚園教育要領」「保育所保育指針」「幼保連携型認定こども園教育・保育要領」である。

たとえば，2017（平成 29）年 3 月改訂の「幼稚園教育要領」では，これからの時代に求められる教育を実現するために，「よりよい学校教育を通してよりよい社会をつくる」という理念を学校と社会が共有していくことを求めている。そこで各幼稚園の教育課程において，幼児期にふさわしい生活やどのような資質・能力を育むかを明確にし，社会との連携や協働により，その実現を図るという「社会に開かれた教育課程」が重要となるのである。また，新たに「幼稚園教育において育みたい資質・能力」を明確にするため，遊びを通した総合的な指導によって①知識・技能の基礎，②思考力・判断力・表現力の基礎，③学びに向かう力，人間性等が示された。そのために「幼児期の終わりまでに育ってほしい姿」を 10 項目明示するとともに，幼児期の「主体的・対話的で深い学び（アクティブラーニング）」が必要であること，カリキュラム・マネジメントの重要性を述べている。

また同時に改定（訂）された「保育所保育指針」と「幼保連携型認定こども園教育・保育要領」でも「育みたい資質・能力」ならびに「幼児期の終わりまでに育ってほしい姿」が明記されている。そして保育所では従来用いられていた「保育課程」から「全体的な計画」へと，また幼保連携型認定こども園では「教育及び保育の内容に関する全体的な計画」から「教育及び保育の内容並びに子育ての支援等に関する全体的な計画」へ変更になったのである。

1. 教育課程の歴史

1 教育課程とは

「教育課程」は,「カリキュラム (curriculum)」の訳語であり, ラテン語の「クレーレ (curerre)」を語源にもつといわれている。クレーレは,「走路・コース」と「走る活動・競争」の意味があり, それが教育用語に転用され「学習コース」と「学習活動そのもの」を指し示すようになったのである。つまり教育課程は, 学習の内容, 学習コース, 学習活動, 教育価値を含み込んだ意味をもち, その実態もまた多様であるといえる。

また「教育課程」という用語が, わが国で一般的になったのは, 戦後アメリカから教育課程の概念がもたらされてからであり, それ以前は学校の全学年にわたる教科別時間配当表のようなものを「教科課程」あるいは「学科課程」といっていた。この変化は単なる表現上の相違ではなく, 学校教育のあり方の基本的変化を意味している。戦後, 子どもの教育は教科の授業はもちろんであるが, 学級活動, 学校行事, クラブ活動などの教科外活動も含めたあらゆる教育活動を通して行うものであることが明確化され, 教科以外の学習領域も学校教育に正規に組み込まれていったことを表しているのである。1947 (昭和 22) 年, 初めて「学習指導要領 (試案)」がその手引き書として作成され, 1958 (昭和 33) 年の改訂から文部大臣の公示として法的拘束力をもった教育課程編成の基準となり, 以後約 10 年ごとに改訂されながら現在に至っている。

2017 (平成 29) 年改訂の「幼稚園教育要領」や「小学校学習指導要領」等では,「教育課程」に関し, 特にカリキュラム・マネジメントに努めることが明示された。幼稚園におけるカリキュラム・マネジメントとは,「全体的な計画*に留意しながら,『幼児期の終わりまでに育ってほしい姿』を踏まえ教育課程の実施状況を評価してその改善を図っていくこと, 教育課程の実施に必要な人的又は物的な体制を確保するとともにその改善を図っていくことなどを通して, 教育課程に基づき組織的・計画的に各学校の教育活動の質の向上を図っていくこと」である。

＊全体的な計画には, 教育課程や教育課程に係る教育時間の終了後等に行う教育活動 (預かり保育, 一時預かり等) の計画, 学校保健計画, 学校安全計画などのすべてが含まれるとともに, 相互に関連した計画を指す。「幼稚園教育要領」第 1 章第 3 節 6 において, この全体的な計画を作成するものとするとされた。

2 幼稚園教育要領・保育所保育指針・幼保連携型認定こども園教育・保育要領

幼児教育においては, 1899 (明治 32) 年にわが国最初の幼稚園公的基準として文部省令「幼稚園保育及設備規程」が出され，1926 年（大正 15 年）に「幼稚園令」, 1948（昭和 23）年には「保育要領 ― 幼児教育の手引き ―」が公布された。戦後の新学制におけるこの保育要領では，子どもの興味や要求に根ざすありのままの生活や遊び，自由な活動を尊重する立場に立った内容が盛り込まれたのである。この間，保育項目別時間配当表や現在の月案や週日案に相当する保育案が現場でつくられたりはしていたが，今日用いられている教育課程が保育の中に位置づけられたのは，1956（昭和 31）年に文部省が作成した「幼稚園教育要領」と，1965（昭和 40）年に厚生省が作成した「保育所保育指針」においてである。

幼稚園教育が小学校教育の前段階の教育であるため，「幼稚園教育要領」ではその一貫性を重視し，「健康」「社会」「自然」「言語」「音楽リズム」「絵画製作」といった６領域を示すとともに領域別に発達の特性も記したのである。そのため，領域が小学校以上の教科とは性格を異にすると併記されていても，教科教育のように誤解され, 幼稚園の現場では, 領域別の教育が一般的になっていった。そこで，1964（昭和 39）年に「幼稚園教育要領」が改訂され，「幼稚園においては，それにふさわしい環境を与え，生活経験に即して総合的な指導を行う」といった幼児の本質をとらえた幼稚園教育にすべきであるといった基本方針が示された。しかし，６領域をそのままに，ねらいの達成できる活動を選択し，指導計画を立案・実施するように述べられていたため，現場では従来のように領域を教科同様に扱う園や教員が依然として多く存在したのである。

1989（平成元）年改訂の「幼稚園教育要領」では，幼児教育の原点に戻り，冒頭に「幼稚園教育の基本」を掲げ，幼稚園教育は「環境を通して行うもの」と明記した。また，保育内容は「健康」「人間関係」「環境」「言葉」「表現」の５領域となり，各々のねらいと内容が示された。領域は幼児の発達を捉えるための視点とされ，ねらいは幼児期に育てたい心情，意欲，態度であり，内容はねらいを習得するために経験させたいことがらである。1998（平成 10）年の改訂を経て，2008（平成 20）年の改訂では 2006（平成 18）年改正教育基本法 11 条に「幼児期の教育は，生涯にわたる人格形成の基礎を培う重要なものである」と規定されたことを踏まえ, 第１条総則第１「幼稚園教育の基本」にも同様の記述がみられた。

さらに 2017（平成 29）年３月の改訂（定）では，幼稚園，保育所，幼保連携型認定こども園での教育・保育を幼児教育として共通に捉えている。そしてこれら３施設が３歳以上の幼児を対象とした幼児教育の共有すべき事項として，３つの「育みたい資質・能力」（①知識・技能の基礎，②思考力・判断力・表現力の基礎，③学びに向かう力，人間性等）」を育てていくことを明示している。また，幼児教育と小学校以降の学校教育との繋がり，特に幼・保・小の接続を強調し，10 の「幼児期の終わりまでに育ってほしい姿」を明確にした。

3 人格形成の基礎を培う

幼児期の教育は，生涯にわたる人格形成の基礎を培う重要な役割を担うといわれている。幼児１人ひとりの潜在的な可能性は，日々の生活の中で出会う環境によって開かれ，環境との相互作用を通して具現化されて，将来へとつながっていくからである。そのため，幼稚園，保育所，認定こども園では，幼児の生活や遊びといった直接的な体験を通して，人として生きていくための基礎を培うことが大切になるのである。

幼児の身の回りにはさまざまなものがあり，彼らは直接触れたり，実際に確かめたりしながら，それらの性質や仕組みなどを知っていく。たとえば，土の団子づくりの好きな幼児は，繰り返しつくるうちに，土によって固まり方が違うことや，同じ土でも湿り具合によって性質が異なることを理解する。芯にする土，芯の周りを固める土，湿り気をとるための土などを上手に使い分け，ものへの理解が深まっていくのである。このような直接的な体験は，興味や意欲を引き出し，遊びを深化させて多様な見立てを楽しむとともに，その遊びに興味をもつ仲間を集め，新しいアイデアや発見をもたらしてくれよう。幼児期のさまざまな直接的な体験は，その後の学校教育での学習に向かう姿勢につながっていくのである。

幼児期の直接的な体験は，その後の人生の考え方や価値観を左右することが多い。豊かな幼児体験を積んだ子どもは，思春期になり，大人と距離をおく年齢になっても，自らの判断で直接的な生活体験に価値をみいだしていくのではないだろうか。幼児期における，体をつかい，五感を働かせ，人とのおしゃべりを楽しむような保育者との散歩の原体験は，自らの足で歩むことの楽しさを知り，生きる価値を実感できる青年の成長へと続いていくであろう。

幼児にとって保育者とかかわる時間は，人生の中で決して長くはないかもしれない。しかし，人間関係を形成するための出発点であり，自己を形成していくための出発点ともなるこの時間は，子どもの後の長い人生に大きな影響を及ぼすのである。現に，自分の幼児体験から，担任の先生に憧れ，保育者の道を目指す人も多いのである。

2. 環境を通して行う教育

1 保育の環境

幼稚園をはじめとする幼児教育の基本が環境による教育であることは，学校教育法*第 22 条に「幼稚園は，（中略）幼児を保育し，幼児の健やかな成長のため

＊1948（昭和23）年に制定された学校に関する基本的，かつ総合的な法規。2007（平成19）年に大幅な改訂があった。幼稚園にかかわる条文が，第３章にまとめられ22〜28条に記されている。

に適当な環境を与えて，その心身の発達を助長することを目的とする」と明記されている。また，「幼稚園教育要領」にも「幼稚園教育は，学校教育法に規定する目的及び目標を達成するため，幼児期の特性を踏まえ，環境を通して行うものであることを基本とする」と述べられている。「幼稚園教育要領」では，「適当な環境を与えて」という学校教育法での表現を「環境を通して」と言い換え，幼児の視点に立った的確な表現で環境の重要性を説いているのである。

幼児教育は，保育者主導で一方的に教え込むといったものではなく，その主体はあくまで幼児である。たとえば「幼稚園教育要領」では，「幼児が身近な環境に主体的に関わり，環境との関わり方や意味に気づき，これらを取り込もうとして，試行錯誤したり，考えたりするようになる幼児期の教育における見方や考え方を生かし」た学びを展開しなくてはならないとしている。そこで保育者は，幼児が自ら興味・関心をもって働きかけるような教育環境を幼児とともに創造するよう努めることが求められているのである。また，環境を通して行う教育は，近年の学校教育で重視されているアクティブラーニングそのものであり，「主体的・対話的で深い学び」の土台となるのは幼児期の教育といえよう。

また，幼児期の教育が，生涯にわたる人格形成の基礎を培うことであることを踏まえ，新しい「幼稚園教育要領」「保育所保育指針」「幼保連携型認定こども園教育・保育要領」では，①健康な心と体，②自立心，③協同性，④道徳性・規範意識の芽生え，⑤社会生活との関わり，⑥思考力の芽生え，⑦自然との関わり・生命尊重，⑧数量や図形，標識や文字などへの関心・感覚，⑨言葉による伝え合い，⑩豊かな感性と表現，の10項目の「幼児期の終わりまでに育ってほしい姿」を明示した。保育者は，これらの具体的な姿を考慮に入れながら，幼児の主体的な活動が確保されるよう幼児1人ひとりの行動を理解し，予想に基づき，計画的に環境を構成することが求められるのである。

その際の環境とは，施設や遊具などの物的な環境だけではなく，自然や社会の事象，保育者・友だちといった人的環境やそのかかわり含めた人間関係，時間や空間，雰囲気など幼児の身近にある状況すべてを指すのである。保育者は，幼児に主体的な活動が生まれ，さまざまに展開しやすいように，これらの人，もの，場などが相互に関連し合うような環境を幼児とともに構成することになる。つまり，幼児もお客様として用意された環境に入っていくのではなく，身の回りの環境に自ら積極的に働きかけ，保育者とともによりよい環境をつくっていくのである。幼児も環境をつくり出す担い手となってこそ，これからの人生を主体的に切り拓く能力を身につけることになるといえよう。

2 保育者のあり方

学校教育法第 29 条には,「小学校は, 心身の発達に応じて, 義務教育として行われる普通教育のうち基礎的なものを施すことを目的とする」と小学校の目的が定められている。義務教育として行われる普通教育とは, 各個人の有する能力を伸ばしつつ社会において自主的に生きる基礎を培い, 国家社会の形成者として必要とされる基本的な資質を養う知識や経験を与える教育と考えられよう。したがって, 小学校以降の学校における教師は, それぞれの学校段階における知識・技能・態度などを児童生徒に習得させるため,「授業」を中心に展開することとなる。

しかし小学校就学前の幼児教育は, 幼児に対して個別的・具体的な知識や技能を授けることを目的とはせず, いうなれば普通教育を施すための基礎を養うことにある。幼児１人ひとりの潜在的な可能性は, 幼児が生活の中で出会う環境によって開かれ, 環境との相互作用を通して具現化されていくのである。そのため保育者には, 幼児との信頼関係を十分に築き, 幼児とともによりよい教育環境をつくり出していくことが求められている。つまり, 保育者の役割には, 物的・空間的環境を構成する役割と, その環境のもとで幼児と適切にかかわる役割があるのである。

それは, 自然や時間, 空間, 雰囲気, 友だち, 園にあるものすべてが, 保育者の意識の中に組み込まれていて, 子どもが環境へのふさわしいかかわり方を身につけていくことを意図していくことであって, これとこれを構成して, 何かにあてはめるといったものではない。また遊具や用具, 素材だけを配置して後は子どもの動くままに任せるといったものでもない。保育者の一方的なアプローチでもなく, 子どもと保育者が一緒になって, ある状況をつくり出していくことなので, 保育者自身もその中にいなくてはならず, 環境の一部であるといってよいのである。

子どもの眼差しは, 保育者が意図する, しないにかかわらず, 保育者の姿に注がれていることが少なくない。そして保育者の動きや態度は, 子どもたちに安心感をもたらすのである。保育者が, 疲れた様子で元気なく保育を続けていたら, 子どもたちも心配になってしまい, 大きな声を出したり, 大胆な活動を展開したり, まわりの環境に目を配り関心を示す雰囲気がなくなってしまうであろう。つねに新たな気持ちで, 果敢に環境構成に取り組んでいる保育者や同じ仲間の姿があってこそ, その環境への子どもたちの興味関心が生み出されてくるのである。保育者が自ら身のまわりの環境へのかかわりを示すことが, 環境を通して行う教育の第１歩となるのである。

3. 幼児期にふさわしい生活の展開

1 信頼関係に支えられた生活

人間は，自力では寝返りをうつことも，食物を摂ることもできないくらい，弱々しい状態で生まれてくる。このようなきわめて未熟な状態で生まれてくることに，スイスの動物学者ポルトマン*は積極的な意味を認めた。彼は，哺乳動物を妊娠期間と出生児の違いから，就巣性と離巣性の２種類に分類した。

*Adolf Portmann（1897～1982）。有名な著作として『人間はどこまで動物か』（高木正孝訳,岩波新書,1961）がある。

牛や馬のような高等哺乳動物は，妊娠期間が長く少子であるが，出生直後から親とよく似た運動機能を示すため，離巣性に分類された。妊娠期間と子どもの数からすると，人間は離巣性の哺乳類と共通点をもつが，新生児はじつに無力な状態で生まれてくるので，親の養育が不可欠なのである。人間の新生児はあと１年母胎に留まってこそ，ほかの高等哺乳動物の出生時と同等の運動機能をもつことができると，ポルトマンは推定したのである。人間は，出生時に潜在的な状態にある多くの機能や能力を，その後の環境との接触によって発達させるため，著しく無力な状態で生まれてくるのであって，ほかの哺乳動物には見られない，驚異的な発達を遂げることを可能にしているのである。

未成熟のままに生まれてくることを運命づけられた人間の子どもは，①未熟な状態で生まれてくる子どもの生存と成長を助け，②環境への適応性を最大限に生かし発達可能性の開花を助ける，という２つの大人の配慮を伴ってこそ，成長することができる。また，１歳の誕生日を迎えるまでの期間，人間の赤ん坊は準胎児期であり，母胎にいるような温かく包まれている状態にいてこそ，情緒が安定し心地よく成長できるのである。乳児期は，母親やそれに代わるものへの依存が何よりも必要であり，依存による安心感があって，自立の芽生えにつながるのである。

幼児期にも，子どもの依存と大人の配慮とが不可欠である。この時期，幼児は周囲の大人から自分の存在を認められ，受け入れられているという安心感をもつことで，少しずつ自分の世界を広げていき，自立した生活に向かうようになる。同時に，幼児は自分を守り，受け入れてくれる大人を信頼する。大人を信頼するという確かな気持ちがこのような幼児の発達を支えていくのである。

この時期，自分の世界を広げるために幼児は「やってみたい」という意識が強くなる一方で，信頼する大人に自分の存在を認めてもらいたい，愛されたいという気持ちをもっている。園生活では，幼児が保育者を信頼し，その信頼する保育者によって見守られているんだという安心感をもつことが必要である。幼児の「せんせい。みてて。できるから。みててよ。せんせいったら」や「じぶんでやるからいい。あっ，やっぱりやって」などの声は，日常よく聞くものである。そのとき，

「はい，はい」や「何，言ってるの」ではなく，「すごいね。やってごらん。先生見てるからね」と答えてあげたい。そして，必要なときには，保育者の適切な援助によって，幼児が自分の力でさまざまな活動に取り組む体験を積み重ねられるようにしたい。

2 興味・関心に基づく体験的な生活

幼児は日常生活の流れの中で，自らの興味や関心に基づいた直接的で具体的な体験を通して，自分の生きている世界を知り，多くのことを学んでいく。興味や関心から発した活動は，一方的に与えられた活動とは異なり，心に響くものであって，ほかのことを忘れて夢中になれる経験の機会をつくり出すことになる。そして，この活動を十分に行うことは，幼児に充実感や満足感を与えて，別な興味や，さらなる関心へとつながることになる。

絵を描くことに興味を示した幼児は，大人の目から見ると毎日毎日お絵かきばかりしているように映りがちだが，描く対象が少しずつ大きくなったり，線が太くしっかりしたり，使う色彩が増えたり，動きやストーリーのあるものに変化したり，絵を描く子どもの中にも何らかの発見や成長があるものである。目には見えにくいであろうが，幼児が好きなことに夢中になっている充実感や満足感を，保育者は感じ取ることが大切であり，ともに喜ぶ余裕をもちたいものである。

また最近の幼児は，情報化社会のなかで多くの間接情報を得ることができる一方で，自然を肌で感じることや，高齢者をはじめ幅広い世代との交流などの直接的で具体的体験が著しく不足している。都市化・核家族化・消費化社会の中で，どうしても幼児の直接体験は制限される傾向にあり，保育の現場では意識的に直接体験ができる環境をつくり出さなくてはならないだろう。

『乳幼児の親子のメディア活用調査報告書』(2014 年) *によると，テレビ番組（録画を含む）の視聴について，「ほとんど毎日」が 0 歳児後半で 55.0％と半数を超え，1 歳児以降はほぼ 9 割であった。また，スマートフォンへの接触は「ほとんど毎日」「ごくたまに」と合わせて，0 歳児後半でも 11.2％，2 歳児 47.6％，3 歳児 52.2％であり，母親がスマートフォンやタブレット端末を所持している場合に 2 ～ 3 歳児でそれらへの接触頻度が高くなっている。しかし，テレビをはじめとするメディアへの長時間接触は，言葉の発達や対人関係への影響，運動能力・健康面への影響，主体的判断形成への影響，視聴内容による心理的・文化的影響が指摘されており，乳幼児がさまざまな活動を選択する可能性を著しく狭めてしまうことに繋がる。乳幼児が試行錯誤しながら忍耐力や創意工夫することを身につけ，自発的な思考や感情を発達させる機会・時間を奪いかねないのである。

＊「乳幼児期の親子のメディア使用に関する実態と意識」ベネッセ教育総合研究所が2013(平成25)年3月に首都圏の0～6歳の乳幼児をもつ母親を対象に行った調査。その結果は，『第1回乳幼児の親子のメディア活用調査報告書』(2014年，ベネッセコーポレーション）にまとめられている。

3 友だちと十分にかかわる生活

幼児期には，幼児はまわりの友だちの存在をしっかり意識しだすようになり，他人を通して自分を見つめることができるようになる。つまり，子どもにとって自己の存在感や他者への思いやり，集団への参加意識などの社会性が著しく発達する時期なのである。

そこには，客観的な自我の芽生えや，他者に見られている自分を意識するあまり，恥ずかしがったり，緊張したりと自意識が強く働く様子もみられてくる。幼児は互いに刺激し合いながら「○○ちゃんみたいにやってみたい」と言ってみたり，時には「○○ちゃんと同じだから持ちたくない」などと言ったりするのは，そのあらわれでもある。自分なりのイメージが頭に浮かんで行動に移してみても，思ったようにことは運ばず，現実とのギャップにいらだち，否応なく他者の存在を痛感することになるのである。

また好きな活動を拠点に友だちや仲間ができ，自分たちの目当てを遂行しようとするグループ意識が育ってくる。その分，仲間とのつながりは強まってくるが，自負心や競争心からケンカにいたるケースも多くなってくるのである。しかし，このようなかかわりも含めた友だち関係の中で，さまざまなものに対する興味や関心が深化し広がっていくのである。ただし，まだ幼児のトラブル対処能力は十分ではないので，保育者はすべてを幼児に任せるわけにはいかない。幼児の間でトラブルが発生したとき，保育者は，３歳児，４歳児，５歳児それぞれの発達段階に応じた子どもの心をくみ取りながら，１人ひとりに向かい合った対応が必要となろう。

たとえば幼稚園は，多くの幼児にとって，初めての集団生活の場であり，保育者や友だちとのかかわりを深め，規範意識の芽生えを培う場でもある。人と人とが尊重し合って，協調して社会生活を営んでいくためには，守らなくてはならない社会のきまりがある。しかし，社会のきまりを守ることを，子どもが最初からできるわけではない。毎日毎日繰り返される生活や身の回りの人々とのかかわりを通して，徐々に規範意識が形成され，きまりを守れるようになっていくのである。幼児が友だちとのかかわりを深め，互いに思いをぶつけあう中で，自分の思いが受け入れられなかったり，折り合いをつけたりしながら遊ぶ体験を重ねていくことが重要となろう。保育者は，子どもたちがこうした体験の積み重ねによって，きまりを守ると友だちと楽しく過ごせることに気づき，行動していけるよう園における日々の生活を大切にしたい。

4. 遊びを通しての総合的な指導

1 幼児期の遊び

幼児の生活を見ると，食べることや寝ること，しつけを中心とする若干の生活訓練を除くと，あとはほとんど遊びである。遊ぶことが幼児の生活そのものなのである。

幼児の遊びは，周囲のものや人と思うがままに多様なしかたで応答し合うことに夢中になり，時が経つのを忘れ，かかわりそのものを楽しむことにある。幼児の遊びは，遊ぶこと自体が目的であって，役に立つ何らかの成果を生み出すことが目的ではないのである。しかし幼児にとっての遊びは，幼児が全身を使い，全力を尽くす活動であるため，成長発達にとって重要な体験が多く含まれるのも確かである。そのことは幼児の遊びについて深く考察したフレーベル*が，「遊戯において人間の全体が発達し，全人間のもっとも純粋な素質，内面的な心があらわれてくる」といっていることからもわかる。

遊びにおいて，幼児が周囲の環境に思うがままに多様なしかたでかかわることは，幼児が周囲の環境にさまざまな意味を発見し，さまざまなかかわり方を発見していくことである。たとえば，１枚の木の葉である。大きいものも小さいものも，丸いものも尖ったものも，手のひらのような形のものも，緑色のものも黄色いものも赤いものも茶色いものも，いろんな色の混ざったものも，すべて木の葉であり，さまざまな木の葉があることを知る。そして木の葉を木の葉として見るだけではなく，お皿として，お金として，切符として，お面として，団扇（うちわ）として，手裏剣に見たてて遊ぶのである。また，１枚の新聞紙についても，棒状にしたり，何枚も重ねると強度が増し，ぐちゃぐちゃに丸めると反対に柔らかくなり，ぬらすとすぐ切れてしまうといった状態の変化を知り，異なったかかわり方を発見していくのである。

これらの意味やかかわり方の発見を通して，幼児は思考をめぐらせ，想像力を発揮するとともに，身体を使い，時には友人との協力を体験する。また，この発見を通して，幼児は達成感や充実感とともに挫折感や葛藤などを味わい，精神的にも成長するのである。

また，新しい「幼稚園教育要領」「保育所保育指針」「幼保連携型認定こども園教育・保育要領」では，小学校との連携が明記されるようになった。そこでは各園で行われる幼児教育が「小学校以降の生活や学習の基盤の育成につながることに配慮し，幼児期にふさわしい生活を通じて，創造的な思考や主体的な生活態度などの基礎を培うようにすること」が強調されている。さらに，幼児教育と小学校教育との円滑な接続を行うため，小学校教師との意見交換や合同研究会等の機

*Friedrich Fröbel（1782～1852）。ドイツの教育践家。幼稚園の創始者として有名。主著に『人間の教育』（岩崎次郎訳，明治図書，1967）がある。（第12章 p.182参照）

会を設定し，「幼児期の終わりまでに育ってほしい姿」を共有する等が大切になってくる。幼稚園教諭免許状，保育士資格の取得の学修においても，「小学校学習指導要領」に基づく小学校教育の基本や低学年の「生活科」等を理解しておくことや，幼稚園，保育所などでの実習の際に「小学校との接続に関わる活動」を体験的に学ぶことが必要となろう。

つまり，自発的な活動としての遊びは幼児期特有の学習なのである。幼稚園，保育所，認定こども園における教育は，幼児が展開する自発的な活動としての遊びを通しての指導を中心に，行われる必要がある。そして保育者は，「頭ではわかっているけれど，自分の子どものことになると……」となりがちな保護者に対し，さまざまな活動の折に，幼児の遊びの意味と遊びを通して培われた創造的な思考や主体的な生活態度が，小学校以降の学校教育の基盤を支えることを伝えていくことに努めなくてはならないだろう。

2 総合的な指導

たとえば「幼稚園教育要領」に「遊びを通しての指導を中心として第２章に示すねらいが総合的に達成されるようにする」ことが記されている。幼児教育が幼児の遊びを中心に行われることは前述したが，第２章に示された５領域のねらいが総合的に達成されるとはどういうことであろうか。

1964（昭和 39）年改訂の「幼稚園教育要領」では，ねらいは「相互に密接な連絡があり，幼児の具体的，総合的な経験や活動を通して達成されるものである」とあり，「総合的な指導」＝（イコール）「総合的な活動を指導すること」と受け取られやすい記述になっていた。そのため「総合活動」という言葉が生まれ，幼児教育の現場では，いくつかの活動をつないだ「劇遊び」や行事が取り上げられ，研究対象となった。

しかし，これは本来の総合的な指導の意味からは，かけ離れたものに思える。指導とは，ねらいを達成するための援助であるから，活動の総合性よりも，ねらいの総合性に重点が置かれなければならない。たとえば「おいかけっこ」は，「総合活動」の視点でとらえると，単なる１要素としての活動にすぎない。一方，ねらいの総合性からとらえると，健康，人間関係，環境，言葉，表現といったすべての領域が育つものであって，活動として単純だから総合的な指導に適さないということでは決してない。*

＊岸井勇雄『幼児教育課程総論』第二版，同文書院，1999，pp.88～89

また，幼児は遊びの最中に心身全体を働かせて活動しているので，心身の諸側面の発達を促す体験が相互に関連し合って積み重ねられていく。幼児期には諸能力が個別に発達していくのではなく，相互に関連し合い，総合的に発達していくのである。それは，幼児のさまざまな能力が１つの活動の中で関連して同時に発揮されており，さまざまな側面の発達が促されていくための諸体験が１つの活動の中で同時に得られているからである。

冬の寒い日，１人の男子が部屋で紙飛行機を折っていると，数人の子がまねをして折りはじめる。最初の子ができあがった紙飛行機を飛ばしてみるが，人も多く壁にぶつかり，思うように飛ばない。他の子も同様で，遊戯室で飛ばそうということになる。「高い所からの方がよく飛ぶ」と言って，遊具の上にのぼって飛ばす子がいる。そのうち「舞台から飛ばすと，遠くまで飛ぶ」と１人の子が言い，みんなが舞台から飛ばす。自然と距離を競うゲームのようになり，他の子も加わり，「いっせーのせ」で飛ばす。飛行機の先端に「はーはー」と息を吹きかけ，だんだん夢中になってくる。

しかし，遊戯室にはほかの子もめいめい遊んでおり，誰がいちばん飛んだかよくわからない。「おれ１番」「いや，おれ１番」と言いだしたり，「じゃまだな」「そっちがじゃまでしょ」という声も聞こえる。そこに，先生の「外で思いっきり飛ばしたら」との一声で，男の子たちは外に駆け出していった。園庭には，風が吹いており，紙飛行機はまっすぐというよりも，大きく旋回したり，失速したり，風に乗って長い時間飛んでいたりする。子どもたちは，かえって予想外の飛び方に興奮し，だんだんと羽根をこう折ると右に回るとか互いに折り方を教え合う姿も見られる。外の寒さも忘れて，ひたすら紙飛行機を飛ばす子どもたちの楽しんでいる様子を見て，何人かの子が園庭に出てきたという。

また後日，飛行機に色を塗ったり，マークを描いたりして自分独自の紙飛行機づくりが続いたという実践がある。

冬の寒い日，室内で始まった活動が，その面白さから園庭での活動に発展していった。その面白さは，子どもが自らの発想を駆使してつくり上げたものであり，紙飛行機とあなどるなかれである。折る楽しみ，飛ばす楽しみ，さまざまな工夫，ゲームの勝敗，他者への関心，予想外の発見，喜びの伝え合い，追究する楽しみなど，多くの経験をはらんでいるのである。

このように，１つの遊びを展開する中で，幼児たちはいろいろな経験をし，さまざまな能力や態度を身につけていく。そのため保育者の指導は，遊びの中で幼児が発達していく姿をさまざまな側面から総合的にとらえ，発達にとって必要な経験が得られるような状況を大切にしなければならないのである。そして，このような幼児の主体性を重んじる保育活動は，おのずから総合的になるといえるのである。

5. １人ひとりの発達の特性に応じた指導

1 １人ひとり異なる発達課題

教育は，発達に即して行われていく必要がある。幼児教育のみならず，小・中・高等学校の教育目標にも，「発達に応じて……」行うことが明示されている。しかし，発達に即してというと，多くの人は発達段階をイメージしてしまう。ところが，それは，多くの人の発達の平均値をとったもので，実際の子どもの発達の姿とは必ずしも一致しないことの方が多い。同じクラスでも４月生まれと３月生まれでは約１年の差があるうえに，個人差や家庭環境などの影響もあり，「○歳児の特徴」にすべての子が当てはまることはないということである。また，運動能力が高くても言葉が遅かったり，１人で器用に製作活動をすることができてもほかの友だちの中には入っていけない幼児もおり，１人の子どもの中でも発達は一様ではない。

さらに発達段階では，○歳○カ月のときには，このようなことが「できる」とか「わかる」とかいったように，１つの到達基準のようにとらえられてしまいがちである。そのため，まわりの大人たちは，どうしてもそこまで到達させないといけないような強迫観念にさいなまれ，できないと不安や心配に陥ることになる。「１人ひとり異なる」という至極当たり前のことを，当たり前のこととして受け止めていかなくてはならない。

同じ環境の下であっても，１人ひとりその受け止め方は異なったものとなるであろうし，環境へのかかわり方もその幼児らしいものとなるであろう。１人の幼児がしようとしている行動が，多くの幼児が示す発達の姿からみるとあまり好ましくないことがある。しかし，その行動を通して実現しようとしていることが，その幼児にとっては大事である場合がしばしばある。保育者は，幼児が自ら主体的に環境とかかわり，自分の世界を広げていく過程を発達ととらえ，幼児１人ひとりの発達の特性，つまりその幼児らしい見方，考え方，感じ方，かかわり方，反応のしかた，表現のしかたなどを理解する。そして，それらの特性やその幼児が抱えている発達課題に応じた指導が求められるのである。

発達課題とは，その時期の多くの幼児が示す発達の姿に合わせて設定されている課題のことではない。かつて，教育学者ハヴィガースト*は，人間がそれぞれの発達の時期に必ず経験しておくべきことがあると指摘し，それを発達課題と呼んだ。しかし，これは大人の目から見たとらえ方であって，幼児にとっては強制課題となってしまうと批判された。現在では１人ひとりの発達の特性に応じた自己課題としてとらえることが強調されるようになってきたのである。つまり，発達課題は，幼児１人ひとりの発達の姿を見つめることにより見いだされる，その

*Robert Havighurst（1900～1991）。アメリカの教育学者。『人間発達と教育』（1953）において，発達課題概念を示した。また，エリクソンが提唱した発達段階説を体系的に理論化した。（第２章p.16参照）

幼児の課題なのである。

2 1人ひとりに応じること

幼児は1人ひとりが異なった発達の姿を示すゆえ，保育者はその発達に即して，1人ひとりに応じた指導をしていかなくてはならない。それは，単に幼児それぞれの要求に応えていけばよいというものではない。保育者ができうる限り幼児の要求に応えることは，信頼関係を構築するうえで大切だが，幼児教育の目ざす幼児の心情，意欲，態度を育むためのものでなくてはならない。幼児の要求にすべて応じることは，決して主体的な生活を支えることにならないからである。

ある時は，幼児自身に考えさせたり，幼児同士で解決していくように促すことも必要であろう。また，同じような要求であっても，幼児によってこたえ方を変える必要もある。しかし，このことは幼児の要求に即座にこたえるより，はるかに難しいことである。保育者が1人ひとりに応じることとは，1人ひとりが過ごしてきた生活を受容し，それに応じるということである。それは保育者が，幼児の具体的な要求や行動の背景に，どのような心情が隠れているか，どれくらい強い意志で求めているのか，その内面を理解するところから始まる。そして幼児が本当に求めていることは何なのかを見極めて，それに即応した経験を得られるように援助していくのである。

そのため保育者は，幼児とかかわっているときの自分自身のあり方やかかわり方を謙虚に振り返り，保育者自身が自分を見つめ，自身を知る努力をしていく必要がある。日々反省とも評価ともつかない，自身を省みることの繰り返しによって，保育者が自己を成長させていくことが，幼児1人ひとりの適切なかかわりを可能にさせるのである。また，自分の心の状態を冷静に見つめ，心の安定を図ることが大切であろう。いらいらしたり，落ち込んでいるときには，子どもの心の動きを見つめることも寄り添うこともできないからである。くれぐれも見えることが見えないということのないようにしたい。

【参考文献】

朝倉征夫編『子どもたちは今』学文社，2001
文部科学省『幼稚園教育要領解説』フレーベル館，2008
菱田隆昭編『幼児教育の原理　第２版』みらい，2009
橋本太朗編『現代教育基礎論』酒井書店，2010
北野幸子編『乳幼児の教育保育課程論』建帛社，2010
秋田喜代美・西山薫・菱田隆昭編『今に生きる保育者論　第３版』みらい，2016
無藤隆監修『幼稚園教育要領ハンドブック』学研教育みらい，2017
汐見稔幸監修『保育所保育指針ハンドブック』学研教育みらい，2017
無藤隆『３法令改訂（定）の要点とこれからの保育』チャイルド本社，2017

第5章 目的・目標・ねらい・内容

〈学習のポイント〉 ①幼児教育の目的・目標とはどのようなものか，それはなぜ必要なのか理解しよう。
②「幼稚園教育要領」「保育所保育指針」「幼保連携型認定こども園教育・保育要領」に示されている「領域」とはどのようなものか，「領域」と小学校以降の「教科」との違いは何か理解しよう。
③「ねらい」と「内容」は，どのような関係か理解しよう。

1．幼児教育の目的と目標

1 保育の目的・目標の重要性

保育は，子どもの人間らしい「育ち」を目指して行われる。幼稚園，保育所，認定こども園では，すべての在園児のよりよい成長発達を促すことができるように，保育の目的・目標を明確にする必要がある。目的・目標のない「営み」は単なる放任になりやすい。保育が「見通しのあるもの」になるためには，幼児の「今ある姿」をたしかにとらえ，その幼児に到達してほしいと願う「望ましい姿・理想像」を明らかにすることが求められる。

まず，幼児教育に関する「目的」・「目標」について考えてみよう。

2 法律に示されている目的・目標

幼児教育の目的や目標は，直接的には，「学校教育法」などによって規定されている。これらの内容をより深く，基本的な見地からとらえるためには，「日本国憲法」「教育基本法」「児童憲章」「児童の権利条約」などの精神を正しくとらえておかなければならない。

たとえば，「日本国憲法」では，基本的人権の宣言（第11条），個人の尊重，生命・自由・幸福追求の権利（第13条），健康で文化的な生活を営む権利（第25条），教育を受ける権利（第26条）などの条文は，幼児教育の目的などを直接・間接に規定している。

（1）目的および理念

教育の根本目的は，教育基本法に，「教育は，人格の完成を目指し，平和で民主的な国家及び社会の形成者として，必要な資質を備えた，心身ともに健康な国民の育成を期して行われなければならない」（第１条・教育の目的）と定められている。さらに，教育の目標については，教育基本法第２条で「教育は，その目的を実現するため，学問の自由を尊重しつつ，次に揚げる目標を達成するよう行われるものとする。」と定め，「５つの目標」*を示している。

この精神を受けて，幼児教育の目的については，「幼稚園は，義務教育及びその後の教育の基礎を培うものとして，幼児を保育し，幼児の健やかな成長のために，適当な環境を与えて，その心身の発達を助長することを目的とする」（学校教育法第 22 条）と定められている。幼稚園は学校教育法により，「法律に定める学校」として位置づけられ，幼児の特性にかんがみ，その目的は幼児を「保育」することとしている。

「保育」とは，「保護育成」の略であり，「保護」と「育成」の両面がある。幼児の教育は，両者を兼ね備えたものであるが，つきつめていくと，１つの実体，すなわち，幼児の発達（しようと）する生命を守り育てることである。

(2) 目標

幼児教育の「目標」については，学校教育法第 23 条に次のように定められている。

幼稚園における教育は，前条に規定する目的を実現するために，次に掲げる目標を達成するように行われるものとする。

1．健康，安全で幸福な生活のために必要な基本的な習慣を養い，身体諸機能の調和的発達を図ること。
2．集団生活を通じて，喜んでこれに参加する態度を養うとともに家族や身近な人への信頼感を深め，自主，自律及び協同の精神並びに規範意識の芽生えを養うこと。
3．身近な社会生活，生命及び自然に対する興味を養い，それらに対する正しい理解と態度及び思考力の芽生えを養うこと。
4．日常の会話や，絵本，童話等に親しむことを通じて，言葉の使い方を正しく導くとともに，相手の話を理解しようとする態度を養うこと。
5．音楽，身体による表現，造形等に親しむことを通じて，豊かな感性と表現力の芽生えを養うこと。

これは法律上の規定であって，学校教育法第 22 条を受けて，幼児教育の「目標」を示したものである。これらの目的・目標を達成するために幼児教育は行われるのであるが，時代や社会の変化に伴って，より現実に即した目標が必要となる。

*一 幅広い知識と教養を身に付け，真理を求める態度を養い，豊かな情操と道徳心を培うとともに，健やかな身体を養うこと。二 個人の価値を尊重して，その能力を伸ばし，創造性を培い，自主及び自律の精神を養うとともに，職業及び生活との関連を重視し，勤労を重んずる態度を養うこと。三 正義と責任，男女の平等，自他の敬愛と協力を重んずるとともに，公共の精神に基づき，主体的に社会の形成に参画し，その発展に寄与する態度を養うこと。四 生命を尊び，自然を大切にし，環境の保全に寄与する態度を養うこと。五 伝統と文化を尊重し，それらをはぐくんできた我が国と郷土を愛するとともに，他国を尊重し，国際社会の平和と発展に寄与する態度を養うこと。（教育基本法第二条）

3 教育要領に示されている目標

幼稚園における教育の目的・目標を達成するために，文部科学省は「幼稚園教育要領」を告示している。教育要領に示された幼児教育の目標は，時代・社会の変化に伴って求められる新しい「ねらいや内容」を，法律に光をあて現代化したものといえる。

たとえば 2017（平成 29）年３月告示の「幼稚園教育要領」では，「幼稚園教育の基本」を第1章「総則」の中で「幼児期における教育は，生涯にわたる人格形成の基礎を培う重要なものであり，幼稚園教育は，学校教育法第22条に規定する目的を達成するため，幼児期の特性を踏まえ，環境を通して行うものであることを基本とする」とし，「このため教師は，幼児との信頼関係を十分に築き，幼児が身近な環境に主体的に関わり，環境との関わり方や意味に気付き，これらを取り込もうとして，試行錯誤したり，考えたりするようになる幼児期の教育における見方・考え方を生かし，幼児と共によりよい教育環境を創造するように努めるものとする」としたうえで「重視すべき事項」として，次の３点をあげている。

① 幼児は安定した情緒の下で自己を十分に発揮することにより発達に必要な体験を得ていくものであることを考慮して，幼児の主体的な活動を促し，幼児期にふさわしい生活が展開されるようにすること（幼児期にふさわしい主体的な生活の展開）。

② 幼児の自発的な活動としての遊びは，心身の調和のとれた発達の基礎を培う重要な学習であることを考慮して，遊びを通しての指導を中心として第２章に示すねらいが総合的に達成されるようにすること（遊びを通しての総合的な指導）。

③ 幼児の発達は，心身の諸側面が相互に関連し合い，多様な経過をたどって成し遂げられていくものであること，また，幼児の生活経験がそれぞれ異なることなどを考慮して，幼児一人一人の特性に応じ，発達の課題に即した指導を行うようにすること（１人ひとりの発達の特性に応じた教育）。

続いて，「幼児の主体的な活動が確保されるよう幼児一人一人の行動の理解と予想に基づき，計画的に環境を構成しなければならない。この場合において，教師は，幼児と人やものとの関わりが重要であることを踏まえ，教材を工夫し，物的・空間的環境を構成しなければならない。また，幼児一人一人の活動の場面に応じて，様々な役割を果たし，その活動を豊かにしなければならない」と示している。

子どもたちにとって園生活は，子どもたちが主役であり，子どもたち自身が「主体的な活動」を展開する場でなければならないことは，今までにも主張され，常に大切にされてきたことである。「幼稚園教育要領」では，幼稚園教育のあり方を子どもの側に立って考えようとする姿勢を明確にする一方で，子どもの主体的な活動を確保するためには，保育者が計画的に環境を構成する必要があると，「保育者の役割」をより明確にしている。

幼児期が生涯にわたる人間形成の基礎を培う時期であることを踏まえ，「幼稚園教育」（学校教育法第23条）の基本に基づいて展開される幼稚園生活を通して，目標の達成に努めるべきことが述べられている。これはとかく目標をそのまま幼児に押しつける指導がなされやすいことから，幼児期は「完成を求める時期」ではなく，「義務教育及びその後の教育の基礎を培う時期」であることを明確に示したものである。

「培う」とは，土を根にかけて草木を養育することで，広く深く力を養う意味で用いられる言葉である。その方法は，「幼児期にふさわしい生活の展開をはじめとする幼稚園教育の基本に基づく幼稚園生活を通じて」ということである。これは「もっとも自然な，子どもらしい生活」ということで，教師が頭で「あるべき生活」を考えて幼児に強制することではない。

4 園の「教育目標」「保育目標」

(1) 目標設定の意義

ほとんどの幼稚園，保育所，認定こども園では，各園独自の「教育目標」「保育目標」を定めている。たとえば「各幼稚園の教育目標」の設定については，国の基準である「幼稚園教育要領」には明確に示されていないが，一般的に次のような意義をもつものと考えられる。

① 園の教育課程（保育所，認定こども園では全体的な計画）は，園で編成し，園で実践し，園で責任をもつという，教育課程自主編成の精神を表すもの。
② 園長をはじめとする，その園の保育者全員の「共通の，具体的な実践目標」である。
③ 幼児および保護者，さらには社会に対する「教育上の公約」としての性格をもつ。
④ 園の教育実践を反省・評価する「基準」としての意味をもつ。
⑤ 幼児自身の「願い」であり，自己形成の「目標」である。

(2) 設定・改善の手順

教育課程編成の最終的な責任者は園長である。したがって，教育課程編成の前提である教育目標設定の責任者もまた園長である。しかし，それは園長が１人で作成し，決定することを意味するものではない。一般的な手順としては，以下のとおりである。

① 一般社会・地域社会・保護者の願いを知る。
② 幼児を取り巻く環境や幼児の生活の実態を知る。
③ 保育者全員の「眼」を通して，幼児の「現実の姿」をとらえる。
④ ①～③を踏まえて，教育目標の原形をつくる。
⑤ 表現上の工夫を加え，教育目標を決定する。

なお，幼稚園の場合の教育目標は，教育基本法，学校教育法，幼稚園教育要領，教育委員会規則（公立の場合）や，児童憲章の関連法規などの精神に則ったものでなければならない。このことを教育目標設定・改善過程において，十分考慮しておく必要がある。

(3) 園の教育目標の例

次に示すのは，園の教育目標の一例である。*

＊岸井勇雄『幼児教育課程総論』第二版，同文書院，2002，p.126

●教育目標

子どもの人間的発達の基礎を守り育て，生きること（自立）と愛すること（連帯）の能力を培う。

① 健康で活動的な子ども
② よく見，よく聞き，よく考える子ども
③ よくつくりだし，よくあらわす子ども
④ 愛情ゆたかな子ども
⑤ 正しいことに向かって協力する子ども

ここには教育観や発達観を表す前文と具体的幼児像の５項目が記されている。前文には「人間的発達」の「基礎」を「守り」「育て」と，一語一語に思いが込められ，以下，健康・学習・創造という自立面から，愛情・協同という連帯に及ぶものである。

幼児教育は幼児期に「完成」を求めるのではなく，一生の「基礎」を培うものであれば，「結果」を求める形の「幼児像」は避けるべきであろう。

2. 領域の成り立ち

1 保育内容の変遷と６領域―「教科」と「領域」―

ところで，わが国の「保育内容」の変遷の中で「領域」が示されたのは，1956（昭和31）年の「幼稚園教育要領」からであり，健康，社会，自然，言語，音楽リズム，絵画製作の「６領域」であった。幼稚園教育の内容として取り上げられるものは，幼稚園生活全般に及ぶ広い範囲のいろいろな「経験」である。それは，幼稚園教育の目標を達成するための有効適切な経験であり，幼児の発達の特質を考えて選ぶ必要があるが，幼児の具体的な生活経験は，ほとんどいくつかの領域にまたがり，交錯してあらわれる。小学校以上の教科とは性格を異にしているので，教科のような「枠」で指導してはならないと述べ，「領域」ごとに発達の特質と具体的経験があげられた。

当時，小学校の教科につながる「６領域」は，幼稚園教育の現場にとってわかりにくく戸惑いが生じていた。幼稚園の普及振興の時期でもあり，公立は小学校併設校長兼任幼稚園長，私立にも元校長の園長が多く，指導者層も「学校関係者」がほとんどであった。領域研究や指導法も小学校の「授業」をモデルにし，戦後流行したコア・カリキュラムをまねて，1カ月1単元の指導計画が普及する一方で，小学校の準備教育や先取りをする傾向が出てきた。これに歯止めをかけ，幼児期の発達の特性を踏まえた幼児教育の重要性を明確にしたのが 1964（昭和 39）年に改訂された「幼稚園教育要領」である。

小学校のように教材や内容を固定したものと設定し，それを内面化するのではなく，幼児は心身の発達の実情，生活や環境が違うため，内容を固定せず身近で具体的な対象へかかわる経験や活動に着目し，そこから内容をとらえ，教育要領では「幼児に指導することが望ましいねらい」の群として6領域が設定された。そのねらいは，望ましい経験や活動にかかわるものを「行動目標」の形で示し，それは「到達目標」でなく「機能目標」として表したのである。しかし現場には，このような意味は十分に伝わらず，その後も，領域の「枠」にこだわったり，活動を与えたりする状況であった。

2 なぜ5領域なのか

1980（昭和 55）年頃より，幼児減少の傾向が出はじめ，幼稚園は経営上の不安の中で，幼児獲得にあせり出した。幼児を取り巻く環境も大幅に変化し，子どもの育つ環境としては問題が多くなった。教育要領も1度目の改訂から 25 年を経過しており，抜本的に見直すこととなったのである。「領域主義」「早期教育化」「画一化」「結果主義」などから脱却し，1人ひとりの幼児が発達の危機を乗り越え，内的充実を味わうような「生活の場」として幼稚園が必要であることを示したのである。人間として「生きる力の基礎」を身につけるために環境に自ら働きかけ，かかわり，自己形成と他者とともに生きることを学んでほしいという考え方である。文化的内容の「6領域」ではなく，幼児期に見逃してはならない発達をみる「窓口」として，①心身の健康，②人とのかかわり，③自然や身近な環境とのかかわり，④言葉の獲得，⑤感性と表現，という「5領域」が決まり，発達に必要な経験内容がまとめられたのである。

このようにして，「幼稚園教育要領」は，1990（平成2）年に全面的に改訂され，その内容についても，「6領域」（「健康」「社会」「自然」「言語」「音楽リズム」「絵画製作」）から「5領域」（「健康」「人間関係」「環境」「言葉」「表現」）へと変更された。

この教育要領では，「環境による教育」を幼稚園教育の基本にすえ，①幼児期にふさわしい生活の展開，②遊びを通しての総合的な指導，③1人ひとりの発達の特性に応じた教育，を重視すべき事項としてあげている。その中の「第２章　ねらい及び内容」では，「幼児の生活を通して発達していく姿を踏まえ，幼稚園修了までに幼児に育つことが期待される心情，意欲，態度などが具体的な目標である」とされ，「このねらいを達成するために教師が援助し幼児が身につけていくことが望まれるもの」を「内容」とし，「ねらい」と「内容」を発達の側面からまとめたものが以下の５領域である。

① 心身の健康に関する領域「健康」
② 人とのかかわりに関する領域「人間関係」
③ 自然や身近な環境とのかかわりに関する領域「環境」
④ 言葉の獲得に関する領域「言葉」
⑤ 感性と表現に関する領域「表現」

3 ５つの領域の成り立ち

このような経緯のもとに，幼児期に育つもの（＝育てるべきもの）を洗い出し，総括した５つの分野の内容は以下のとおりである。

①健康（心身の健康に関する領域）

「健康な心と体を育て，自ら健康で安全な生活をつくりだす力を養う」

WHO（世界保健機構）が，健康とは，「身体的，精神的，社会的に良好な状態」をいうと定義しているように，単に身体的な面に限らず，精神的・社会的な健康にも多くの目が注がれるようになった。とくに幼児期は心と身体の関連が深いこと，心の発達の基礎が築かれる時期であることから，心身の健康という分野が大きな意味をもつ。

②人間関係（人とのかかわりに関する領域）

「他の人々と親しみ，支え合って生活するために，自立心を育て，人とかかわる力を養う」

人間は，「人とのかかわり」の中で生きていくのであって，その力が不十分であれば，幸福な人生も社会への貢献も望めない。人は予想と異なる反応をする。それにこだわらず，信じ合って生きていく力を身につけていくように，幼児期は十分にその力を蓄える時期である。

③環境（自然や身近な環境とのかかわりに関する領域）

「周囲のさまざまな環境に好奇心や探究心をもってかかわり，それらを生活に取り入れていこうとする力を養う」

生物はすべて環境の中に生まれ，環境から自分にプラスするものを取り入れて生きる。従来の教育は，自然環境と社会環境の知識を子どもに教えることによってその力を育てようとしたが，幼児期にはより基礎的に，環境に興味・関心をもって取り組む「喜び」を知り，それを自分の生活に取り入れようとする「態度」を養うことが大切である。

④言葉（言葉の獲得に関する領域）

「経験したことや考えたことなどを自分なりの言葉で表現し，相手の話す言葉を聞こうとする意欲や態度を育て，言葉に対する感覚や言葉で表現する力を養う」

言葉は感覚的なものを受け止め，概念化することによって，感覚をも育てることができ，さらに，論理的思考とその表現のためになくてはならない道具である。このように大切な言葉は，まさに幼児期に育つものである。

⑤表現（感性と表現に関する領域）

「感じたことや考えたことを自分なりに表現することを通して，豊かな感性や表現する力を養い，創造性を豊かにする」

自然・人間・文化など，環境のすべてを認識する力は，まず感覚であり感受性である。「受けた印象」をどのように表現するかにも，すぐれて感覚的なものが必要である。こうしたものをトータルして感性と呼ぶが，この感性の基礎は幼児期に養われる。自分の感じたこと，考えたことを表現する力も，人間として生きていくために極めて大切であるが，そのための「意欲や積極性」も幼児期に養われる。

4 5領域と幼児期の終わりまでに育ってほしい姿

新しい「幼稚園教育要領」の特色は，「幼児期に育てたい力」を明記していることである。これは，保育所や認定こども園においても共通して行われていくものである。「幼稚園教育要領」と同時に改定・公示された「保育所保育指針」および「幼保連携型認定こども園教育・保育要領」においても同じ考えが盛り込まれている（幼児教育の共通化）。

幼稚園においては，生きる力の基礎を育むため，幼稚園における幼児教育の基本を踏まえ，次に掲げる資質・能力を一体的に育むよう努めるものとしている。

（1）知識及び技能の基礎

豊かな体験を通じて，感じたり，気付いたり，分かったり，できるようになったりする。

（2）思考力，判断力，表現力の基礎

気付いたことや，できるようになったことを使い，考えたり，試したり，工夫したり表現したりする。

（3）学びに向かう力，人間性等

心情，意欲，態度が育つ中で，よりよい生活を営もうとする。

これらの３つの資質・能力を柱とし，さらにより具体的な目標として定めたのが，「幼児期の終わりまでに育ってほしい姿」である。これは10の項目からなり，

「ねらい及び内容に基づく活動全体を通して資質・能力が育まれている幼児の幼稚園修了時の具体的な姿であり，教師が指導を行う際に考慮するものである」としている。10の姿の個々の内容は，新しいことではなく，すべて5領域のなかにでてくる内容である。

① **健康な心と体（領域・健康）**「幼稚園生活の中で，充実感をもって自分のやりたいことに向かって心と体を十分に働かせ，見通しをもって行動し，自ら健康で安全な生活をつくり出すようになる。」（「幼稚園教育要領」以下同）

② **自立心（領域・人間関係）**「身近な環境に主体的に関わり様々な活動を楽しむ中で，しなければならないことを自覚し，自分の力で行うために考えたり，工夫したりしながら，諦めずにやり遂げることで達成感を味わい，自信をもって行動するようになる。」

③ **協同性（領域・人間関係）**「友達と関わる中で，互いの思いや考えなどを共有し，共通の目的の実現に向けて，考えたり，工夫したり，協力したりし，充実感をもってやり遂げるようになる。」

④ **道徳性・規範意識の芽生え（領域・人間関係）**「友達と様々な体験を重ねる中で，してよいことや悪いことが分かり，自分の行動を振り返ったり，友達の気持ちに共感したりし，相手の立場に立って行動するようになる。また，きまりを守る必要性が分かり，自分の気持ちを調整し，友達と折り合いを付けながら，きまりをつくったり，守ったりするようになる。」

⑤ **社会生活との関わり（領域・人間関係）**「家族を大切にしようとする気持ちをもつとともに，地域の身近な人と触れ合う中で，人との様々な関わり方に気付き，相手の気持ちを考えて関わり，自分が役に立つ喜びを感じ，地域に親しみをもつようになる。また，幼稚園内外の様々な環境に関わる中で，遊びや生活に必要な情報を取り入れ，情報に基づき判断したり，情報を伝え合ったり，活用したりするなど，情報を役立てながら活動するようになるとともに，公共の施設を大切に利用するなどして，社会とのつながりなどを意識するようになる。」

⑥ **思考力の芽生え（領域・人間関係）**「身近な事象に積極的に関わる中で，物の性質や仕組みなどを感じ取ったり，気付いたりし，考えたり，予想したり，工夫したりするなど，多様な関わりを楽しむようになる。また，友達の様々な考えに触れる中で，自分と異なる考えがあることに気付き，自ら判断したり，考え直したりするなど，新しい考えを生み出す喜びを味わいながら，自分の考えをよりよいものにするようになる。」

⑦ **自然との関わり・生命尊重（領域・環境）**「自然に触れて感動する体験を通して，自然の変化などを感じ取り，好奇心や探究心をもって考え言葉などで

表現しながら，身近な事象への関心が高まるとともに，自然への愛情や畏敬の念をもつようになる。また，身近な動植物に心を動かされる中で，生命の不思議さや尊さに気付き，身近な動植物への接し方を考え，命あるものとしていたわり，大切にする気持ちをもって関わるようになる。」

⑧ **数量や図形，標識や文字などへの関心・感覚（領域・環境）**「遊びや生活の中で，数量や図形，標識や文字などに親しむ体験を重ねたり，標識や文字の役割に気付いたりし，自らの必要感に基づき，これらを活用し，興味や関心，感覚をもつようになる。」

⑨ **言葉による伝え合い（領域・言葉）**「先生や友達と心を通わせる中で，絵本や物語などに親しみながら，豊かな言葉や表現を身に付け，経験したことや考えたことなどを言葉で伝えたり，相手の話を注意して聞いたりし，言葉による伝え合いを楽しむようになる。」

⑩ **豊かな感性と表現（領域・表現）**「心を動かす出来事などに触れ感性を働かす中で，様々な素材の特徴や表現の仕方などに気付き，感じたことや考えたことを自分で表現したり，友達同士で表現する過程を楽しんだり，表現する喜びを味わい，意欲をもつようになる。」

3. ねらい・内容

1 ねらい

ねらいは，幼稚園，保育所，認定こども園での教育および保育において育みたい資質・能力を幼児の生活する姿からとらえたものであり，内容はねらいを達成するために指導する事項である。

これらを幼児の発達の側面から，心身の健康に関する領域（「健康」），人とのかかわりに関する領域（「人間関係」），自然や身近な環境とのかかわりに関する領域（「環境」），言葉の獲得に関する領域（「言葉」），および感性と表現に関する領域（「表現」）としてまとめ，示したものである。

各領域に示す「ねらい」は幼稚園，保育所，認定こども園における生活の全体を通じ，幼児がさまざまな体験を積み重ねる中で相互に関連をもちながら次第に達成に向かうものであること，「内容」は幼児が「環境にかかわって展開する」具体的な活動を通して総合的に指導されるものである。

【健康】

① 明るく伸び伸びと行動し，充実感を味わう。

② 自分の体を十分に動かし，進んで運動しようとする。
③ 健康，安全な生活に必要な習慣や態度を身に付け，見通しをもって行動する。

【人間関係】

① 幼稚園（保育所，幼保連携型認定こども園）の生活を楽しみ，自分の力で活動することの充実感を味わう。
② 身近な人と親しみ，関わりを深め，工夫したり，協力したりして一緒に活動する楽しさを味わい，愛情や信頼感をもつ。
③ 社会生活における望ましい習慣や態度を身につける。

【環境】

① 身近な環境に親しみ，自然と触れ合う中でさまざまな事象に興味や関心をもつ。
② 身近な環境に自分から関わり，発見を楽しんだり，考えたりし，それを生活に取り入れようとする。
③ 身近な事象を見たり，考えたり，扱ったりする中で，物の性質や数量，文字などに対する感覚を豊かにする。

【言葉】

① 自分の気持ちを言葉で表現する楽しさを味わう。
② 人の言葉や話などをよく聞き，自分の経験したことや考えたことを話し，伝え合う喜びを味わう。
③ 日常生活に必要な言葉が分かるようになるとともに，絵本や物語などに親しみ，言葉に対する感覚を豊かにし，先生（保育士，保育教諭）や友だちと心を通わせる。

【表現】

① いろいろなものの美しさなどに対する豊かな感性をもつ。
② 感じたことや考えたことを自分なりに表現して楽しむ。
③ 生活の中でイメージを豊かにし，様々な表現を楽しむ。

このように各領域には，３つずつの「ねらい」が示されている。

３つのねらいは，それぞれ，①主として「心情」に関するもの，②主として「意欲」に関するもの，③主として「態度」に関するもの，となっている。それらはある意味でその「順序」が重要である。幼児の場合，心情的なものがすべてに大きく影響を与えることから，①のねらいをまず優先的に考える必要があり，そのことが土台になって②の意欲的なねらいの達成に向かう。そして，意欲をもって行動することを通じ，その結果，③の態度が養われる，という順序である。

小学校以降の教育が，「知識・技能・態度」を育てることを目標として行われるのに対して，幼児教育は「心情・意欲・態度」を育てることをねらいとしている特質も，これによって明らかである。合計15の「ねらい」は，幼稚園，保育所，認定こども園における生活の全体を通して幼児がさまざまな体験を積み重ねる中で次第に達成に向かうものであるとされているが，これは特定の活動によってねらいが達成されるものではないこと，ねらいは「到達目標」ではなく，「方向目標」であることを示している。

それぞれの園では，園生活全体を通してこれらのねらいが総合的に達成されるよう，さらに具体的なねらいを考えていく必要がある。教育課程または全体的な計画の軸となる「各時期のねらい」，それをもとに具体的に環境を構成して指導を行うための指導計画に必要な「より具体的なねらい」，さらに必要な場合には「長期の指導計画のねらい」と「短期の指導計画のねらい」とがある。

2 内容

各領域に示されている「内容」は，先の「3つのねらい」を達成するために指導する「ことがら」である。指導するということは，幼児が幼児期にふさわしい生活を主体的に展開することを通して，幼児自身が育つことを期待して援助することである。「指導する内容」とは，いわば「幼児期にふさわしい，遊びを中心とする幼児の主体的な生活の中で，幼児にぜひとも経験させてやりたいことがら」である。「経験」とは幼児の内面的な経験であって，外形的な活動ではない。したがって，こうした経験が得られるような環境を工夫することが大切である。

ではなぜ「望ましい経験」としないで「内容」としたのであろうか。1つには，指導内容としての意味で用いられることから，もうひとつは，1964年改訂の「幼稚園教育要領」でつねに「望ましい経験や活動」としてまとめて用いられてきたことからである。教師が望ましいと考える「経験や活動を選択し配列」することが教育課程の基本とされ，指導計画も同様であり，幼児はそれに従うことが「保育を受けること」であった。そのことに対して反省し，いくら経験は「内面的なもの」，活動は「外形的なもの」と断っても，両者がまとめて用いられていた以上，混同は避けられず，弊害を生む可能性があったことに配慮したのである。

「内容」の表記は，主として「進んで戸外で遊ぶ」というように「○○する」という表現になっている。「○○することができる」という表現ではない。小学校の学習指導要領のように「○○させる」「上手に」「正しく」という表現もない。これはどこまでも幼児の主体的な生活を重んじ，幼児自身が活動を展開することを指導の内容としてとらえていること，できる・できないを問わず，意欲的にかかわる経験の機会を与えることが指導の内容であることを示しているのである。

各領域に示された3ないし4の「内容の取り扱い」は，教育実践の現場で「誤解されやすいことがら」や「現実に配慮を欠いて弊害を生じていることがら」について，本来の幼稚園教育のあり方から見ての「配慮事項」を示したものである。

「領域」は，幼児期の発達の諸側面である。幼児の行う活動の1つをとっても，すべての領域のねらいに通ずるものがあり，すべての領域の内容にかかわっている。領域は活動の分類ではない。これに対して小学校の「教科」は，主として文化の体系の系統的学習という観点から，教科ごとに独立して目標・内容が定められ，教科ごとに授業が行われ学習活動が展開する。

幼児期にふさわしい生活という，区切りようのない「流れ」の中で，幼児期に育つものをしっかりと支えるために，育ちの分野ごとにまとめられた，いわば，ねらいと内容の「束」としての領域が活用されなければならない。それはあくまでも幼児の「育ち」をとらえるための「分析的視点」であって，そのまま幼児に課すべき課題ではないのである。

幼稚園，保育所，認定こども園での生活全体が「幼稚園教育要領」「保育所保育指針」「幼保連携型認定こども園教育・保育要領」に示された各園の基本に基づくものであり，環境を通して行う教育を基本とし，幼児期にふさわしい生活の展開，遊びを通しての総合的な指導，１人ひとりの発達の特性に即した指導が行われることが望まれる。

【参考文献】

岸井勇雄著『幼児教育課程総論』第二版，同文書院，2002

文部科学省教育課程課・幼稚園教育課編『初等教育資料・幼稚園教育年鑑』2002 年 12 月号，臨時増刊，2002

民秋言編著『幼稚園教育要領・保育所保育指針の成立と変遷』萌文書林，2008

文部科学省『幼稚園教育要領解説』フレーベル館，2008

文部省『幼稚園教育要領解説』フレーベル館，1999

小田 豊・神長美津子編著『Q&A でわかる新・幼稚園教育要領―新・幼稚園教育要領理解のために―』ひかりのくに，1999

田中亨胤編著『保育原理』北大路書房，1998

内閣府・文部科学省・厚生労働省『「幼保連携型認定こども園教育・保育要領，幼稚園教育要領及び保育所保育指針の中央説明会」資料』2017 年 7 月

第6章 教育課程（全体的な計画）と指導計画

〈学習のポイント〉 ①教育課程（全体的な計画）と指導計画について理解しよう。
②長期と短期の指導計画の種類，指導計画を立てるポイントを理解しよう。
③保育実践に用いる指導計画を実際に立ててみよう。

1. 生活カリキュラム

1 生活を中心として

子どもは，大人とともに生活している。家庭で過ごす生活を通して，大人の姿を学んだり，大人として成長することに憧れや期待を抱く。また地域の行事に参加して，多くの人々に出会い，声をかけてもらうといった体験や，日常の買い物などを通して地域の人々の生活に触れ，自分を取り巻く多くの人々の存在に気づいたり，多くの人々に受け入れられている自分，そして多くの人々との生活の中で生きている自分自身に気づく。

しかし，現代社会では，家族や地域の中でも，家族以外の人と交わる機会が少なく，当然のことながら子ども同士の交わりも少ない。そこで，幼稚園や保育所，認定こども園といった教育機関あるいは福祉施設が，家庭を離れて初めて集団生活を営む場となり，自我が芽生え，他者の存在に気づき，他者との交わりを楽しんだり，自己を抑制するといった，子どもの発達にとって必要な経験の場となる。生活の多くを大人の援助に委ねなければならない段階から，みずから生活を選び，生活の環境を整えていくことができるように成長していくのである。

ところで，幼児教育者の倉橋惣三は，乳幼児の生活の重要性について述べ，「生活を生活で生活へ」と記した。保育は，あくまでも子どもの生活リズムを基本として，子どもが主体的に生活をつくりあげていけるように，子どもの生活すべてを支えていくのだという。いうならば，子どもの生活すべてが保育の対象である。

先に，現代社会においては，子どもの生活を支える幼稚園や保育所，認定こども園の重要性が増したと述べたが，だからといって幼稚園や保育所，認定こども園での生活を家庭や地域での生活と切り離して考えることはできない。家庭や地域での生活と幼稚園や保育所，認定こども園での生活が連続した流れをもって初めて，子どもたちが自ら生きる力を養い，生活者として生きていくための基本的な力を育てていくことができるのである。幼稚園や保育所，認定こども園の特色を述べるならば，そこは子どもの生活や発達に対して高い専門性をもつ保育者が，生活の中にさまざまな工夫や配慮を行う場である。子どもが充実した生活を送り，そこから生きる力の基礎となる生きる喜びを感じ取ることができるように援助しつつ，子どもとともによりよい教育環境を創造していく場なのである。

2 幼児期にふさわしい生活と遊び

2017（平成29）年3月に告示された「幼稚園教育要領」には，「幼児期の教育は，生涯にわたる人格形成の基礎を培う重要なものであり，（中略）幼児期の特性を踏まえ，環境を通して行うものである」と述べられている。教育を行う際には「幼児の主体的な活動を促し，幼児期にふさわしい生活が展開されるようにする」ことが重視されている。保育者には，幼児との信頼関係を十分に築き，幼児が身近な環境に主体的にかかわり，環境とのかかわり方や意味に気づき，これらを取り込もうとして，試行錯誤したり，考えたりするようになる幼児期の教育における見方・考え方を生かし，環境の創造，工夫を行っていくことが求められている。同じく2017（平成29）年3月に告示された「保育所保育指針」「幼保連携型認定こども園教育・保育要領」においても，同様の見解が記されている。

幼児期にふさわしい生活とあるが，その中心になるのが，遊びである。幼児の自発的な活動としての遊びは，心身の調和のとれた発達の基礎を培う学習でもある。子どもにとっての遊びは，われわれ大人が考えるように，「仕事」の対極ではないし，無駄で無意味な行為でもない。子どもの生活そのものが遊びと言い換えることもできるし，子どもたちにとって，遊びは，楽しく面白い活動である。子どもは，遊びを通して，「友だちとの関係」「ものと自分との関係」「動きと自分との関係」「身体を介した空間や時間についての認識」「やっていいことと悪いこと」「約束事・ルールの理解」「自分たちで遊びを工夫したり創造する力」など，豊かな人間性を形成するうえで欠くことのできない基本的な力を身につけていく。子どもたちが楽しく面白く，そして思いきり遊ぶことで，それ以後の学習の基盤をつくり，創造性の芽を育てていくのである。

3 子ども1人ひとりの多様な生活のあり方を認めて

子どもは，それぞれに異なる家庭環境や生活体験をもって幼稚園や保育所，認定こども園に来る。子どもによっては，すぐに友だちや保育者とかかわり，ダイナミックに遊ぶことができる子どももいれば，まわりの様子をじっくり観察して友だちや保育者の様子をうかがい，納得したあとで遊びだす子どももいる。環境の受け止め方やかかわり方は，さまざまである。子ども1人ひとりの独自性を認め，その子どもの生活を受け止め，その生活が充実するよう援助することが必要である。

また生活にはリズムがある。実際, 人々の生活を考えてみるとき, たとえば「ゆっくりしたいとき」「1人でじっくりと取り組みたいとき」「みんなで協力して活動したいとき」など，多様である。総合的な指導を核とする保育においては，1人ひとりの生活を尊重しつつ，具体的で直接的な体験を深める中で，1人ひとりが生かされ充実する集団の場をつくりあげていくことが課題となる。

2. 教育課程（全体的な計画）と指導計画

1 教育課程（全体的な計画）の意味

幼稚園，保育所，認定こども園では,「幼稚園教育要領」「保育所保育指針」「幼保連携型認定こども園教育・保育要領」を踏まえて，それぞれの園でどのような保育を実践していくかについて考える。

教育課程とは，それぞれの幼稚園が保護者の願いをくみ取りながら，園の環境や地域の実態，子どもや家庭の状況，および保育時間などを考慮しつつ，目指す子ども像に向かって，いかに保育を実現していくことができるのかを検討し立案する全体的な計画である。それぞれの幼稚園が，幼稚園における教育期間全体を見通して，子どもがどのように発達をするのか，どのような時期にどのような生活をするのか，また「幼児期の終わりまでに育ってほしい姿」を踏まえて，そのためにはどのように教育していくべきかを考えて，教育課程を編成する。また教育課程については，教育課程の実施状況を評価し，改善するという PDCA サイクルを動かす必要がある。その見直しのプロセスにおいて，教育課程の実施に必要な人的・物的な体制を確保するとともに，教育課程に基づいて組織的かつ計画的に幼稚園の教育活動の質の向上を図っていくこと（これをカリキュラム・マネジメントという）に努める。このサイクルを実現することが，すべての子どもが質の高い教育を受ける権利（子どもの権利）を保障することにつながるのである。

保育所や認定こども園における「全体的な計画」も同様に考えることができる。教育課程や全体的な計画をみれば，この園では子どもが入園（入所）してから修了するまでに，どのような体験を積み重ね，どのように生活を送るのかといった全体の流れが理解できる。

教育課程や全体的な計画を作成する際には，幼稚園では，教育活動終了後等に行う教育活動の計画，学校保健計画，学校安全計画などと関連させる。また保育所においては，子どもや家庭の状況，地域の実態，保育時間などを考慮し，子どもの育ちに関する長期的見通しを持ち，保育所保育の全体像を包括的に示すものとして，これに基づく指導計画，保健計画，食育計画等を通じて，創意工夫して保育を行うことが求められる。

2 教育課程（全体的な計画）と指導計画の関係

教育課程や全体的な計画に示された入園（入所）から修了までの子どもの育ちが実現されるためには，保育者がそれぞれの子どもに対して，充実した生活が送れるように，具体的な計画をもってかかわっていくことが必要である。この具体的な計画が指導計画と呼ばれるものである。指導計画は，教育課程や全体的な計画を基本に，より具体的に「ねらい」「内容」「環境の構成」「保育者の援助」など，指導の内容や方法を明らかにする。

教育課程や全体的な計画と具体的な計画である指導計画は，相互に関連をもちながら，子ども１人ひとりが充実した生活を送り，生きる力の基礎を育成できるように見通しをもって作成される。

3. 指導計画とは

1 計画の必要性

子どもは幼稚園や保育所，認定こども園で，遊びを中心とした生活を通して，まわりのものや人とかかわり，環境から刺激を受けたり，環境に働きかけたりする中で，心身の調和のとれた発達をとげていく。遊びを中心として生活することが，子どもの好奇心ややりたい思いを育て，他者への思いやりや協力，工夫したり考えたりする力を育む。

たしかに，遊びを中心として生活を過ごすことが，子どもには重要な学びにつながるが，すべての体験が，人間の基盤をつくる豊かな体験とはいえない。遊びのきっかけを自分で見つけたり，遊びを深めている子どもばかりではない。また子どもたちが遊んでいるからといって，あるいは友だちと一緒に活動しているからといって，１人ひとりの子どもが充実しているのか，また友だち関係が広がっているのかはわからない。なかには，表面的な好奇心に終始している場合もあるだろう。単に子どもが遊んでいるから，また子どもを遊ばせるだけでは，生きる力の基礎となる学びにつながるとはいえないのである。

遊びに向かい熱中する子どもの主体性を大切にしつつ，その体験の質を的確に見極め，子どもに必要な具体的で直接的な体験を保障するためには，「幼児期の終わりまでに育ってほしい姿」（⇒第５章 P.69，第 10 章 P.137）を考慮し，計画的に環境を整え，柔軟な指導を行う。計画をもたずに，子どものやりたい気持ち，やろうとする気持ちを育てることはできない。子どもの主体性を大切にすることと保育の計画性は，不可分のものである。

保育者は，「こうしたい」「こんな○○になりたい」「これができるようになるともっと楽しいだろうな」といった子どもの姿や思いを基本にし，「こういうことを体験してほしい」「この部分を育てていきたい」という保育者の願いや思いを重ね，子どもがどのように育っていくことが望ましいのかを考えながら，保育の方向性を見極め，子どもの生活として無理なく，しかも必要な体験を積み重ねていけるように，計画性をもって援助していくことが求められる。

2 子どもの主体的な活動を保障するための計画

子どもは，自ら周囲の環境とかかわりながら，活動を展開する中で，面白いと感じたり，もっとやってみたい，このような工夫をしてみようといった意欲や充実感を味わう。保育は，遊びによる主体的な体験を大切にしている。

2017（平成29）年3月に告示された「幼稚園教育要領」「保育所保育指針」「幼保連携型認定こども園教育・保育要領」では，幼児の主体的な活動を重視することが必要であると述べられている。幼稚園，保育所，認定こども園では，子どもがさまざまな人やものとのかかわりを通して多様な体験をし，心身の調和のとれた発達を促すように保育を行う。その際，保育者は子どもの発達に即して「主体的・対話的で深い学び」が実現されるように考えるとともに，心を動かされる体験が次の活動を生み出すことを考慮し，1つひとつの体験が相互に結びつき，園生活が充実するように環境を整える。

しかし子どもの主体的な体験を大切にするといっても，それは単に子どもに任せておけばよいというものではない。幼稚園，保育所，認定こども園では，保育者は教育課程や全体的な計画に基づき，さまざまな体験を保障していけるよう調和のとれた組織的，発展的な指導計画を作成し，環境を構成し，子どもが自ら環境にかかわることでさまざまな活動を展開しつつ必要な体験を得られるようにするとともに，子どもの活動に沿った形で柔軟に指導を行っていくことが不可欠なのである。

幼稚園や保育所，認定こども園の指導計画では，子どもの発達過程を見通し，生活の連続性，季節の変化などに考慮して，子どもの実態に即した具体的なねらいや内容を設定し，子どもの生活する姿や発想を大切にしながら適切な環境を構成し，子どもが主体的な活動ができるよう作成することが必要である。

3 具体的な計画と具体的な実践の意味

教育課程や全体的な計画で保育の骨組みを示し，その実践にあたっては具体的な指導計画が必要であると先に述べた。具体的な計画は，具体的な実践のために必要であり，また柔軟な指導につながる。

保育の実践を行うためには，まず人的資源についての検討が必要となる。保育者の技能はどうか，保育技術はどのようであるかといった保育者の実践力との兼ね合いを考えなければならない。

ただし，保育者の実践力については，ほかの保育者との連携や外部の協力で可能にする方法も考えられる。ティームで保育を行うことは可能か，教育・保育サポーターといった形で保護者や地域の人々の協力を得ることができないかなど，人的環境のとらえ直しが，保育実践の可能性を広げる。

幼稚園や保育所，認定こども園の空間・物的環境を把握しておくことも必要である。たとえば，園庭はサッカーやドッジボールをするのに十分の広さがあるのか，自然物に親しむために虫や植物は生息しているのかは，計画を具体化するうえで検討すべきことがらである。ただし，これも園環境のみに限定する必要はない。近くに公園などの遊び場，海や川，森といった自然があれば，それを有効に使うこともできる。家庭や地域との連携によって，環境の可能性は開かれるのである。

指導計画は，人的資源・物的資源の整理から始まる。そして，人的資源・物的資源を，子どもにとって豊かな環境として問い直し，家庭や地域との連携を図ることよって可能性を開き，子どもにとって豊かな生活を保障する計画を立てていく。

4. 指導計画の作成と留意点

1 指導計画の種類

子どもたちとの日々の保育を具体化していく計画としての指導計画には，年・学期・月あるいは発達の時期による長期の指導計画（図 6-1，p.86）と，週や日などの子どもの生活に即し，より具体的な保育の実践に用いる短期の計画（図 6-2，p.88）がある。

2 長期の指導計画と短期の指導計画

幼稚園や保育所，認定こども園の教育課程や全体的な計画と関連し，長期の指導計画は立案される。長期の指導計画は，今までに行われてきたそれぞれの園の保育を整理し，とくに，子どもの生活と季節や行事などの関係を踏まえて，長期の見通しをもって立てる。一方，短期の指導計画は，子どもの実態に即して，環境の構成，保育者の指導のあり方を，より具体的でかつ綿密に記す。

もちろん，指導計画は，期間の長いものから短いものへ，詳細にかつ具体性をもって立てるものである。たとえば長期の指導計画は,「年間計画」→「期間計画」→「月間計画」というかたちで立てる。

しかし，保育においては，子どもが実際に展開する生活が基本となるので，子どもの実態から日々の計画を見直し，かつ長期の計画の意味を再検討するといったベクトルをもつことも必要である。つねに，短期から長期の指導計画を見直す方向性が存在しなければならない。

保育における長期の指導計画と短期の指導計画は，互いに関連させつつ立案する。そしてその計画は，長期から短期の指導計画を作成するという方向性と同時に，子どもが実際に展開する生活を基本にして，短期の指導計画から長期の指導計画を見直す方向性も必要となるのである。

3 指導計画作成上の留意点

指導計画を作成する手順を整理すると，「子どもの実態・発達の理解」→「生活や遊びの連続性を考えて，具体的なねらいや内容を設定」→「主体的・対話的で深い学びができるように環境を構成」→「子どもの活動の展開と保育者の具体的援助」→「指導計画の評価・改善」となる。

(1) 子どもの実態・発達の理解

子どもの実態あるいは発達の理解なくして，指導計画を立てることはできない。年間計画では，前年の姿をもとにする。新入園児については，年齢の発達を踏まえ，保護者からの情報を手がかりに計画を立てる。期間計画や月間計画も同様に，子どもの実態・発達を踏まえたうえで立案する。

日々の保育の実践に用いる短期の指導計画である週の計画を立てる場合は，まず前週までの子どもの姿を振り返り，子どもが遊んだ遊びや活動を整理し，その活動を通して何を経験したのか，何が育ってきたのかを整理することが必要である。

たとえば，大縄とびで遊んでいる場面では，身体を動かすことを楽しんだのか，ほかの友だちと声を合わせて一緒に跳ぶことを楽しんだのかでは経験したことの内容や意味は異なる。子どもたちの前週までの実態と経験した内容を深くとらえ整理し，この遊びがこう発展するだろう，あるいはこう発展してほしいと思い巡らせながら，次の週の指導計画につなげていく。

(2) 生活や遊びの連続性を考えて，具体的なねらいや内容を設定

身のまわりの始末といった生活の様子，遊びへの取り組み方，保育者や友だちとのかかわり方など，子どもの生活の実態を踏まえたあと，こうしたい，こんなことをやってみたいという子どもの興味や関心を読み取る。そしてこの時期に経験してほしいことを合わせて，具体的なねらいや内容を設定する。

その際，生活・遊びの連続性に留意する必要がある。行事を考える場合であれば，日頃の遊びとの連続性を大切にしつつ，遊びから生まれていること，経験していることを，行事の中に取り入れる。たとえば，協力して取り組んだ作品展の行事が終わったからといって，すぐに片づけるといったしかたで生活を分断するのではなく，その後の保育の中で行事の経験がどのように深められるかを考えながら連続性をもった計画を立てる。

(3) 環境を構成する

環境を通して行う保育を考える場合，保育内容に基づいて計画的に環境を構成し，子どもが，その環境にかかわり，主体性をもって生活を展開できるように指導計画を作成する。先にも述べたように，その際には，子どもの発達に即して「主体的・対話的で深い学び」が実現するようにするとともに，心を動かす体験が次の活動を生み出すことを考慮して，子どもの体験それぞれの結びつきを考え，環境を構成していく。

環境を考える際には，幼児期の発達の特徴をとらえること，たとえば，言語に関する能力の発達と思考力等の発達が関連していることを踏まえて，言語環境を整え，言語活動の充実を図ることや，幼児期は直接的体験が重要であることを踏まえて，視聴覚機材やコンピューターなどの情報機器の活用などに配慮するなど，子どもの「主体的・対話的で深い学び」が実現できるようにすることが肝要である。

環境の見直しをしたうえで，子どもたちが経験したい，あるいは子どもたちに経験させたい活動の実態を考え，計画的に環境を構成していく。たとえば，小麦粉ねん土で遊びたいと思っても，３歳では大胆にこねることを楽しむだろうし，４歳にもなると色をまぜたり型をぬいたりと，活動の内容は異なってくる。もちろん経験の回数によっても違う。砂場では，「穴を掘る」「山をつくる」「砂通しを使う」といった３歳の遊びから，木材や樋（とい）を使って，砂場を立体的な空間につくり上げる４～５歳児の姿が見られる。絵を描くための画用紙１つをとっても，それぞれの発達によってふさわしい紙のサイズは異なる。

このように，子どもの経験，発達の実態に即して，必要な遊具，用具，素材を検討し，環境を考えていく。ものや人との環境が適切でなければ，遊びは膨らまないのである。

子どもたちの生活・遊びの連続性をとらえた環境構成も必要である。行事ごと

に頻繁に環境を変えて生活を分断することは，継続する力や，工夫し，考えを深める力を育てることにはつながらない。しかし一方で，生活・遊びの連続性を大切にするといっても，遊びは集中して盛り上がる場面と，終息し停滞する場面がある。毛糸による製作を例にとろう。季節やまわりの大人たちの刺激を受けて，毛糸による製作活動が始まった。子どもたちは，１人ひとり夢中になって毛糸で指編みマフラーづくりを楽しんだ。子どもたちが楽しんでいるからと，いつまでも毛糸を準備すれば，そのままある程度の期間，毛糸遊びが継続される。しかし，保育者がその子どもたちに，個人的活動ではなく，集団に向かう活動を経験してほしいと思うならば，ある一定の時期を経て，毛糸ではない環境を用意することが必要となる。保育者は，子どもの発達や環境と子どもたちとのかかわりを見極めたうえで，環境を大きく変えていく必要もある。

環境の構成を計画する際，図や絵を使って人の動きやものの配置を記入することで，文章で記す場合よりも視覚的にとらえることができ，具体的イメージをもって，子どもと環境のかかわり，友だち関係の広がりを予想することができる。

（4）子どもの活動の展開と保育者の具体的援助

長期の計画では，行事が過度に集中すると子どもの負担となりやすいことに配慮する。そもそも行事は，日々の生活に活力を与え，「ハレ」と「ケ」といったリズムを与えるものである。長期の計画では，子どもの生活のサイクルを見通し，全体のバランスを考える。

子どもにとって，総合的な活動を計画していくことは，豊かな体験となる。たとえば，11月に計画された焼き芋大会を考えてみよう。焼き芋大会という１日だけの単発の行事に終わることなく，子どもの直接的な体験として深く内面化することを目指すならば，活動は長期にわたって計画される。５歳児年長を中心に芋の苗を植え，育て，収穫する活動を計画することも必要だろう。また，芋を焼く落ち葉はどのようにするか。焼き芋をするならば相当量の落ち葉が必要となる。芋を焼くのに適した落ち葉の種類を，図鑑を使って子どもたちと一緒に考える機会としたいなど，保育者が，子どもと自然との活動を大切にするならば，落ち葉拾いを含めて，焼き芋大会が計画されるであろう。その後，楽しかった活動を，絵画製作で表現することも考えられる。「苗を植える。芋の収穫を喜ぶ。落ち葉を拾う。芋を焼く。芋が焼けるのをみんなで楽しみながら待つ。一緒に食べる。楽しかった活動を絵で表現する」など総合的な活動となる。

週や１日といった短期の計画では，子どもの生活に即したカリキュラムを考える。１週間の中で，経験させたい活動を計画する場合，子どもたちの生活や活動のリズムを考える。たとえばはさみ，セロハンテープなど新しい道具の使い方を子どもたち全員に指導することが必要な場合，子どもたちが集中する時間帯を考える。一般に，休み明けは子どもたちが，生活のリズムを取り戻すための時間が必要であるし，週末が近づいた，しかも午後の時間帯ともなると，われわれ大人の生活と同様，全体として疲れやすいであろう。天候や季節も影響する。このことは，低年齢になればなるほど当てはまり，年齢や発達による配慮が必要となる。

全体を見渡して，毎日がイベントのような活動になっていないか，子どもの生活を基本としているか，子どもの活動に緩急やメリハリがついているかといった視点をもって，指導計画を作成することが必要である。

（5）指導計画の評価と改善

指導計画は，１人ひとりの子どもが，子どもにとってふさわしい生活を送るために必要な経験を考え，専門性をもつ保育者が作成するものである。保育者は，子どもの実態を踏まえ，子どもの姿を予想しながら，的確にしかも綿密に計画を立てる。しかし，子どもの生活は，時として天候や季節の変化によっても様子が変わる。子どもが集中したときの力は，想像以上のものがある。このように子どもの生活は，指導計画どおりに進むことはないといっても過言ではない。計画との「ズレ」を抱えながら,保育は進んでいくことを認識しておかなければならない。

むしろ，計画どおりに進んだ場合こそ，環境の構成や保育者の指導のあり方をもう１度見直すべきである。もしかしたら，子どもの興味・関心を無視した指導優先の保育が行われている可能性があるからである。

子どもの実態によって変化するという点では，指導計画はあくまで仮説であるといわれる。しかし,仮説だからといって,この仮説のない保育は放任にすぎない。指導計画がていねいにつくられるからこそ，１人ひとりの子どもの活動を十分に受け止め，柔軟かつ適切に援助することができるのである。

保育では，幼児１人ひとりの発達の理解に基づいた評価を実施し，指導の過程を振り返りながら，幼児の理解を深め，幼児１人ひとりのよさや可能性などを把握し，指導の改善に努める。この評価とは決して，ほかの幼児との比較や一定の基準に対する達成度という意味ではない。評価の妥当性や信頼性が高められるように組織的かつ計画的な取り組みを行いながら次年度や小学校等へ引き継ぎ，子どもの生涯にわたる豊かな発達を支えるために行うものである。

4 そのほかの留意点

（1）生活の連続性を考えた計画の必要性

多くの園では，実際には学年を重要な区切りとして保育が行われているケースが多い。全体的な計画は，入園(入所)から修了までの期間の計画であるが，指導計画についても１年という枠組みを超えて，子どもの発達を長期に見通し，環境構成や具体的援助を考えることが必要な場合が多い。

たとえば，植物の栽培において，４月に花を咲かせるためには，前年に種をまかなければならないものも多い。虫や小動物も４月から翌年３月を基本的なサイクルとして生息しているわけではない。そのため，１年を基本的な単位にしつつも，その前後のつながりを考えて計画を立てるよう留意することが必要である。年ごとに担任の保育者が替わる場合も多いので，前年までの保育者と現在の保育者が指導計画のための情報交換をすることが重要である。

(2) クラスの枠を超えた計画の必要性

幼児の行う活動は個人，グループ，クラス全体など多様に展開されるものである。実際の保育の現場は，子どもたちの交わりやかかわりの多様性を重視し，年齢やクラスの枠を超えた活動を多く行っている。異年齢混合保育やティーム保育が行われる現状では，保育者同士がクラスの枠を超えて話し合いをもちつつ，指導計画を作成することが必要となる。

たとえば，３～５歳児が，入り混じって園庭で遊んでいる場面も多く見られる。３～５歳児がそれぞれどのように園庭の遊具を使うことができるか，大きい子どもたちが独占することにならないか，互いに交じわり合えるような遊具はあるかなど，環境として準備しておくものは，学年やクラスの枠を超えて計画の中に盛り込む必要がある。

障害のある子どもへの指導では，家庭，地域および医療や福祉，保健などの関係機関と連携をしつつ，長期的な視点で教育・保育的支援を行うために，保育者と職員が一体となって個別の計画を作成することが必要となる。また海外から帰国した子どもや生活に必要な日本語の習得に困難を抱える子どもについては，安心して自己を発揮できるよう指導内容や方法を工夫し，計画的に援助を行うことが求められる。

もちろん，計画は，子どもの実態なくしては立てられない。クラスの枠を超えて保育者が話し合うことによって，子どもの遊びへの取り組みや友だちとの関係など，気づかなかったことへの気づきも生まれる。保育者間の連携によって子ども理解が深まり，子どもに対する深い洞察を背景にもつ，より的確な計画へとつながっていくのである。

３歳児７月の生活

ねらい：自分のやりたい遊びを楽しむと同時に，友だちと遊ぶことの楽しさに気づく。

行事	プール遊び（1日〜）・保護者講座（2日）・役員会（5日）・体位測定（9日）・お楽しみ昼食会（11日）	
環境構成	水遊び，プール遊び → ◎園庭プール・小プール ○フラフープ（くぐったり，電車ごっこのようにする） ○ビート板（うでや体をのせて浮くことを楽しむ） ○タライorベビーバスの船 ○体操（ラジオ体操第１） ※目や体を洗うときの配慮	静かな遊び ○絵本の読み聞かせごっこ ○お絵描き ○お昼寝ごっこ（ござ，タオルケット，つみ木） ※プール遊び後には十分に休息がとれるように……。
幼児の生活	冷たくて気持ちいい！ ・プールで遊ぶ準備や後始末の手順を知っていく。 ・顔に水がかかるのを嫌がる人も何度かプール遊びを繰り返すうちに慣れてくる。	疲れたときは…… ・暑い日の外遊びをしたあと，プールの後など体を休めることを知る。 ・どこが涼しいか，落ち着けるかなどにも気づく。
援助	・衣服の脱ぎ着の仕方を伝え，できた時には認めたり，一緒に喜んだりして，自分でしようとする気持ちを育てる。（制服の着替えも） ・プール遊びは園庭プールで慣れてから小プールへ行くようにし，不安な人には寄り添うようにする。	・プールに入った後は体が疲れていることを伝えたり，休息のとり方を知らせていく。 ・プールカードをよく確認し，園児の健康状態を把握しておく。
内容	・衣服がぬれたり，汗をかいたら着替えることなど夏の生活に必要な習慣を身につけていく。 ・水遊び，プール遊びを楽しみ，水に慣れる。 ・疲れたときに必要な休息のとり方を知る。 ・自分が見たことや，自分がしたいことを保育者や友だちに話すことができる。	

図６-１　私立K幼稚園月間計画（３歳児クラス）

担任名

夏の生活のしかたを知り，元気に過ごす。水の感触や心地よさを味わう。

お誕生会（12日）・午前保育（12日～）・縁日ごっこ（18日）・修業式（19日）・夏休み（20日～）

外遊び

◎砂場
（といや水を使ってダイナミックに）
○アスレチック
○クルマ
○虫探し

手洗い，着替えの仕方

※帽子を必ずかぶり，暑いときには日かげに誘ったりする。水分をとる。

室内遊び

○つみ木道 → ○動物園づくり
○おままごと
（レストランごっこ）
○ブロック

製　作

○動物園づくり
○七夕飾りづくり
◎縁日ごっこ

リズム室 → 天気の悪い日は利用するようにする

・ボール遊び（投げる，ける，追いかける）
・ゲーム（花いちもんめ，あぶくたったなど）

お楽しみ昼食会

・食事のマナー
・片づけ（できるところは１人で）

夏休み

・ロッカー，引き出しの整理
・大掃除
・夏休みがあることを知らせる

楽しい！	これをつくりたい！	楽しみに待つ
・ほかのクラスの人とかかわったり，協力したりして，山や川をつくったり，水を流したりして遊ぶ。 ・はだしになって感触を楽しむ。	・友だちのを見たり，材料を見て自分はこれを使いたいと思ったり，難しいところは保育者と一緒につくっていく。 ・自分の思いを言葉にして相手に伝えていく。	・レストランに行くための話を聞く。 ・個人のもの，クラスのものなどを片づけたりして，夏休みがあることを知り，楽しみに待つ。
・保育者や友だち，年長児のしている遊びに興味をもっている様子を受け止め，誘いかけたり，間に入ったりしていく。 ・はだしになっても大丈夫なように安全面に気を付ける。	・保育者も一緒になって遊びながら，必要な言葉を使ったり，自分の思いを伝えられるように援助する。 ・つくったものを飾ったりできるよう準備をしておく。 ・いろいろな素材を出す。	・楽しみにしていたレストランなのでその気持ちを大切にしながら，守るべき約束の話をしていく。 ・どうして片づけをするのか話し，一緒にしていく。 ・夏休みの話をする。

・製作活動をして，できたものを飾ったり，使って遊ぶことを楽しむ。
・お楽しみ昼食会に喜んで行く。
・夏休みを楽しみに待つ。
・縁日ごっこに参加する。

（３歳児クラス担任・杉崎友紀教諭より資料提供）

K幼稚園週日計画

年長　5歳児クラス

先週の子どもの姿

・ほかのクラスの子どもとも混ざり合って一緒に遊んだり，何か手助けしようとする。
・虫探しに熱中する子どもも多く，植木の根元や植木鉢の下など，探し方も上手になってきている。また，虫カゴも牛乳パックを工夫して自分なりにつくり出す姿が見られる。
・先々週から続いている病院，アイスクリーム屋さんごっこも，材料など準備されていて，保育者が誘えば簡単なつくり方で遊びが展開されるようになってきた。
・ペットボトルを使った色水遊びでは，お花を使った色水遊びや染物遊びが変化して，子どもたちの中から生まれた。またヒントを与えれば，輪なげ遊びなどにも広がってきている。

予想される子どもの姿	環境の構成と保育者の援助
・保育者に促される前に，すすんで当番活動を自分たちでしようとする。 ・○○ちゃんの隣に座りたい。ペアになりたいなど，そこからトラブルが生まれることもあるが，その友だちと親密にかかわりたいというあらわれでもある。 ・モンシロチョウやだんご虫などに興味をもち，その虫について知識を広げようとする（本・図鑑など利用して）。 ・七夕の行事に関心をもち，それに向けて製作をしたり話を聞いたりしてイメージを膨らませる。 ・先週収穫した野菜を食べたり，サツマイモの苗を植えたことから，植物の生長に関心をもち，世話をしようとする。 ・アイスクリーム屋さんや病院ごっこなどを自分たちで楽しむと同時に他の友だちに振る舞う。 ・ケンカが生じた時には、保育者が介入しながらも自分たちでお互いが納得できるよう，言葉で伝え合おうとする。	・遊びが持続できなくなったときの子どもたちの気持ちやアイデアを十分に受け止め，保育者が仲間になったり仲立ちをしたりして，楽しさが持続できるようにする。 ・友だち関係が深くなるにつれて，友だちとのトラブルも多く見られるようになってきた。保育者が間に入りながらも自分たちで解決できるよう，言葉掛けをしたりしているところである。 ・汚れた服やくつなどを自分たちで生活の手順がわかるよう声掛けなどしたり，足ふきのマットやバスタオルなど十分用意しておく。 【他の保育者との連携】 ・パンダルーム，みんなの部屋など，それぞれの場所でどのように遊びが展開されていくか，また安全面についても保育者同士で声を掛け合い連携をはかる。 ・片づけの時間がクラスによって異なる場合など，片づけが手薄にならぬよう配慮する。

時間	8：30～	9：00頃～		10：20
6月 28日 金曜日	登園“おはようございます” 視診（1人ひとりと挨拶） 荷物整理 出席シールを貼る。 体操服に着替える。 かばん，タオルなどをかける。 ☆当番活動　それぞれのグループで ・花，野菜等植物への水やり ・虫，動物（ウサギ・ニワトリ）の世話	自由な遊びを展開する。 自分の好きな遊びを自分で探し出したり，つくり出したりしながら活動を展開する。 異年齢とのかかわり，気の合う友だちとのかかわりを深めていく。	◎注目の遊び◎ ・七夕飾り ペインティング 小麦粉粘土型を使って ・色水あそび ・アイスクリーム屋 ・病院ごっこ	片づけ （室外）おもちゃの水洗い 汚れた服などの処理 体をきれいにする etc. （室内）ゴミひろい 使った物を元へ ひまわりの保育室だけでなくパンダルームやみんなの部屋もきれいにする。 排泄 手洗い

図6-2　私立K幼稚園週日計画（5歳児クラス）

○○年　6月　28日

担任名

週のねらいと内容

・七夕に向けてその行事の意味を知り，飾りなどをつくる中で自分なりのイメージを膨らませていく。
・水に触れ（プールでの水遊び），安全な遊び方を知るとともに，十分身体を動かして思いきり遊ぶ。
・気持ちよく過ごせるように，汚れたものを自分で着替えたり，処理しようとする。

環境図（人的環境・物的環境・配慮・子どもの動き・・・）

園庭

しっぽとりゲーム
スズランテープを使い，自分たちでルールを決めながら行っている。

砂場
筒を使ったり，友だちがつくったものと合体させたりする。異年齢とのかかわりが多く見られる。

サッカー
チームに分かれて。壁打ちetc.

晴天
プール遊び

だんごづくり
友だちと会話を楽しみながらできあがったものはビニールに入れ保管，午後への活動が続くことが多い。

虫さがし
植木鉢の下や花壇など。

色水あそび
ペットボトル・ビニール袋etc。花びら，葉っぱ，紙テープ，ビニールテープなどを利用。ペットボトルを使って輪なげをする姿も見られる。

室内

アイスクリーム屋さん
花紙，カップ，セロファン，色画用紙，ミニスプーンetc.使ってつくることに加えて売る活動も。
→ お金，おさいふづくり

七夕飾り製作
短冊づくり — 紙，こより
飾り — 折り紙etc.

病院ごっこ
ナースキャップ，注射器
聴診器，薬，薬入れ　｝保育者が準備
役割を交代したり，異年齢との交わりも見られる。

当番活動
・ゴミすて，植物の世話
・動物の世話，ちゅーりっぷ組（年少組）の手伝いなど自分たちでやろうとする。

10：45	11：50		13：00		14：00
クラスでの活動 お休みの子は誰かな？ ♪うた “本日プール開き” ゴリポン♪ 移動　リズム室へ ・実習の先生の出し物 エプロンシアター マットを使って。	昼食 うた 挨拶 ごちそうさままでは お部屋で…… （自由画帳 あじさいづくり 折り紙 絵本　など） 静かに過ごす。	自由な遊びを展開する。	掃除 ＆当番活動	帰りの集い 絵本 『たろうの おでかけ』 荷物の確認 タオル うわばき　など すべて持ち帰り	降園 うた 挨拶 あくしゅをして “さようなら”

☆当番活動
・ゴミあつめ
・ほうき当番
・ちゅーりっぷ組手助け
それぞれのグループで

（5歳児クラス担任・黒川 愛教諭より資料提供）

【参考文献】
民秋言編「幼稚園教育要領・保育所保育指針・幼保連携型認定こども園教育・保育要領の成立と変遷」，萌文書林，2017
内藤知美「子どもを取り巻く文化」『保育学講座③保育のいとなみ　子ども理解と内容・方法』（日本保育学会編）東京大学出版会，2016
平成 29 年告示幼稚園教育要領，保育所保育指針，幼保連携型認定こども園教育・保育要領<原本>，チャイルド本社，2017

第7章

幼児の活動

〈学習のポイント〉
①遊びの教育的意義は，歴史とともに解き明かされてきた。とくに，第１節に登場する人名については興味をもって，それぞれの遊び論，教育論を学ぼう。
②幼児教育は，遊びを中心とした総合的な活動を大切にとらえていることを学び，幼児に提供すべき豊かな遊びについて考えよう。
③遊びにおいて，個々の子どもの自発性を引き出すことや，遊びの深化について，教育計画とのかかわりで考える力を身につけよう。

1. 幼児と遊び

1 遊びの歴史的理解

幼児と遊びについて学習を進めるにあたって，遊びの教育的意義についての歴史的な理解をしておきたい。

遊びの概念についての歴史を振り返ると，歴史上最初に教育を「学的」にとらえたとされているプラトン（Platon）*が「子どもは無理強いされることによってではなく，遊びによって勉学に導かれるべきだ」と述べ，遊びと教育の関係について考察した最初の例だといわれている。

プラトン
（前427～前347頃）

＊プラトンは，教育とは染色のようなものであり，子どもは白い布で，それに価値という色を染めつけていくのが教育だと考えた。

その後，16世紀頃までは子どもの遊びと大人の遊びとの概念に，厳密な区別はされていなかったとされている。そして再び遊びの教育的意義について関心が向けられるようになったのが人文主義教育運動以降で，16世紀前半のエラスムス（D.Erasmus）の早期教育の主張からである。当初は想像力や創造性や芸術の特性としての遊びを認めようとはしなかったが，徐々に，遊びが教育手段として論じられるようになっていく。タブラ・ラーサ（白紙説）で有名なロック（J.Locke）は「玩具は子どもが自分の手でつくるようにさせ，またあらゆる遊びと気晴らしは『よい，役に立つ習慣』がつくように指導されるべきだ」と述べている。

ドイツ観念論の偉大な哲学者，カント（I.Kant）も『判断力批判』において，遊びを芸術と自由の関係で述べており，さらに，カントの理論を批判・修正することによって遊びの思想を深化させたシラー（J.C.F.Schiller）は『美的教育論』の中で「人間は文字どおり人間であるときだけ遊んでいるのであって，彼が遊んでいるところだけ，彼は真正の人間なのである」と述べている。

ロマン主義者たちは「黄金の子ども時代」を発見する。ジャン・パウル（Jean Paul）は観察を通して子どもの遊びを分類し，遊びに伴う喜びや空想の楽しさを評価し，遊びが子どものすべての力を育てるということを力説することによって，遊びがもつ独自の価値を主張した。シラーの影響下，これを実践したのがフレーベル（F.Fröbel）*であった。フレーベルは遊びを，彼の教育目的である生の合一を実現するための重要な教育方法としてとらえた。彼による恩物（Gabe）は教育的遊具の始まりともいわれるもので，後の教育玩具に大きな影響を与えるものとなった。

*世界で初めて幼稚園をつくったことで有名。（第12章p.182参照）

このような教育学的な遊びの考察は，19 世紀の進化論の登場による子ども時代への関心の高まりによってさらに進歩を重ねる。子どもの遊びについても観察や調査といった経験科学的な知見が蓄積され，スペンサー（H.Spencer）はシラーの理論をもとに，遊びを余剰エネルギーの放出とする余剰エネルギー理論を展開した。また，グロース（K.Groos）は，子どもの遊びを大人の生活のための準備とみる準備説を唱え，ホール（G.S.Hall）は進化論の立場から，子どもの遊びを，人類が歴史的に経験してきた発達段階を個人の発達において再現したものだとする反復説を展開し，都市に住む子どもの遊びの調査なども行った。19 世紀末の発達心理学の誕生はこれらを背景としていることも見逃せない。

その後，遊びが学校教育において重要視されるようになったのは新教育運動以降のことである。新教育は，遊びを仕事へと至る重要な活動としてとらえた。デューイ（J.Dewey）**は遊びを仕事へと至る前段階として位置づけ，遊びを通して子どもの経験を拡大深化させ，遊びをより組織化された探求にもとづく仕事へと転化させていくことを，教育者は目指さねばならないとした。また，ケルシェンシュタイナー（G.Kerschensteiner）はデューイらの影響を受けながら労作教育論を展開し，教育における遊びと労働との関係の考察を深めた。

**プラグマティズムの代表的思想家で，主著として『民主主義と教育』がある。

2 遊びの今日的理解

そして，今日の遊び理論を方向づけたのがホイジンガ（J.Huizinga）である。彼は，遊びの形式的特徴として，①自由な活動であること，②虚構であること，③いかなる物質的利害とも関係がないこと，④規定された時間と空間の中で決められた規則に従うこと，⑤非日常的であること，の５つをあげ，遊びはあらゆる文化の根底にあり，文化を生み出し，文化を生かし続けるものと位置づけた。そして彼は，ホモ・サピエンス（homo sapiens，英知人），ホモ・ファーベル（homo faber，工作人）よりも根源的なものとしてホモ・ルーデンス（homo ludens，遊戯人）として人間を定義した。

ホイジンガ
（1872～1945）

その後，カイヨワ（R.Caillois）がホイジンガの遊戯理論に欠けていた偶然の遊びと眩暈（げんうん）の遊びを取り上げ，遊びを次のように４つに分類した。競争（サッカーやチェス），偶然（ルーレットや宝くじ），模擬（ごっこ遊び），眩暈（ブランコやジェットコースター）である。現代の遊びの研究，子どもと遊びやその教育的意義の研究はこれらを土台としており，さらにはピアジェ（J.Piaget），フロイト（S.Freud），エリクソン（E.H.Erikson）*らの心理学や精神分析からも示唆を得るものとなって今日に至っている。

＊ピアジェ，フロイト，エリクソンは，心理学（発達心理学，教育心理学）の学習において必須の人名である。彼らの代表的な考え方を学習しよう。(第2章p.16参照)

人類の歴史が始まって以降，子どもたちは遊びながら育ってきた。プラトンは子どもたちの遊びを模倣ととらえていた。そしてこの考え方は，今日の子どもの教育と遊びにかかわっての教育実践にも影響を与え続けている。遊びを教育的にとらえようと分析的にみると，遊びがもつ本来的な，そのほとんどが無目的なものが，遊びがもたらす役割取得の訓練や情操の育成や健康な身体教育といったさまざまな社会化の機能に分解される。

このように，遊びを教育的にとらえようとすることは，たとえば自発性や拡散性など，遊びが本来的にもつ意義に結果的に制限を加えることになると考えることもできる。遊びがいつも教育的機能として理解されれば，遊び自身が固有に有する生成（生命の横溢（おういつ））の価値をとらえることはできない。子どもは遊びを通し育つ存在である。幼児期に豊かに遊ぶことが豊かな生きる力に結びつく。

この度の「幼稚園教育要領」の改訂においても「環境を通して行う教育」「遊びは幼児にとって重要な学習」であるという基本的な視点は変わっていない。子どもたちにとっての豊かな遊びの環境においては「主体的・対話的で明日の深い学びの基本に結びつく多様な体験」が重ねられていく。私たち保育者は子どもたちが人間として豊かに遊び育つ環境の提供と長期的視野に立った遊びの組織化をカリキュラムにおいて実現させていくことを第一に，かつ可能な限り重要視しながら教育活動を展開していくことを考えなければならない。

本節の新教育運動の紹介部分で触れた，子どもの遊びと仕事，遊びと労働を結びつける考え方は，子どもにとっての遊びの大きな意義を見えにくくしている点で，今日の「遊びと教育」についての議論に課題を与えている。**

＊＊本節は，『教育思想事典』（教育思想史学会編，勁草書房，2002）の項目「遊び」から筆者が主要部分を引用しながらその概略をまとめた。

2. 豊かな遊びと自発性

1 豊かな遊びとは何か

子どもにとっては，その子どもが幼ければ幼いほど，生活そのものが遊びになっている。食事をしているときと眠っているとき以外の時間，幼い子どもは「試したがり屋」「知りたがり屋」の本領を発揮しながら自らの興味・関心で何かに触ったり，握ったり，口に入れたりしながら遊んでいる。気に入ったものが見つかると飽きることなくそれで遊ぶ姿は，おそらく2000年前も今も変わらない幼子の姿であろう。

子どもの成長と本来的な遊びの姿は集団遊びへ発展し，そこで子どもたちはさまざまな体験をする。遊びは子どもたちにとって楽しく，達成感や成就感などの満足感も子どもたちにもたらす。しかし，遊びが豊かに保証されている子どもの世界では，子どもたちは遊びの中で，痛い・辛い・苦しい・悲しい・悔しい等々の経験を，楽しく・うれしく・快適な経験とともに味わうことになる。子どもたちは工夫をしたり，練習や努力をしたり，関係を調整したりすることを周囲の子どもたちの影響を受けながら学習し，自らの困難を乗り越え，遊びが自分にとって楽しく・うれしく・快適なものになっていくことを目指す。ここに，遊びが「生きる力の基本」*となることの意味がある。親や保育者の過保護によって，乗り越える困難を伴った遊びを経験しなかった子どもには，強く・たくましく「生きる力の基本」は育たない。「見守る」ことや「必要に応じて手助けする」ことが保育者に求められる要素としてあるのは，ここにおいて子どもたちの「自らの中にある育つ力」や「集団がもつ育ち合う力」を「待って引き出す」ことが求められているからである。

＊「生きる力」は現代の教育を考えていくうえでのキーワードである。幼児教育者を志す１人ひとりの学生が，幼児期に育てるべき「生きる力の基本」について，自分の考えをもてるようになろう。

さて，ここで私が幼稚園児に見た豊かな遊びを紹介しよう。

●事例１

９月，幼稚園の屋外での自由遊び時間，子どもたちは保育者に見守られながら，園庭で遊ぶグループと園庭と柵１つでつながっている公園で遊ぶグループに分かれている。公園で遊んでいる中に３歳児のＫくんがいる。Ｋくんは公園の隅の草わらをのぞき込んでじっとして動かない。ついていた保育者にそっと聞くと，キリギリスの鳴く声に心を奪われているようだという。私は少し離れたベンチに座り，ときどき声をかけてくる子どもたちの相手をしながらＫくんの様子を観察してみることにした。彼はキリギリスの声がする方をじっとのぞき込んでいたが，時間とともに少しずつ，少しずつ，声のする方に近づいている。声との距離が２ｍ弱になったとき，キリギリスの声が止んでしまった。Ｋくんはしばらくじっとのぞき込んでいたが，声のしていた草わらに入っていって手と足を使ってキリギリス探しを始めた。しかし，先生から「みんな集まってー」という声がかかるまでの約20分間，とうとうキリギリスの姿を見つけることができなかった。

しかし，Ｋくんのキリギリスへのこだわりは続き，外遊びのたびにキリギリス探しが続き，保育者から３日後に受けた報告では「園長先生，Ｋくん，とうとう本物のキリギリスを見ることができました」ということであり，その後もＫくんは，キリギリスの声が聞こえなくなる季節までキリギリスを捕ることに執着していたという。３歳児のＫくんは成長した来年，工夫や友だちとの相談をもって，きっとキリギリスを手にすることができることだろう。こうした自然を対象とした虫捕りも，子どもたちからいろいろな力を引き出す豊かな遊びと考えられている。

●事例２

Mちゃんと泥ダンゴ

マスコミを通して，泥ダンゴづくりの思い出がよみがえった私は，さっそく園庭に土を置いた。当初は砂遊びをする感覚で泥遊びに興じていた子どもたちが泥ダンゴづくりを始めるのに，それほど時間はかからなかった。

ある日，保育者の１人が自分でつくった光る泥ダンゴを見せたときから子どもたちの目の色が変わった。模倣遊びである。５月から始まった子どもたちの泥ダンゴづくりは秋になってもその熱が冷めず，大学学園祭の付属幼稚園コーナーに「園児のつくった光る泥ダンゴ」として，約40個が並べられることになった。

ここにおいて子どもは，集中力，根気，度重なる挫折からの回復，光り輝く泥ダンゴが完成したときの達成感と満足感を学ぶ。もちろん，年長さんが年少さんに教える姿も好ましいが，完成に向かう泥ダンゴのまわりには，たくさんの好ましい育ちを見ることができる。年長のMちゃんは誰もが認める光る泥ダンゴ名人として，大きな自信もあわせて得ることになった。豊かな遊びはここにもある。

2 遊びにおける自発性

ところで，子どもの遊びについて論じられるとき，自発性が課題として取り上げられる。好ましくは，おのおのの子どもにおいて自発的に遊びが始まり，発展し，それが共有され，集団のものになり，遊び活動が展開されることである。

しかし，遊び上手の子どもがいる一方で，遊び下手な子どもがいるのもまた事実である。かつては，どこにもいた遊びを仕切るガキ大将*の姿も消えて久しい。遊びが子ども間で伝わりにくい時代になってしまったのもまた，事実として受け止めておかなくてはならない。自発を受け止めて教え導く子ども同士の環境，自発的な模倣を誘う子ども同士の環境が失われてきたのである。

＊地域における子どもの文化において，今日見られなくなった「ガキ大将」は，どのような役割を果たしていたのか，考えてみよう。

そして，この自発性は，生来子どもの内に潜在する未発の可能性であって，ルソー（J.J.Rousseau），ペスタロッチー（J.H.Pestalozzi）以来，人間の自然性であり，活動の源であるとみなされてきた。自発性が実際に発動するには，何らかのきっかけがなくてはならない。遊んで育つ子どもの周辺にある興味・関心は，そのきっかけを呼び覚ますものとなる。ここで，子どもの自発性の原理と関連して問われるのが保育者の指導性の原理である。

保育者は子どもの自発的な動きを察知して，それを助ける存在でなくてはならない。外からの干渉や強制を控え，子どもたちにとってのきっかけが豊富な環境を整備し，そして活動の場を保障する。そしてそのうえで，子どもの自発の展開を助け，人的・物的な障害物に気づき，目を向け，取り除くことを助けるのである。

＊この事例３から，目立たない子，一見問題なく見える子の中にも，心配な面が見いだされる場合もあることを知り，保育者として子ども集団の中の１人ひとりを見る目を養おう。

●事例３＊

年中のＴくんは，一見とてもよく遊んでいるように見える。１学期は，私自身もあまり気にすることなく，彼は問題のない，心配のない子どもと見ていた。しかし，２学期の半ば頃から気になりはじめた。

たとえば，約１時間の園庭での遊びの時間に，鬼ごっこのグループにいたと思っていたら，すぐに砂場で遊ぶグループにいて，気づくと次にはジャングルジムで遊ぶグループに入っている。

このように彼は１時間ほどの間に，多くの子どもが１つのグループでの遊びに夢中になっているのにもかかわらず，４つも５つものグループに顔を出し，その遊びに参加している。いや，参加しているように見えている。あまりにも自然にいろいろなグループに溶け込んでいるので，私には見えなかったのだが，これは問題をはらんでいる。

つまり，Ｔくんは自らの内からわき出る，いわば自発の打ち込める遊びを見つけることができていない子だということである。ここに保育者の指導性が問われる。彼のそのような姿に気づき，彼の興味・関心に合致しそうな何かに気づいて提供し，夢中になれる楽しい遊びの世界へ誘うこと，そうすることでＴくんの生きる力の基本を遊びを通して引き出してやることができると考えられるからである。

3. 遊びや活動の深化と拡大

1 自発性を支えるカリキュラム構成

第４章でも述べているように，「幼稚園教育要領」の総則の「第１.幼稚園教育の基本　２」には「幼児の自発的な活動としての遊びは，心身の調和のとれた発達の基礎を培う重要な学習であることを考慮して，遊びを通しての指導を中心として第２章に示すねらいが総合的に達成されるようにすること」と記されている。

これを受けて，遊びを中心とした保育・教育活動に対する幼児教育の現場の理解や研究も進んでいる。

これまでも幼児教育の現場では，子どもの遊びを重視していたが，たとえば「設定遊び」とか「課題遊び」という呼び方で，保育者の計画と指示通りに子どもたちが活動させられる遊びが氾濫していた。ここにおける「設定遊び」や「課題遊び」の対極にあったのが「自由遊び」である。そしてこの「設定遊び」や「課題遊び」には「仲よく遊ぶ」「けんかをしないで遊ぶ」といった目標が設定され，これらの時間が遊びとして実践されてきていたのである。

しかし，現代の社会状況のさまざまな解釈から，幼児期の教育，真の遊びを通した教育，すなわち「生きる力」の基礎・基本を育てる教育が問い直されることになった。そして，対極にあった「自由遊び」についても「自由」と「放任」についての議論を経て，質の高い「児童中心主義」カリキュラムの実践事例も数多く紹介されるようになってきている。*

さて，子どもたちが興味・関心をもって主体的に取り組む遊びは，その反復や継続の中で進歩，深化・発展，拡大を見ることができる。昔の遊びであるメンコやビー玉，おはじきやお手玉などは，自宅や近隣の友だちとの遊びでさまざまな遊び内容や技が生まれていた。大人がかかわることなく展開されていたこれらの遊びにおいては子ども同士によるまさに「主体的・対話的で，小学校以降の学びに結びつく多様な体験」が含まれていた。現代は，近隣の友だち関係の希薄化と遊びの質的な変容で，地域での子ども同士の育ち合いの機会が失われ，幼稚園などをはじめ，その後の学校教育機関の役割が問い直されている。*

私たち保育者は「幼稚園教育要領」「保育所保育指針」「幼保連携型認定こども園教育・保育要領」に示されたねらいを総合的に達成するために「幼児期の終わりまでに育ってほしい10の姿」（⇒第5章p.69，第10章p.137）を，それぞれの発達段階における「視点」としながら環境を構成し，子どもたちに主体的で対話的な遊びの世界を提供し，「10の姿」にこめられている「非認知的能力」の育ちを引き出すことが求められている。

さらにまた，乳幼児期には五感を通した直接体験とそれによる豊かな感性の育ち**の重要性が理解されており，体験の多様性や体験の関連性への意図的配慮も保育者には求められる。

幼稚園などでの総合的な活動としての「ごっこ遊び」，なかでも「お店やさんごっこ」については長期的な視点から年長児が中心となり，年中・年少児が参加し，それを楽しみ，来年・再来年のそれぞれの「進級後のお店屋さんごっこ」に結びつけるといった事例が数多く見られるようになった。そこでは「自作のおもちゃ」や「育てた野菜」，また本物の買い物や栽培活動を踏まえた「レストランごっこ」

＊ここ数年，問われ続けている小学校低学年における学級崩壊について，幼児教育との関連で議論してみよう。

＊＊「感性（的）認識」を教育思想辞典（勁草書房）で調べると「外界に生起する事象や現象について，具体的に，見る・聞く・触る，などという感覚的経験をすることによって得られる⇒理性（的）認識」とある。

などもあり，年長児の姿は年少中の子どもたちにとっては「あこがれ」の姿ともなって，その都度，子どもたちの自発性を引き出しやすい活動といえる。また本物体験も加えることができる活動として今後も多様な実践を期待したい。

そしてここでは，最近目にした実践のなかから「主体的·対話的で深い学び（アクティブラーニング）を意識した体験の多様性・関連性」を重視した先行事例を紹介する。

●事例４

８月末に，４年生の学生Ｋが実習させていただいている幼稚園を訪問した。Ｋから渡された指導案には「制作活動 −トンボ」とある。入った年長の保育室は園庭側の出入り口が開け放たれており，片隅のテーブルで数名の子どもたちとＫが何やらハサミを動かしている。

雑木林で虫捕り

「おじさんだれ…」「そとにいこう」「むしとりたのしいよ」出入りする子どもたちが次々に声をかけてくれる。園庭のさらに奥には雑木林があり，子どもたちは花で遊んだり虫捕りをしたり生きいきと遊んでいる。ひとしきり虫捕りに参加した私が保育室に戻ると，子どもたちは図鑑に頭を寄せ，捕った虫やトンボの種類を確かめ，写生している。観察用の記録用紙には「捕った日」「捕った場所」「虫の名前」「捕った人」の記録欄があり，字を書けない子はお友だちに教えてもらったり，書いてもらったりして書き上げている。

そしてまた，外に飛び出していく子がいる一方，トンボ作りのテーブルに参加する子がいる。さすがに年長さん，かなり丁寧な作業をしている。「おじさん，ワイシャツのボタン外してみて」，寄ってきた子がシャツの中に手を入れ，出来上がった美しいトンボを胸につけてくれた。トンボのお腹には磁石がついていてシャツを挟んでつけてくれたのである。とっさに環境領域の「内容（2）物の性質」を思った。帰りの会まで参観し，今日トンボを作ったのは８名ということも知った。もう２〜３日もすると

トンボ作りのテーブル

全員のトンボができるのだろうか。トンボが出来上がった後には，大きな青空の模造紙と，真っ赤な夕焼け空の模造紙の裏から磁石でトンボを動かしながら「トンボのメガネ」の唄を歌うのだろうか。

帰りの会，Kの絵本の読み聞かせを子どもたち全員が集中して聴いている。その後の「今日の活動報告」では「サンショウオ」「ヒマワリ」などトンボ以外の制作物をお友だちに見せている子もいる。

「トンボ作り」をテーマとする活動は恐らく2～3週間の総合的活動なのだろう。見守る保育者のまなざしと，声かけ，環境への働きかけを見ながら，新しい「幼稚園教育要領」などが目指す，子どもたちの「主体的・対話的で深い学びを意識した体験の多様性・関連性」を強く感じた。

2 遊びや活動の拡大と深化に向けて

1人ひとりの子どもの遊びや活動には，それぞれに深化や拡大が見られる。虫捕りも光る泥ダンゴづくりも，1人ひとりの子どもにおいて深化し，また，彼らの友だち関係からはそれぞれの遊びの人的拡大が，集まって遊ぶことからはアイディアの提案による遊び内容の拡大が見られるようになる。そして，新しい「幼稚園教育要領」などに示された「10の姿」がそれぞれの年齢，発達段階において個々の子どもの育ちを見とる「視点」として示されている。そしてこのほかに幼小連携を視野に，「幼児教育において育みたい資質・能力」における「知識・技能の基礎」「思考力・判断力・表現力等の基礎」「学びに向かう力・人間性等」(⇒　第5章p.68，第10章p.137）を，環境・遊びを通した総合的な指導による実践を重ねることで育んでいくことが求められている。

私たち幼児教育に携わる保育者は，カリキュラム作成の段階から，1つひとつの行事や活動の関連性を，その内容において把握し，ばらばらで途切れ途切れの活動とせずに，個々の子どもにおいて活動が総合的に，遊びや体験を通して実現していくことを目指さなくてはならないと考える。カリキュラム作成にあたっては園目標や，卒園までに「こんな子に育ってほしい」という個々の保育者の願いを踏まえ，「幼児期の終わりまでに育ってほしい姿」を卒園までの見通しの軸として，全保育者が心をひとつにする保育が期待される。個々の遊びや活動，集団の遊びや活動，そのどちらもが，卒園までの長期的視野に立つ考え方によってその深化と拡大を期待したいものである。*

*子どもを育てていくうえで大切なことは，長期的な視野をもつということである。1日，1週間，1カ月といった短い期間では育たないものでも，1～2年かければ育つこともある。幼稚園生活の1年間で育てるか，2年間，あるいは3年間で育てるか，保育者同士で話し合い，じっくりと1人ひとりの育ちを支援する保育者になろう。

【参考文献】

教育思想史学会編『教育思想事典』勁草書房，2000

教師養成研究会『教育原理』７訂版，学芸図書，2001

文部科学省『幼稚園教育要領』2017

第8章 環境の構成

〈学習のポイント〉
①幼児にとって環境がもつ意味を考えよう。
②物的環境がもつべき特性とは何かを考えよう。
③人的環境がもつ排他性（独占性）を具体的に理解しよう。
④「望ましい環境」と保育の本質との関連について考えよう。
⑤「望ましい環境」がもつべき特質を理解しよう。

1. 幼児と環境

1 環境へ「投げ込まれる」

ドイツの哲学者・M．ハイデッガー（M.Heidegger）は，「人間は世界の中へ投げ込まれた存在であると同時に，世界に対して投げ返す存在である」（geworfener entwurf, 被投的投企, “Sein und Zeit”「存在と時間」）と語っている。ここで世界・内・存在（In-der-Welt-Sein）という彼の基礎的存在論について詳論しようという意図はまったくなく，そうではなくて「人間と環境」「幼児と環境」の問題を論じていくにあたって，彼の「世界」という言葉に注目することで，その論端としたいと考えているのである。というのは，かりに彼の「世界」という概念を「環境」という言葉に置き換えて考えることが許されるとするなら，われわれ人間（幼児）は，「環境の中に投げ込まれた存在であると同時に，環境に対して投げ返す存在である」と読み換えることができるからである。では，幼児が環境の中へ「投げ込まれた」とか，あるいは環境に対して「投げ返す」という言葉は，一体どういう事態を意味しているのであろうか。

M. ハイデッガー
（1889～1976）

まず，子どもが環境（世界）の中へ投げ込まれているということの意味についてであるが，第一に，そもそも子どもがこの世に生を受けて誕生するということ自体が，世界の中へ，つまり環境（親，家庭，文化）の中へ投げ込まれたという既成の事実として理解することができるのである。言い換えるなら子どもは自分の意志で，自主的に，自ら選んでこの親に，この家庭に，この文化に誕生してくるのでは決してないのである。まさしくそれは世界の中へ投げ込まれたという形で誕生してくるのであるとしかいい表せない事実なのである。

また第二に，幼稚園や保育園，認定こども園に通園している子どもは，その園（環境）に，いわば「投げ込まれた」といい得ないであろうか。子ども自らが選択をし，自己決定をした園に通園しはじめるのではなく，少なくとも子ども自身の側から見れば，園という環境の中へ受動的に「投げ込まれ」て通園し始めたのだと理解すべきであろう。子ども自身が園を選ぶことはできない（いうまでもなく親には選択権があるのだが）し，担任の先生を選ぶこともできないのである。どういう園に通園するのか，どんな友だちと出会うのか，またどの先生に受けもってもらうかなどに関しては，幼児はまったく受動的に環境の中へ投げ込まれた存在であるといわざるを得ないのである。

そして第三に，「投げ込まれ」ているということの意味は，幼児が園という環境に「包まれ」ていることとして理解できるのではなかろうか。園の中での１日の生活を想定すれば，登園してから，園庭で遊ぶときにも，室内で設定保育を受けるときにも，それは物理的環境に幼児が「包まれ」ている事態を表しているし，運動会にしても遠足で園外に出るにしても，そこでは友だち，先生，そして環境のすべてがかもし出す「雰囲気」に「包まれ」ていると理解することができる。すなわち「投げ込まれ」ているということの第三の意味は，幼児は物理的環境と同時に精神的環境の中にも「包まれ」ているということだといえるであろう。

ところで「包まれ」ているという言葉の本来的意味は，「住まう」こととして理解することができないであろうか。またそう理解することによって「投げ込まれ」ているという言葉の根本的意味を明らかにすることができるのではないかと考えるのである。通園した幼児たちは「投げ込まれ」た園の中で，朝からの１日の生活が始まる。

ドイツの教育哲学者・O.F.ボルノー（O.F.Bollnow）は，その著『教育的雰囲気』*（“Pädagogische Atmosphäre”）の中で，子どもの気持ちの本質を「朝のような感情」（Morgen das Gefühl）と表現している。これは幼児が朝登園してくるときの気持ちが，明るいのか，暗いのか，泣いて来るのか，笑いながら来るのか，朝という時間的な意味だけでの子どもの気持ちを呼んでいるのではない。そうではなく朝，昼，夜，あるいは子どもの生活全体の本質を「朝のような感情」と呼んでいるのである。言い換えるなら子どもの気持ちの本質を，「さあ，これからだ」「さあ，始めよう」「何から始めようか」という，朝という時間がもつ本質的特質として表現しているのである。

O.F.ボルノー
（1903～1991）

＊邦訳書は，『教育を支えるもの』（森 昭・岡田渥美訳，黎明書房）。

つまり，子どもが生きている時間構造は，未来に対して開かれたあり方なのであり，「さあ，これからだ」という期待と希望と，多少不安がまじりながらも今日を，そして明日を，つまり未来に向かって開かれた生き方をしようとしている姿勢にあるということができる。

もちろん，いうまでもなく，朝登園してくる子どもの気持ちが，快活であるか沈鬱（ちんうつ）であるかということは，その子どものその日１日の生活にとって重大な意味をもっていることはいうまでもない。しかし同時に「泣いた子がもう笑った」ということも，子どもの気持ちの本質であることに間違いないであろう。それほど子どもは朝（Morgen）という時間構造の中に昼夜を問わず生きているのである。つけ加えるなら，子どもから大人になるということは，開いた時間構造が逆に徐々に閉じていくことであるということもできるであろう。言い換えるなら，無限の可能性という形で開かれた時間構造の中に生きている子どもが，大人になるということは，１つひとつの人生設計に結論が出て，未来（可能性）が決定されていくという形で閉じていくことであるということもできるであろう。

2 環境の中に「住まう」

さて，環境の中へ「投げ込まれた」という言葉の本質的意味についてであるが，われわれは上記の論述から，それを環境の中に「住まう」こととして理解できないであろうか。幼児が物理的環境の中，つまり空間の中へ投げ込まれているということは，言い換えるなら自分の居場所があるということ，空間の中に住んでいるということを意味している。あるいは精神的環境，つまり園自体がかもし出す雰囲気の中に自分の居場所があること，「住ま」っているということではなかろうか。このように考えてみるなら，幼児は空間の中と同時に，時間の中に「住んでいる」存在であるといえないであろうか。われわれにとって，とり囲まれた空間の中に住むということは案外素朴に理解できるが，時間の中に住むということはストレートには理解しがたい言葉であろう。

しかし大人になるにつれてわれわれは「時間に追われたり」「焦ったり」逆に「退屈したり」「無駄な時間を過ごしたり」することがあるという事実を考えれば，大人自体，いわば時間から疎外され，「時間の中に住めない」存在ではないかとすらいえないであろうか。

この事実自体が，子どもは「時間の中に住む存在」であることを証明しているのである。ということは「投げ込まれた」という一見，人間の受動的姿勢とも受け止められかねないハイデッガーの存在論的言葉は，「住まう」という人間の主体的，自発的，存在論的態勢として理解することができるのである。言い換えるなら，園児が園に住むことができているかどうかということは，保育の成否にかかわる重大な問題であるといわざるを得ないのである。通園している園に「住む」ことのできない園児の悲しみ，苦しみ，痛み，不安，つらさを思い浮かべるにつけ，園に「住むことのできる」園児の笑顔が，喜びが，そして幸せが念頭に浮かんでくるのである。環境の中に住むことができること，それが１つには空間的環境の中に住むことができること，すなわち，くつろぎ，安らぎ，安心し，信頼しきって自分の居場所をもつことができることを意味し，またもう一方の時間的環境の中に住めるということは，すなわち，せき立てられたりしないこと，ゆったりとできていること，くつろいでいること，そしてもっとも子どもの本質をいい表せる「熱中できる」ことを意味している。退屈しないこと，時間のまったただ中に住みながら取り組む物事に「熱中できること」，快活さや高揚した気分の中で自己活動に熱中できること，これが子どもの気持ちの本質であるといってよいのではなかろうか。R. シュタイナー（R.Steiner）の言を借りれば，「子どもは環境に完全に没頭する」（“Anthroposophische Pädagogik und ihre Voraussetzung”）ことのできる存在なのである。まさしく「さあ, これからだ」という朝のような感情で, 時間の中に住み没頭するのである。

R. シュタイナー
（1861～1925）

3 環境に「投げ返す」

さて，環境の中へ投げ込まれた幼児の存在態勢を「環境の中に住むこと」として考察してきたが，それでは環境に対して投げ返すということは，どのように理解していけばよいであろうか。単純に考えてそれはまず，幼児が環境に対し主体的に働きかけていくこと，もともと環境に興味，関心をもつ存在であること，自己活動的に環境そのものをつくっていく存在であることとして理解できるであろう。

幼児は環境の中に住みながら，ある時はおずおずと，またある時は大胆に環境にかかわろうとし，環境と交わり，そして環境と仲よくしようとし，また時には環境を壊すという形でつくり直していこうとしたりする。言い換えるなら，幼児は「遊び」「楽しみ」「創造」という形で環境に対して働きかけていく存在であるともいえるであろう。

幼児のもつこの自主活動的な側面は，保育者が見守り，受け入れ，援助しつつ，慎重に育てられる必要がある。なぜならば幼児自らが自分の力で主体的に自分の住む世界（環境）をつくりあげていくということは，幼児にとって，さらには保育そのものにとって重大な一面をもっているといわざるを得ないからである。それは積み木１つであったり，ボール１つであったり，チョーク１本，絵の具１つであったりする。大人の目から見れば何げない物品，道具，遊具であっても，子どもの目から見れば，その１つひとつが自らが住む環境をつくり出すかけがえのない宝物なのである。生命のない物質であっても，たとえばそれが紙切れ１枚であろうとも，興味，関心が生み出される強力な根拠たり得るであろうし，ましてやその対象が生命ある草花であったり，動き生きているザリガニや亀であったりすれば，なおさらのことであろう。それらの対象に向けられる幼児のまなざしから，子ども自らの生命力と，興味，関心をもとにして育てられる発見，驚き，創造，喜びなどの芽が吹き出すことはいうまでもないであろう。

ところで幼児が「環境に対して投げ返す」ということの第一の意味は上で述べたことであるが，第二には，環境に対して自己表現をするということ，結論的に

K. ヤスパース
(1883 ～ 1969)

いえば自己の世界を広げていくということ，つまり自己形成をしていくということを意味している。環境に対して投げ返すということは，その場に受動的に入り込んでいるという意味での「住む」ことだけを意味しないで，環境を自己の世界に「取り込んで」いくことと，「わがものとする」（aneignen）（K. ヤスパース，K.Jaspers）こと，自己の体になじませ，自己の体の一部としていくこと，すなわち自己形成していくこととして理解することができる。

幼児は物事に興味をもち，じっと見つめ，おそるおそる，あるいは大胆に手に触れ，さわり，にぎりしめ，時にはそっと手の平に包み込みながら自己の世界を広げていくのである。「自己の世界に取り込む」「わがものとする」ということは，とりわけ幼児の遊びという象徴的な形をとりながら，「飲む」「食べる」などの言葉で端的に表現されている。砂場で遊ぶ幼児が泥ダンゴを食べ，泥水がジュースになったり，お茶になったりする。まさしく本来は食べることのできない物質を自分の体の中に取り込んでいるのである。環境に対して働きかけるということは，環境と仲よくしようとすること，環境を自分の体の一部としようとすること，「わがものとする」ことを意味しているのである。

環境に対して投げ返すということをわれわれは，子どもから環境へという一方向的な自発活動としてのみ理解しがちであるが，その実，環境へという方向と同時に，環境から幼児が獲得するという環境から幼児へという相互通行的な営みとして理解されねばならないのである。環境に対して自分の世界を，あるいは自己を表現していくという幼児の自発的活動は，同時に環境を自分の体の一部として取り込み，いわば消化していき，自己形成する主体的な営みとしても理解されなければならないのである。「幼稚園教育要領」の「環境」のところで述べられた，「周囲のさまざまな環境に好奇心や探究心をもってかかわり，それらを生活に取り入れていこうとする力を養う」の言葉は，この意味でのみ，その真意を理解することができるのである。４～５歳の幼児が遊具を取り合い（わがものとしようとして）けんかをしながら，やがて一緒に使用したり，順番に使用したりするルールを身につける（わがものとする）姿を想定しただけでも，環境を「わがものにし」ようとする幼児の根源的態勢を理解することができるのである。それらは見方を換えれば幼児が自己形成していくプロセス以外の何ものでもないであろう。「生活の中に取り入れていこうとする力を養う」という「要領」の言葉は，環境を「消化して自分の体の一部とするという意味での自己形成力を養う」と言い換えてもよいのではなかろうか。

私は幼稚園や保育園を訪問するとき，まず第一にその空間を見る。それは園の設立場所，すなわち市街地なのか丘陵地なのか，田園地帯なのか，森の中なのかなどなど。そして中に入ると園の建物全体，設計主旨，園庭の場所と広さ，園庭の畑や小川，先生の部屋，事務室など。そしてそれから各保育室に入ると，その広さ，窓の設定空間，遊具の置き場所と種類，そして園児たちの椅子，あるいは壁面構成などなど。いずれも園児たちが住んでいる空間的場をまず見学するのである。

と同時に私は園の中を流れている「時間」を見る。時計を見るのではない。ゆったりとした時が流れているのか，せかせかした時が流れているのか，安らぎ，くつろぎ，あるいは熱中し高揚した熱い時が流れているのか，逆にピリピリと張りつめた，息のつまりそうなぎゅうぎゅうづめの時が流れているかなど，子どもたちが「住んで」いる時間を見るのである。それは何時何分という時計で計れる客観的時間ではなく，園全体にかもし出される雰囲気の中に，私自身が感じとれる主観的時間といえるかもしれない。いずれにしても，園という空間と時間の中に住んでいる子どもたちを見学するのである。

空間自体に住めていない子ども，つまり自分の居場所のない子どもに出会うこともあれば，１人っきりで積み木に熱中し，時間の中にしっかりと住みついている子どもに出会うこともあるし，園庭で数人が快活さと喜びの中でワイワイと走りまわりながら，空間と時間のまっただ中に住んでいる姿に出会うこともある。われわれ大人は，園児たちが空間的に安心し，安らって住むことのできる園を創造していかなければならないということができる，と同時に期待の喜ばしさの中で時間的に住むことのできる園を創造していかなければならないということができるのである。

2. 物的環境と人的環境

1「われ－それ」と「われ－なんじ」

もともと幼児にとって，物的環境と人的環境とは峻別された形で存在するわけでは決してないであろう。むしろ，幼児は物的環境も人的環境も渾然一体となった全体的環境の中で生活している，と理解するのがきわめて自然なことであろう。ただし保育の観点に立てば，あるいは保育する側の視点に立って，どうすれば保育が内実豊かに展開できるかを考えるなら，ひとまず物的環境と人的環境との幼児にとっての意味の違いを，別個に考えることから始めるのが妥当というべきであろう。

M. ブーバー（M.Buber）は『孤独と愛』*（“Ich und Du”）の中で，人間の世界に対する２つの根源的態度を，「われ－それ（Ich und Es）」と，「われ－なんじ（Ich

＊邦訳書には，次の２種類がある。『孤独と愛──我と汝の問題──』（野口啓祐訳，創文社），『我と汝』（田口義弘訳,みすず書房）。なお，“Ich und Du” を英訳すれば，“I and you”（わたし - あなた）となり，“Ich und Es” は，“I and it”（わたし - それ）となる。

M. ブーバー
(1878～1965)

und Du)」として説いている。「われ－それ」という態度は，自分自身だけが人間であって，それ以外の物（者）はすべて物質（Es）であるという対し方であり，遊具などの物品はもちろんのこと，仲間であろうと，親であろうと，先生であろうと，自分が利用できる物としての接し方を意味している。「われ－それ」関係で語られる言葉はモノローグ（monolog, monologue，独話的）である。それに対し「われ－なんじ」とは，人間対人間としての接し方，自分にとってかけがえのない他者（Du）と自分とのかかわり方を意味している。「われ－なんじ」関係で語られる言葉はダイヤローグ（dialog, dialogue，対話的）である。

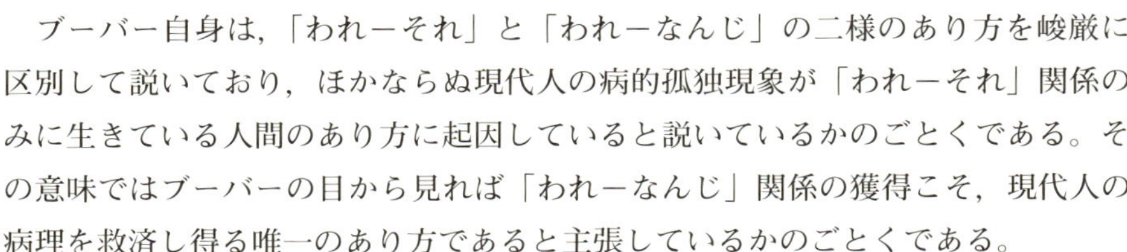

ブーバー自身は，「われ－それ」と「われ－なんじ」の二様のあり方を峻厳に区別して説いており，ほかならぬ現代人の病的孤独現象が「われ－それ」関係のみに生きている人間のあり方に起因していると説いているかのごとくである。その意味ではブーバーの目から見れば「われ－なんじ」関係の獲得こそ，現代人の病理を救済し得る唯一のあり方であると主張しているかのごとくである。

しかしながら，たとえば医学の立場にあっては，患者は数値化され映像化され，手術の対象となる物体として見られると同時に，温かい人間味のある医者であれば，医者と患者が「われ－なんじ」関係をつくり得るように，われわれ人間は世界に対して二様のあり方を同時にとることができると理解することができるのである。逆にいえば，たとえ物（Es）であっても「われ－それ」の関係にとどまらず，同時に自分にとってかけがえのない自分だけの他者に，つまり「われ－なんじ」関係に質的転換，あるいは昇華することもあり得ると考えることができるのである。

繰り返しになるが，幼児は物的環境も人的環境も渾然一体となった全体の中で生活しているのであって，ブーバーの言を借りれば，「われ－それ」関係と「われ－なんじ」関係が幼児にとって峻厳な形で自覚的に区別されているわけでは決してない。むしろ，親への，周囲への依存というまどろんだ自我の世界にあっては，物も人も溶けあって，幼児自身がそこに包まれているのだと理解すべきであろう。

2 興味をひく対象としての物的環境

ところで，幼児にとっての物的環境とは，まず幼児（われ）と物（それ）との関係の世界として理解できるであろう。幼児を取り囲んでいる物的環境のすべてがそう呼べるのであり，幼児は土に，木に，草に，紙に，水に，あるいは遊具などに触れ，にぎり，そして体全体でそれらの物となじみながら遊ぶであろう。その場合の幼児にとっての物的環境は，まず第一に，幼児自身の興味，関心をひくものでなければならないであろう。なぜなら，保育にあたっての幼児の興味，関心の対象とならないものは，物的環境そのものの意味をなし得ないからである。

幼児の周囲にごく自然な形で存在して，まるで物自体の方から幼児の視野に飛び込んでくるかのごとくに幼児が興味，関心をもつということ，これが物的環境のもつべき第一の特質であるというべきであろう。

この物自体の方から幼児の視野に飛び込んでくるということは，幼児の側から見れば好奇心，発見の準備という心的体制が整っていることと言い換えることもできる。この体制をハイデッガーの存在論的カテゴリーで表現するなら，「未だ－無い」（Noch－nicht，M. ハイデッガー，同上）という幼児自身の存在のしかたであるということになる。すなわち興味，関心，好奇心をもつということは，「未だ－無い」という形で対象を探し，求め，渇望しているあり方を意味している。つまり，どうしても欲しくて欲しくてたまらないものが，「未だ－無い」ということである。その意味で幼児にとっての物的環境とは，幼児の心的飢えにぴったりと適合するものであることが望まれる。

しかし，いうまでもなく，この心的飢えは１人ひとりの幼児によってばらばらであり，あらかじめ保育者がそれを完全に見通して保育にとりかかるなどということは不可能である。したがって，せめて保育者にとってできることは保育者自身が幼児のこの心的飢えに，「未だ－無い」という存在様式に絶えず配慮して物的環境を構成することが望まれるのである。

「未だ－無い」ということであるから，あれもこれも，すべての物的環境が幼児のために整備されている必要はない。逆に物的環境はどこか欠落している部分があってもよいのである。もっというなら，幼児の興味，関心，好奇心を引き出すために大切なことは，保育者自身の幼児への絶えざる関心であり，同時に「未だ－無い」という幼児の気持ちを大切に育てることである。そして，その気持ちを育てることのできる言葉がけと，物的環境を準備することである。したがって，その意味での物的環境は，大人の目から見たきらびやかさや精巧さや，また高価さやあでやかさを要求するものではない。素朴であってよい。自然のままであってよい。幼児がありのままに，まるで無意識であるかのごとくに触れようとするほどに手のつけやすいものであってほしい。

園庭の畑で芋堀りをしている幼児が，発見した幼虫（いも虫）に感動し，突然「かぶと虫の幼虫を見つけた」と叫びながら，そっとつまみ，手の平に載せ，大切そうにティッシュペーパーに包んで服のポケットにしまい込むという場面に遭遇したことがあるが，そのときの子どもの発見の喜び，驚きを思い出すと，単なる興味，関心という言葉を超えた，物的環境そのものがもつ幼児の気持ちを引きつける生命力のようなものを感じるのである。言い換えるなら，その幼児にとっての「いも虫」は「それ」（Es）から，すでに「なんじ」「かけがえのない他者」（Du）に昇華しているといっても過言ではないであろう。

物的環境のどれに，どこに幼児が引きつけられるか，何をもってどこで遊ぶかを，あらかじめ保育者が予測することは不可能である。しかし「未(ま)だー無(な)い」という幼児の気持ちに気づくことはできる。あるいは少なくとも気づこうと努力することはできる。

3「秘密の空間」としての物的環境

M.J. ランゲフェルト
(1905～1989)

また第二には，物的環境は，幼児にとって「秘密の空間」(M.J. ランゲフェルト（M.J.Langeveld),“L' endroit secret de la vie de I' enfant.”, Situation 1 , Beiträge zur phänomeno-logischen Psychologie und Psychopathologie) の意味をもつことが大切である。

まったく親に依存した状態の幼児が自立していくにつれて，母子の根源的信頼関係という被包感（ボルノー，Geborgenheit，同上）に包まれた世界から，やがて少しずつ自分だけの空間（環境）を自らつくり出そうとするようになる。それは砂場遊びでの山やトンネルであったり，積み木でつくった「自分だけのお城」であったり，やや長じては文字通り「秘密の空間」「秘密の基地」「隠れ家」などを自分１人だけや，時には数人のグループでつくろうとする。ということは，「秘密の空間」をもつことは，子どもの成長にとって，依存から自立へ，そして仲間との連帯へと移行するためにも重大な意味をもつものであるといわねばならない。

ところがわれわれ大人は，子どもが「秘密」や「隠しごと」をもつことは悪いことだと考えてしまいがちである。とりわけ少子化が叫ばれる現代においては，父も母も自分の子どもの世界の一部始終を知り尽くしているのが理想的な親であると考えがちである。

しかしながら，子どもが親から自立していくにつれて秘密をもつことは，ごく自然な成長の過程であり，逆に秘密を自分のうちにもち得ないことこそ現代に生きる子どもたちの悲劇といわざるを得ないのではなかろうか。夜も昼も白日のもとに心の奥底までさらされ続ける子どもの気持ちは拷問以外の何物でもないであろう。

また，かつて兄弟の数が多かった時代に，目の行き届かない親に隠れて，「秘密」「隠しごと」「内緒」をもって生活しながらたくましい生命力をもつ幼児が育ったということも事実であろう。この意味で，物的環境が「秘密の空間」を幼児自身がつくり出せる素材とならなければならない。言い換えるなら，その物的環境が，幼児がすぐに飽きてしまい，ぷいっと見向きもしなくなるものであってはその意味をまったくなさないことになる。

幼児がいつまでも興味，関心，好奇心をもち続けるその持続性を実現するためには，そこに，簡単には「全貌を把握する」ことのできない「神秘的な部分」が残されていることが大切である。遊具をはじめとする幼児を取り囲む物的環境には知ろうとしても知りにくい，つくろうとしてもつくりにくい，描こうとしても描きにくい，そういった一種のネガティヴな契機が興味の持続性のためにも必須なのではなかろうか。と同時にそのネガティヴな契機があればこそ，やり遂げたときの，成功したときの，効果の上がったときの幼児の喜びはますます大きくなるであろう。物的環境は幼児の知り尽くせないものであってほしいし，「未だ」知って「無い」ところに気づかせる言葉がけのできる保育者であってほしいし，また「未だ－無い」ものを幼児とともに探索できる保育者であってほしいと考えるのである。

4 人的環境の３つの特質

４～５歳の幼児になると，１人遊びと同時に仲間同士での遊びを好むように成長してくる。それは１人遊びに熱中する中で一見止まっているかに見える時間と，１人という閉鎖した空間に，成長するにつれて一種のリズムが育ってくるからだと考えられる。リズムとは，本来は心臓の鼓動をはじめとする身体的なリズムであろうが，依存から自立へと成長するにつれて，それが徐々に精神的なリズムへと，すなわち「みんなと一緒に」「あの子と一緒に」という連帯感，躍動感へと幼児の生活世界が熟してくるのである。もしそうであるのなら物的環境は，この躍動感，連帯感，生命力，リズムを生み出す素材となるものでなければならない。言い換えるなら「相互刺激や共同のしやすい」ものであって，幼児同士の間に同調のリズムが生み出されるものであることが望まれるのである。

幼児が物的環境を媒介にして互いに刺激し合い，協働し合い，泣いたり笑ったり，困ったり，すねてみたりする，どこの園でも見られる園全体の光景がかもし出す雰囲気には，その園特有のリズムが息づいている。逆にリズムが息づいていない沈滞した重苦しい雰囲気の園では，幼児の生命的リズムが破壊されてしまいかねないであろう。

核家族化と少子化の時代にあっては，家族の密着度は高く，地域社会の連帯感が希薄化したこともあって，乳幼児は親との閉鎖的密着的関係の中で生活しがちになる。すなわち，子どもたちが接する大人は親だけに限定されがちであり，ときどき接する祖父母が親以外の大人に局限されてくる。このような幼児にとって園で接する仲間，保育者のもつ人的環境の意義は重大であるといわざるを得ない。

物的環境の，幼児にとってもつ意味の重要性についてはすでに述べてきたが，これらの人的環境はそれに劣らぬ重要な教育的意味をもっているといわねばなるまい。先にブーバーの「われ－なんじ」関係について触れたが，人的環境とは「幼児となんじ（Du：かけがえのない他者）」との対話的関係としてとらえられることができる。

ブーバーの説く「われ－なんじ」関係には，つまり対話的関係には大きく分けて３つの特質があると読みとることができる。それは相互性，直接性，排他性（独占性）である。ブーバーの説を参考にしながら，それぞれについて人的環境との関連で述べるなら，まず人的環境とは相互的に実現されるものであるということである。物的環境が幼児から物へという一方向的であったのに対して，人的環境は私から友だちへ，私から保育者へという方向と同時に友だちから私へ，保育者から私へという相互通行的なものである。この相互通行性はとりわけ４～５歳の幼児の発達にとって重要な教育的意味をもっている。

乳児という，親に全面的に依存し，いわば完全に包まれた状態にあって，親から子どもへと一方向的養育を受けていた子どもが，他者，相手との交流の中で相互的な関係を経験するということは，人間的な成長にとっての，また社会性の発達にとっての萌芽的契機であるといわなければならない。また同時に，自我という枠組みがまだ微弱な乳幼児が，相互交流の中で，他者，相手という他我にぶつかるという体験は，逆にその子ども自身の自我形成となり得る。自我とは，真空的空間の中で形成されるものではなくて，他我（友だちや保育者）との衝突，抵抗を体験する相互関係の中でこそ，初めて浮かび上がってきて形成されるものなのである。

衝突，抵抗とは必ずしも「けんか」を意味していない。そもそも他者（Du）の存在とは自我の意のままにならないもの，自分とは異質なものだからこそ他我なのであり他者なのである。このように考えるなら友だちとの交流があって，また保育者との交流があって初めて自我が形成されるということができる。一般的にいうなら，幼児は人的環境（人間関係）の中でのみ，初めて自我が形成されていくのである。

次いで直接性についてであるが，他者との直接的関係とは身体同士のぶつかり合いであり，手のにぎり合いであり，道具の奪い合いであり，相手を「人間」として初めて体験するのがこの直接性という契機である。幼児は遊びの中で，あるいは保育の中で物的環境に取り囲まれたり交渉したりしながら，その物的環境の中からいわば選別的に「人間」（他者，なんじ）を感じ取り，自分とは違う他者，自分の意のままにならない他者という形で「人間」と直接的に出会う体験をする。

直接性とは，遊具などの物的環境を媒介していないということを意味しているのではなくて，むしろ物的環境の中から突然に，直接的に，選別的に，そして個別的に他者（人間）が浮かび上がってきて出会うという体験を意味している。それは「けんか」をしてぶつかるという体験であってもいいし，わいわいと仲間と手をにぎり合ったり，ぶつかり合ったり，追いっかけっこし合ったりする体験であってもよい。

要するに，それまで無自覚的に接していた人的環境が，他者という意識化された形で幼児の世界に直接的に飛び込んでくるのである。ブーバーの説く直接性の説を幼児の側から見るならば，それは驚きの体験であり，突然性の体験であり，人と人との直接的関係の体験なのである。

さて第三の排他性（独占性）という特質についてであるが，「われ－なんじ」関係は基本的に私とこの人，目の前のこの特定の他者との１対１の関係を意味している。排他性が排他である根拠は「われ」と「なんじ」以外の人を拒絶する態度にあるのではなくて，「なんじ」との関係の「かけがえのなさ」がもつ強さを表しており，その意味での「独占性」なのである。幼児の側からいうなら「私の友だちの○○ちゃん」，「ぼくの友だちの○○ちゃん」であり，「ぼくの先生」「私の先生」という１対１の関係を表している。

この排他性を保育者の側から見れば，私が担任している目の前にいるこの子との１対１の関係を表しているということができる。かりに 20 人の幼児を担任しているとしても，それら子どもを総まとめで「私のクラスの子ども」というひとくくりの総体としての１組の関係ではなくて，１対１の関係が 20 組成立しているということを表している。その意味で，自由保育であろうと設定保育であろうと理想的な保育者とは，絶えず１人ひとりの子どもとの関係，「われ－なんじ」関係を，つまり対話的関係を育てようとする保育者であり，望ましくない保育者とは子どもを幾人担任しようと，私の「子どもたち」というひとくくりの集団と自分とのたった１組の関係しか築き得ない保育者である。

さらに幼児の側からこの事態を見るならば，「ぼくの先生」「私の先生」であると同時に「みんなの先生」であるというのも事実である。しかし逆にいうなら「みんなの先生」だけれども，ほかならない「ぼくの先生」であり「私の先生」であるという「われ－なんじ」関係の萌芽状態としてとらえることができる。そして友だち関係の中にあっても，みんなとともに遊びながらも「ぼくの友だちの○○ちゃん」「私の友だちの○○ちゃん」という関係の萌芽状態ととらえるべきであろう。とりわけ人的環境の中にあってはこの点が重大なのである。「ぼくのもの」「私のもの」とは質的に違う，物質から昇華された，私にとって「かけがえのない人」との対話的関係が構築される原点が，この幼児期の人的環境にあるといってよいであろう。

われわれは幼児にとっての物的環境と人的環境の異同を考察してきたのだが，本節を次の言葉でしめくくりたい。「それ（Es）はさなぎであり，なんじ（Du）は蝶である」（M. ブーバー，同上）。物的環境はさなぎであり，やがては美しい蝶という「なんじ」へと脱皮し，昇華するという事実である。幼児にとっては物が，自分だけの宝物からみんなで使う道具に変身し，やがては自分にとってかけがえのない物，かけがえのない他者へと幼児の発達段階に応じて変化していくのである。もう１度いうなら「いも虫」は幼児にとって物体であると同時に，かけがえのない宝物であり，やがては「さなぎ」になり美しい蝶という「なんじ」に変身し得るのである。そのプロセスは，物的環境と人的環境と遊びや学習の形をとりながら，幼児の内奥で織りなされる，いわば一種の秘儀としてとらえることもできるであろう。

3. 幼児と一緒につくる望ましい環境

1 共働性，連帯性の必要

まず第一に，幼児と「一緒」につくるという共働性，連帯性そのこと自体が望ましい環境構成の第一段階であろう。幼児が保育者の援助，支持，受容を受けながら，喜びの中で主体的に自己自身を表現しながら行われる環境構成は，何にもまさる望ましい環境構成の第一条件である。

しかし，その場合，保育者が幼児と一緒につくる環境とは，子どもの工夫やアイディアやプランがそこに息づいているということが大切だといえる。あちこちの幼稚園の生活発表会や絵画展に行くことがあるが，そこで保育者の意図や作意や指示が感じ取られていやな思いをするときがある。一見，幼児自身の自己活動的な作品成果に見える環境に，大人の目が，保育者の教育的意図があからさまに読み取れてしまうときはとくにそうである。幼児が作成したものか，保育者が作成したものか疑ってしまうことさえある。

「一緒につくる望ましい環境」には，保育者自身の教育信念，あるいは保育者自身の生き方が問われているとさえいってよいほどに，望ましい保育観が要求されている。それは「一緒につくる」ときに，保育者の作意，意図，指示などが見事に隠されていて，一見，幼児自身の作品成果に思われればそれでよいという問題ではない。保育者自身がどこまで幼児を信頼しているか，どこまで深い愛情をもてているか，真の意味で幼児自体を真剣に受容できているかが問われる場が，この「一緒につくる望ましい環境」なのである。

したがって，まずもって大切なことは，幼児との共働，連帯の意味を保育者自身が繰り返し繰り返し自問自答できることである。「どこまで援助していいのか」「ここで手を出していいのか」「幼児にはとうてい無理なことを要求していないか」「この子がもっている本当の天分はどこにあるのだろうか」「どこまで指示してよいのだろうか」などの問いが自問自答され続けなければならないのである。

実際の保育の難しさは，この繰り返されるべき自問自答にあるといえる。「子どもが勝手にするままに放っておく」ことと，「子どもではなく保育者が勝手につくってしまう」ことは，簡単な両極端の逃げ道であり，保育者が陥りがちな危険な方途である。そのどちらかに偏ってしまうことは保育そのものの放棄であるとさえいってよいであろう。保育の難しさ，すなわち保育の本質とは，両極端に偏らず，その両極端の間を絶えず揺れ動くこの自問自答にあるといえる。さらに「一緒につくる望ましい環境」の難しさも，この保育の本質に関わる重大な問題であるといってよい。そして「一緒に」という共働や連帯が真の意味で成功するか否かは，この保育の本質そのものにかかっているといってよいであろう。

2 モデルとしての「全き世界」

さて第二に，乳幼児は「全き世界」（Heile Welt）（O.F. ボルノー，同上）の中に住んでいるということから「望ましい環境」について考察してみたい。

「全き世界」とは，乳幼児が母に対してもつ根源的信頼感，被包感（Geborgenheit）や両親がもつ全能感への信仰に根ざすものであり，傷つくことを知らない，あるいは少々傷つくことがあったとしても自己の力で癒し（heilen），「まったく」元どおりに直してしまう世界を意味している。「泣いた子がもう笑った」という現象も，また疲れた親や保育者が乳幼児の笑顔や寝顔によって逆に癒されることがあるという現象も，この「全き世界」に由来しているといってよい。それはまるで弾んでいるボールのようなもので，ひずみ，へこみが強いほど弾む力は強く，元どおりに直る力が強い，そういった子ども特有の生命力，弾力性を表しているといってよい。この世界はやがては崩壊していく宿命にあるとはいえ，乳幼児がこの「全き世界」の中で人生のスタートを切るということはその子が健全に成長していくための大前提であるというべきである。

「望ましい環境」とはこの「全き世界」をモデルとしたものでなければならない。子どもたちは少しずつ少しずつ，保育者と「一緒」に「全き世界」のモデルを自己の周囲に，保育者との間に，そして自己自身の内面に築き上げていくのである。それは，子どもたちが熱中して１人っきりの場合もあるし，友だちとわいわい言いながらの場合もあるし，保育者を取り囲んで先生と話しながらの場合もあるであろうが，いずれの場合にも，そこに子ども自身が住んでいる内的な「全き世界」というモデルがあって，子どもたちはそのモデルを感じ，模倣し，近づきながら，自らを癒し直す「望ましい環境」をつくっていくのである。

しかし，そのときの「全き世界」とは，完成されたとか，できあがったとか，精巧につくられた世界を意味しているのではなく，上で述べた子どもたちが「くつろぎ，安らぎ」（Geborgenheit），そしてなによりも自己活動，自己表現が率直にできる空間が「望ましい環境」といえるであろう。まさしく「全き世界」とは，子ども自身がボールのように自由に跳んだりはねたりできる空間であるし，けんかして泣こうとも，保育者に叱られてすねようとも，すぐに元の健全な状態を自ら取り戻せる世界なのである。そして，幼児が成長するにつれて，この「全き世界」は少しずつ崩れていくのが自然の姿というべきではあるが，それは「全き世界」に代わる，あるいは「全き世界」をも包み込むさらに大きな愛と信頼の世界を自らの中に築いていけるという，幼児自身の成長過程を表したものというべきであろう。

その意味では１度つくられた「望ましい環境」自体が，完成された，できあがった，固定的な１度きりのものでは決してなくて，さらなる発展，展開を遂げ，律動的に育っていくものだといえるのである。

そして幼児が主体的に環境構成に参加するときには，とりわけ幼児のもつ「疑問」がていねいに育てられなければならない。「あれおかしいな」「なんでだろう」「ここは変だぞ」「どうしたらいいんだろう」といった幼児のもつ疑問の中に,「望ましい環境」をつくる鍵が潜んでいるといってよい。幼児は疑問をもつと, 考え,探し，工夫し，試行錯誤を繰り返す。このプロセスが「望ましい環境」構成のプロセスでもある。

いうまでもなく，この「疑問」を取り上げるのも，引き出すのも，育てるのも保育者の重大な任務である。すなわち環境構成の頂点に保育者はありながら，絶えず幼児の疑問を育てることが大切なのであり，答えをあらかじめ準備しておくことが大切なのではない。幼児自身が自分の中に育ってきた能力を主体的に使用できる場が，この「疑問」を感じる場なのである。「問う」ということは問う対象の中へ自分を投げ入れていくことである。大人が主に頭を使い，思考力によって疑問をもつのに対し，幼児は体全体で疑問を感じとり，体全体で対象とかかわり，その対象の中に入っていくのである。

3 冒険できる環境づくり

最後に「望ましい環境」は幼児が冒険のできるものでなければならない。幼児は冒険心のかたまりであるとさえいってよいほど，自分の能力を試したがる存在である。疑問をもった対象にチャレンジし，全身全霊を込めて対象の中に入っていく。言い換えるなら，これが冒険であろう。その意味で，疑問をもつことと冒険とは同一線上にあるといえる。幼児は疑問や予感のかたまりであり，それが冒険のエネルギーとなるのである。

繰り返しになるが，冒険できるためには幼児にいつでも戻っていけて，くつろぎ安心しきれる「全き世界」が前提とされていなければならない。両親や保育者の深い愛と信頼によって育てられたこの「全き世界」があってこそ，外へ出て，ある時はおそるおそる，おずおずと，また時には大胆に冒険できるのである。幼児にとって，その子なりの冒険ができるかどうかは，その子の成長にとって，かけがえのない意味をもっている。

いずれにしても，好奇心，興味，関心，そして「問うこと」が慎重に育てられなければならないし，「望ましい環境」とは冒険心を育てるものでなければならない。いうまでもなく，それは幼児への安全が細心に配慮なされたうえでのことである。望ましい保育者とは，子どもとともに疑問をもつことができ，子どもと一緒に探索, 冒険できる保育者であろう。「一緒につくる望ましい環境」の意味は，幼児と一緒に冒険できる環境を指しているのである。

「秘密の空間」については先に触れたが, 冒険の中身は「秘密の基地」であり,「隠れ家」であり,「わたしだけのお城」であったりする。幼児と一緒に「秘密の空間」をもつことのできる保育者は理想的であるといえないだろうか。「一緒につくる」とは, 一緒に秘密をもつことでもあろう。保育場面で幼児と保育者がする「内緒話」ほどほほ笑ましい光景はないといえるし，そこに保育の本質的内実が実現されている姿を見て取ることができるといってよいのではなかろうか。

【参考文献】

M.ハイデッガー『有と時』辻村公一訳，河出書房新社，1967

O.F. ボルノー『教育を支えるもの』森 昭・岡田渥美訳，黎明書房，1989

O.F. ボルノー『実存主義克服の問題──新しい被護性』須田秀幸訳，未来社，1969

O.F. ボルノー『時へのかかわり──時間の人間学的考察』森田 孝訳，川島書店，1975

K. ヤスパース『実存開明』哲学 - Ⅱ，草薙正夫・信太正三訳，創文社，1931

入澤宗壽・大志萬準治『哲学的人間学による教育の理論と実際』モナス出版社，1934

M. ブーバー『孤独と愛──我と汝の問題』野口啓祐訳，創文社，1958

M.J. ランゲフェルド講演集『教育と人間の省察』岡田渥美・和田修二監訳，玉川大学出版部，1974

岸井勇雄『幼児教育課程総論』第二版，同文書院，1999

第9章 指導法（保育の方法）

〈学習のポイント〉 ①保育形態にはどのようなものがあり，それは子どもの生活にとって，どのような意味があるのかを具体的な保育形態から知ろう。
②現行の「幼稚園教育要領」「保育所保育指針」「幼保連携型認定こども園教育・保育要領」に示されている内容から，「援助」と「指導」の基本的な関係を理解しよう。
③保育者の援助の中身も多様である。「幼児理解と援助」と「生活，遊びの援助」という２つの側面から，保育者の援助のあり様について考えよう。
④本来，「ティーム保育」とはどのような発想から生まれてきたのか。ある園での実践を通して，ティーム保育の意義と理念について学ぼう。

幼稚園や保育所，認定こども園などにおける「指導法」は，「保育方法」と呼ばれる。

小学校以上の学校教育では，教科の内容，知識，技能をどのように伝えるか，教えるかということが問題にされ，教科の教授，学習の教授法を含めて「指導」と呼んでいるのである。

これに対して幼稚園や保育所などでは，1989（平成元）年*の改訂（定）により，幼児の主体的生活を重視することが示された。また幼保一元化の流れを受けた認定こども園への移行の流れの中で「幼保連携型認定こども園教育・保育要領」も公示され，ここでも幼児の自発性，主体性を重視する方針は踏襲されている。かつて保育内容における「領域」が学校教育の教科と混同された時期があり，知識を伝達することを中心とした保育も多く行われていた。しかしこの改訂により，「環境による教育」「遊びを通しての総合的指導」「一人一人に即した指導」が強調された。この理念は1998（平成10）年，2008（平成20）年，2017（平成29）年の改訂（定）にも踏襲された。

＊文部省『幼稚園教育要領』文部省告示第69号，平成元年3月15日

本来，保育の目的は，幼児の発達を援助することにある。したがって，幼稚園，保育所における「指導」とは，保育の形態，保育者による援助，環境の構成など，すべてを包含したものと考えてよい。そこで，本章では，「保育形態」「指導と援助」「ティーム保育」の３つの視点から，幼稚園，保育所，認定こども園における指導法について述べることにする。

1．保育の形態

1 保育形態の変遷と意味

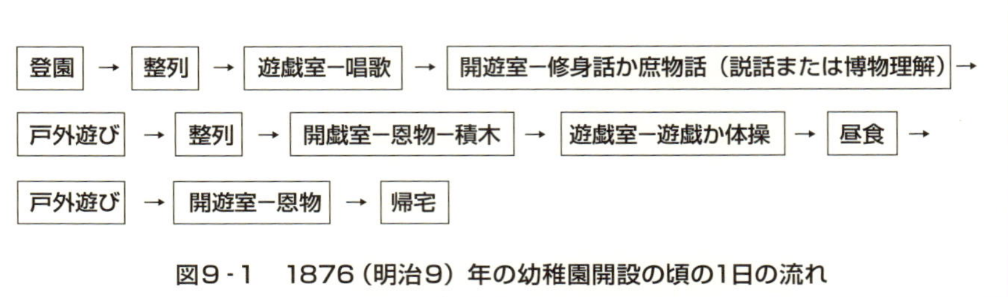

図9-1　1876（明治9）年の幼稚園開設の頃の1日の流れ

登園 → 好きな遊び → 片づけ → 昼食 → 好きな遊び → 片づけ → 降園

図9-2　現在の一般的な幼稚園の1日の流れ

現在の「幼稚園教育要領」「保育所保育指針」「幼保連携型認定こども園教育・保育要領」では,「自発活動としての遊び」を重視し，子どもの主体的な生活を重んじることを基本としている。しかし，1876（明治９）年に日本で初めて開設された東京女子師範学校附属幼稚園では，以下に示したような保育内容が毎日繰り返し行われていた。そこには,「しつけ」に代表されるような明確な教育の目的があったからである。

図９‐１は，1876（明治９）年の幼稚園開設の頃の，保育内容と１日の流れである。保育時間は，現在とほぼ同様の４時間である。その４時間の中で１つの活動が 20 ～ 30 分間で区切られ，保育の内容としては，フレーベル（F.Fröbel）の恩物（Gabe，Gift）を使い，教師中心の一斉保育であった。1899（明治 32）年に「幼稚園保育及設備規程」が制定され，その中では，教師による一方的，押しつけ的な保育を批判し，子どもの生活に即した教育内容であることが指示されている。同時に，自由保育が取り入れられ，子どもの自発性を尊重した保育が行われるようになった。大正時代になると，倉橋惣三による「誘導保育論」が提唱され，自由保育という考えに強い影響を及ぼした。倉橋の「誘導保育論」は,「生活」が中心であり，子ども自身が選択し決定していくことのできる保育方法，保育形態を尊重している。戦後, 1948（昭和 23）年の「保育要領」を経て, 1956（昭和 31）年には,「幼稚園教育要領」が告示され，健康，社会，自然，言語，音楽リズム，絵画製作の６つの領域が示された。この領域は，学校の教科と同じに扱われるという弊害を生んだが，1964（昭和 39）年の改訂でも領域はそのまま残り, 1989（平成元）年に大改訂が行われるまで,「自由か設定か」「自由か一斉か」といった，保育形態に関する論議が絶え間なく起こっていた。

ここでしばしば問題にされた保育形態とは，一般に，子どもと保育者の関係によって創造される保育活動の外観を表すものであり，いわゆる保育方法とは区別されるものである。保育は，集団の状況，個々の子どもの状況によって変化していくものである。したがって，保育方法は固定されるものではなく，同時に，保育形態も多様であり，また，柔軟に変化していくものである。このことから，保育形態を単純に分類することや命名することは難しい。しかし，保育活動を客観的な視点から評価する，保育の流動性を検討するうえでも，保育形態を分類し，共通理解することは意味のあることである。

保育形態を分類するにあたって，市丸*（1969）は，おおまかに，①教師の側からの分類，②子どもの側からの分類，③教育内容の側からの分類の３つに分けるとしている。さらに，詳しく内容を分類して，①の教師の側からの分類を細かく見てみると，「子どもが保育活動の中心になっている場合」「教師が保育活動の中心になっている場合」「教師と子どもが協調して活動している場合」が考えられる。②では「子どもの個別活動が中心をなすもの」「学級あるいは，園全体としてまとまった活動が中心をなすもの」「数人の子どものグループ活動が中心をなすもの」，③では「知識理解の習得を目指すもの」「技術の習得を目指すもの」「鑑賞力の習得を目指すもの」「人的感化を目指すもの」が考えられるとしている。

＊市丸成人「幼児教育の方法」『現代教育原理』亜紀書房，1969

また，森上**（1981）は保育形態を４つの観点から，①活動の人数構成から「個の活動」「グループの活動」「クラス一斉の活動」「園全体の活動」，②活動の自由度から「自由な活動」「設定活動」「教導的活動」，③保育者の働きかけから「自発的」「誘導的」「教導的」，④クラス編制から「年齢別」「縦割り」「横割り」「オープン」と分類している。

＊＊森上史朗『私の実践的保育論』チャイルド本社，1981

どのような保育形態をとるかということは，その園または保育者の保育観，保育理念によるところが大きい。わが国で用いられている保育形態の名称としては，「一斉保育」「自由保育」「設定保育」「コーナー保育」「解体保育」「縦割り保育」「異年齢保育」「オープン保育」などがあげられる。それぞれ代表的な保育形態について，その意味を確かめてみることにする。

（1）一斉保育

一般には，保育者が計画した活動を同一時間内に，同一場所で，同一方法で一斉に経験させる保育形態を指している。また，一斉に保育をするという意味ではあるが，「一斉に保育をする」という活動形態としての意味と，「一斉保育の幼稚園」といわれる保育者中心の保育方法を総称するものとして使われる場合とがある。

実際の保育では，時間，場所，方法のうち，いずれかが欠ける場合もあるが，統制保育と呼ばれる場合もある。

短期間に，集中して何かを伝えるという場合には，有効な保育形態ではあるが，一斉保育中心の場合，子どもが主体的にものを考えるということがなくなり，指示待ちの子どもをつくる恐れがある。１人ひとりの子どもの発達に応じた形態とは言い難い。

(2) 自由保育

自由保育には，基本的には，子どもに自由に活動することをすすめる形態ではあるが，いくつかの解釈がある。

１つは、幼児の自発的活動を尊重した個別的またはグループによる活動形態を指す場合がある。「自由遊び」という言葉が用いられることが多く，子どもが自発的に活動を選び，主体的に展開，継続し，その活動の中断も子どもの意志に任せる。一斉保育に対立する保育形態としての狭義の概念として用いられる。

もう一方は，子どもの興味，関心に基づく自主的，自発的活動中心の保育理念に基づく保育を示す場合がある。自己充実を主体的に図る態度や能力を育てることを目的とした保育であり，場合によっては一斉活動になることもあり，現象のみで区別することはできない。

(3) 設定保育

保育者が一定の指導目標をもって子どもの活動を計画し，設定して行う保育である。一般的には，自由遊びと対立した概念として使われることが多い。幼児期は幼児の自発的活動が中心であることが望ましいとされているが，子どもの興味に基づいて活動が展開されると偏りが出たり，生活全体や人間関係の調和が図れないこともある。そこで，保育者が意図的に活動の内容，場所，展開の方法を決めた方がよい場合がある。

設定保育は全員が同じ活動をする場合が多いので，一斉保育と同じ意味に用いられやすいが，設定保育は必ずしも一斉的な形態をとるとは限らず，ねらいや内容によっては，個人またはグループでの活動となる。一般に，子どもから自然発生的に生まれにくい活動や，知識や技能を身につけさせたい場合，自発活動を意図的な方向で充実させる場合に行われる。

(4) コーナー保育

保育者がある活動を意図あるいは予想して，その活動に適すると考えた場所に必要な材料などを設定した空間を「コーナー」と呼び，こうしたコーナーを数ヵ所設けて保育を行うこと。そこで行う活動によって，造形，絵本，ままごと，劇場などさまざまなコーナーを設定できる。コーナー保育の意義は，活動を展開するために果たす環境の役割を重視することによって，個々の子どもが自ら活動を選び，進めていく自由を保障しようとする点にある。コーナーの設定によって，選択の幅が狭められており，形を変えた「設定保育」という印象がある。したがって，コーナーに入らずに見ている子どもや，保育者の設定とは別に自分たちでコーナーをつくる子どもの存在も認め，日々の記録をとっていくことによって，次のコーナー設定の手がかりにしていく必要がある。

(5) 解体保育

解体保育とは学級全体を解体して行う保育で，同一年齢の幼児による学級集団の枠にこだわらずに，子どもの興味や関心，行動のしかた，友だち関係などから子どもが自由にグループをつくって活動させる方法である。実際には，学級に連絡や所持品の始末をする場所としての機能をもたせ，常に解体の形で保育する場合，ある特定の種類の活動を行う際に限る場合や，ある時期だけ解体する場合，学級でまとまった活動をしていても，ほかの組の子どもでも自由に参加できる場合などがある。

この形態の目標は子どもの活動への興味や意欲を生かし，人間関係を広げるため，集団を年齢の枠ではなく，別の面から等質にしようとすることである。実施に関しては，保育者のチームワークが必要となり，園全体の子どもについて十分理解し，目の届かない幼児をつくらない配慮が必要である。

(6) 縦割り保育

解体保育の一種と考えられ，学級や活動のグループを同一年齢ではなく，異年齢の子どもでまとめてつくる方法である。学級そのものを３歳，４歳，５歳児をもって編制し，固定する場合と，学級は同一年齢でつくり，遊びや活動の種類によって，意図的に異なる年齢の子どもを含む集団をつくる場合，在園児と新入園児の組み合わせをつくって，年長児との接触を図る場合などがある。現在は，兄弟（姉妹）数の減少，地域における子ども同士のつながりの希薄化などから，子どもが自分より年長または年少の子どもと触れ合うことによって学ぶものや形成される態度，子ども間で伝わる文化などが育ちにくいため，施設保育における異年齢集団による活動は大切である。しかし，関係が固定すると，各々の力を十分に発揮する活動ができず，負担になり，退屈することもあることに留意しなければならない。

(7) 混合保育

異年齢による学級編制を指すが，縦割り保育が園内の各年齢の子どもを積極的に１つの学級に含めようとするものである一方，混合保育の場合は，３歳と４歳，４歳と５歳のように，２学年にわたる子どもによる編制である。教育的効果を期待して行うよりも，幼児数，保育者数，保育室の都合により，同一年齢では１学級の編制ができないために行う場合が多い。含まれる子どもの人数比率によって，保育の方法は異なるが，人数に偏りのある場合は多い方に合わせたカリキュラムになるため，他方には負担になったり，物足りないなどの問題も生じやすい。両者に対応できる柔軟な保育計画が求められる。

そのほかにも，オープン保育，統合保育，合同保育と呼ばれる保育形態がある。

2 保育形態は柔軟に

保育形態について見てきてわかるように，「保育形態」と一口にいっても，その内容は多様である。たとえば，「一斉保育」と呼ばれる保育でも，その運用の過程では，一斉であったり，自由であったりする。入園当初の３歳児は，心も不安定である。そのような時期に，「自発活動を重視する」という保育の方針によって，登園してから２時間ないしは３時間，「好きな遊びをする」ということは，３歳児にとっては精神的に負担である。「自発活動中心の保育を園の方針とする」という場合でも，入園初期の３歳児は，少し早めに保育室に集合し，クラス全員の子と一緒に「おやつを食べる」といった活動することによって，「同じことをする」「同じ場所に集まる」「担任の保育者がいる」など，精神的にも安定した場所を得ることができるのである。

この３歳児の例で示したように，年齢や時期によって，１日の中にも，自由な時間，一斉に同じことをする時間，コーナーで遊ぶ時間などが，保育者の考えによってバランスよく配分されていることが必要である。幼児の１日の生活は，さまざまに変化していく。したがって，保育形態もその変化に応じて変化していくものでなければならない。子どもの自主的な活動だけではなく，保育者の意図する活動を取り入れようとするときには，保育内容に合った保育形態によって行われるべきである。「お宅の園は自由保育ですか。設定保育ですか」と質問する場合は，外観としての保育形態だけを問題にしているのである。保育形態によって子どもの育ちの何を援助しようとしているのかという，いわば，保育の内実，中身との関係で論じられる必要がある。

子どもは環境に合わせて生活するといわれている。遊びの継続時間の調査によると，時間が細かく区切られている園では，長時間かけてものをつくることや，ストーリーを伴うようなごっこ遊びは出現しにくい。また，給食主体の園で，食べはじめる時間が毎日一定の場合，お弁当に比べて，その時間が近づくにつれて，

オープンスペースを使った基地づくり

帰りの会はコミュニケーションの大事な時間

遊びが散漫になり，徐々に手の込んだ，いわゆる片づけに時間を要する遊びに取りかかることはなくなる。この例のように，保育形態のあり方は子どもの生活に大きな影響を及ぼすものである。

2. 保育における指導と援助

保育の本質・目的は，子どもの発達を援助することにある。したがって，保育者は，日々の保育の中で，子どもをどう援助するかという課題を常にもって保育に臨んでいる。とくに，「幼稚園教育要領」の改訂において，「発達課題」「発達の特性」を明文化したことにより，保育における「援助」の役割は大きな意味をもつことになった。しかし，保育者の間に，「指導」あるいは「援助」のあり方に関して，共通の意識，共通の理解が得られたとはいえない。たとえば，子どもの遊びの様子を見ながら，「声をかけるべきか」「しばらく，見守るべきか」と迷ったり，あるいは，「声をかけることによって，遊びの内容が変わるのではないか」という戸惑いをほとんどの保育者が経験している。

「幼稚園教育要領」「保育所保育指針」「幼保連携型認定こども園教育・保育要領」では，保育者の役割として，幼児の主体的なかかわりを促すためには，保育者が多様なかかわりをもつことや，活動場面に応じて，適切な指導を行うことを明記している。しかし，どう援助するかという課題と同時に，個々の場面で，保育者の行為に関して，「どのような援助が必要か」という問いは，絶えず行われてきている。

1 指導と援助

保育者が「指導」か「援助」かで迷う１つの原因を小川*(2000) は「『指導』と『援助』の概念が不明確であるために，この種の批判が現場を混乱させている」と指摘している。また，もう１つの原因は，「指導」という言葉のもつイメージに関連する。「指導」という言葉に，教師が一方的に子どもに従わせるというイメージが強いために，保育者の中に「主体性」と「指導」のギャップと「援助」の曖昧さの中で迷いを生じさせる。岸井**(1996) は，「指導」という言葉に関して，「本来，指導というのは，戦後の教育界で使われるようになったものです。それまで，『教授法』といわれたものが『学習指導法』と名を変え，先生が教え授けるというより，子どもの学習を導くのだという考えに立ったのです」と述べたうえで，「指導」とは本来，ガイダンスとしての意味であるが，日本では，「指導」という言葉が，

＊小川博久『保育者援助論』生活ジャーナル社，2000

＊＊岸井勇雄『これからの保育――幸せに生きる力の根を育てる』エイデル社，1996

強者が弱者に自分の考える方向に従わせるととらえられていることを指摘している。

2008（平成 20）年の「幼稚園教育要領」の改訂では，「幼児期の発達の特性を踏まえ」「幼児の生活経験がそれぞれ異なることなどを考慮し，幼児一人一人の特性に応じ，発達の課題に即した指導を行うようにすること」と示され，指導に当たって「発達の課題」「個々の発達の特性」に応じて指導することが明文化された。今回の「幼稚園教育要領」の改訂では，幼稚園教育において育みたい３つの資質・能力を示したうえで，「幼児期の終わりまでに育ってほしい姿」の指導について，以下のように述べている。

「幼児期の終わりまでに育ってほしい姿」（「健康な心と体」「自立心」「協同性」「道徳性・規範意識の芽生え」「社会生活との関わり」「思考力の芽生え」「自然との関わり・生命尊重」「数量や図形、標識や文字などへの関心・感覚」「言葉による伝え合い」「豊かな感性と表現」の 10 項目）は「第２章で示すねらい及び内容に基づく活動全体を通して，資質・能力が育まれている幼稚園終了時の具体的な姿であり，教師が指導を行う際に考慮されるもの」であるとしている。

指導と援助に関して，「幼稚園教育要領」から検討すると，1956（昭和 31）年，1964（昭和 39）年の「幼稚園教育要領」は，指導性を強調したものとなっている。現在の「幼稚園教育要領」「保育所保育指針」「幼保連携型認定こども園教育・保育要領」はこうした点を考慮し，保育者の強制的，抑圧的な保育にならにないように，あくまでも，子どもの自発的な活動を重視するという基本的な姿勢を示している。つまり，保育者の行う援助のすべてを総称して，指導と呼ぶことができる。同時に，小川（2000）がいうように，保育における「指導」は原則として「援助」でなければならない。保育者が「指導計画を立てる」という行為は「幼児理解」のうえに，長期的あるいは短期的に「幼児の行動を予測」し「援助の計画を立てる」という行為である。

2 幼児理解と援助

『幼稚園教育指導書』*にあげられている，保育者の役割は，以下の４点である。

① 幼児を理解する：園での生活を通して幼児の実情を把握する。１人ひとりの幼児の特性や発達課題をとらえる。幼児の内面を理解する。

② 幼児との信頼関係を築く：幼児の意欲，工夫，発見，感動などを受け止め，認め，励ます。

③ 環境を構成する：幼児の生活の流れや生活する姿，発達などに即して，具体的な内容やねらいをとらえる。ねらいを達成するための環境を構成する。

④ 直接的な援助をする：幼児の展開する活動に応じて，必要な助言，承認，指示，

＊文部省『幼稚園教育指導書』フレーベル館，1991

共感，励ましなどの直接的な援助を行う。

この4つの中から，とくに，幼児理解について検討してみる。「幼稚園教育要領」「保育所保育指針」「幼保連携型認定こども園教育・保育要領」では，社会の変化に対して主体的に「生きる力」を育てることを重視し，保育者が選択した活動をすべての幼児が同じように行うという画一的な保育からの転換を求めている。画一的な保育の問題点は，活動の進み具合がみえていても，その過程で，幼児1人ひとりがどのような思いで，どのように感じながらそのことに取り組んでいるのかがわかりにくいことである。保育者の評価も「できた」「できない」あるいは「早い」「遅い」といった外見の評価に陥りやすい。大事なことは，1つの活動を通して，幼児の中にどのようなことが経験されたか，内面に何が起こり，どのような葛藤があり，それをどのように乗り越えたかということを重視した保育でなければならない。いわゆる，結果から評価するのではなく，そのプロセスを大事にしなければならないのである。

保育者の専門性とは，幼児との信頼関係を築き，発達に必要な経験を幼児自ら獲得できるように援助することである。そのためには，第一に，幼児の内面を理解するということが，援助の基本としてあげられる。「保育者の思い」と「子どもの思い」の間にはしばしばズレが生じる。このズレを修正していくのが保育の営みであるといってもよい。保育者の一方的な思い込みではなく，幼児の気持ち・思いに柔軟に対応することが求められる。たとえば，画用紙とクレヨンを持ったまま，なかなか描き出せない子がいる。そのようなとき，「早く描きなさい。時間がなくなるよ」という声をかけるのは，子どもの気持ちに沿った援助といえるだろうか。ウサギ小屋の前にじっと座って，ウサギを見つめている子に，今，声をかける必要があるだろうか。今，描けない子は，もしかすると頭の中で構想を練っているのかもしれない。ウサギ小屋の前で，ウサギに語りかけながら傷ついた気持ちを癒しているのかもしれない。保育者はそうした1人ひとりの思いを受け止めることが必要である。泣いている子に泣いている理由を聞く前に，「泣いている」「悲しい」という事実を保育者が受け止

大勢の友だちと協力してつくる

ときには1人でじっくりと遊ぶ

めることが大事である。

第二に，個の深まりと集団の充実をバランスよく考えて援助することである。1人ひとりのよさと可能性に目を向けると同時に，「集団で育つ」ことを考えなければならない。「安定した気持ちで生活する」ためには，落ち着いた雰囲気の学級経営，ゆったりできる園の雰囲気が必要である。騒々しさの中では，知的な活動は生まれないし，個の充実はあり得ない。幼児同士の刺激が育ち合いの要素となる場合もある。また，保育者がある幼児に声をかける，ほめる，注意をする，叱るといった行為は，その幼児1人に向けられているのではなく，周囲にいるすべての幼児が受け止めているということも忘れてはいけない。ほかの子を強い調子で叱っている保育者を，近くで見ていた幼児が「いつか，ああいうふうに自分も叱られるのではないか」という気持ちになり，登園拒否を起こしたという事例もある。

第三に，保護者との連携である。保育者と保護者の間に信頼関係がない場合，幼児自身が担任の保育者に心を開くことは難しい。あるいは，幼児自身が担任の保育者に信頼を寄せていない場合は，保護者が保育者に不信感をもつことがある。

保育者の姿勢として，保護者の要求や願い，あるいは不満に対して，よく耳を傾けることである。そのうえで，できることとできないこと，お互いに努力することを話し合うことが必要である。その場合，前提として保育を通して幼児をよく理解していることが，保育の専門家として必要である。「うちの子も，よく見てくれている」という安心感が保護者の気持ちにゆとりをもたせる。今は，全般的に保護者の要求が多様になり，保育の現場でも戸惑うことが多いといわれている。保護者を「指導する」という立場ではなく，「相談に乗る」という姿勢が望ましい。

家庭との連携に関して，新しい「幼稚園教育要領」では「幼稚園運営上の留意事項」の中で，「家庭との連携に当たっては，保護者との情報交換の機会を設けたり，保護者と幼児との活動の機会を設けたりなどすることを通じて，保護者の幼児期の教育に関する理解が深まるよう配慮するものとする」と示されている。また，「保育終了後の教育活動の留意事項」の中では，「心理や保健の専門家，地域の子育て経験者等と連携・協働しながら取り組むよう配慮するものとする」とし，より専門的なかかわりについて述べている。

3 生活，遊びを援助する

園における幼児の生活は，おおまかに，自由に遊ぶ時間，保育者の意図的な課題をする時間（絵本，散歩，誕生会，行事など），基本的生活習慣にかかわる時間（食事，排泄，午睡など）に分けることができる。したがって，保育者の援助の中身は，場面によって多様である。

基本的な生活習慣に関する指導･援助は，人間が生活するための文化，社会様式，生活様式に適応できるように積極的に指導していくことを目的としている。さらに，心身ともに健康で健全な発達を遂げることを前提として，身辺の自立を図ることを目的としている。基本的生活習慣とは，食事，排泄，睡眠，清潔，着脱衣を主な項目としている。基本的な生活習慣の基礎のうえに，遊びの充実，課題に取り組む意欲が生まれることは，いうまでもないことである。しかし，保育者のかかわりによって，自尊心が傷ついたり，自信をなくす場合もあるので，基本的生活習慣を身につけていくプロセスには配慮が必要である。生活の流れの中で，楽しく，無理なく，焦らずに身につけていくことを心がけ，幼児が自分でできる喜びを感じることのできる援助でなければならない。

こうした，基本的生活習慣の確立のうえに，幼児の遊びの充実がある。「幼稚園教育要領」「保育所保育指針」「幼保連携型認定こども園教育･保育要領」に「自発的活動としての遊びを重視する」と明記されていることは，とても意義のあることである。

幼児にとって，遊びは生活そのものであり，幼児は自らの意志で環境にかかわることによって，社会生活を営むためのさまざまなことを学習しているのである。乳児のときから，あらゆるものに触れることによって，ものの性質を知る。模倣することによって，生活のしかたを身につけていく。人とかかわることによって，人間関係を学ぶなどである。しかし，園内において，ただ，「遊びなさい」と手を離しても，幼児は遊ぶことはできない。そこには，遊びだしたくなるような環境，遊びに必要な環境の構成が必要である。

ある園で，「遊ぶことから，遊び込む幼児の姿」という研究が行われた。保育者の願いとして，１つの遊びに取りかかったら，もっと深くその遊びに没頭してほしい，発展させてほしいという気持ちが起きる。一見，たわいなく遊ぶ幼児の内面には，さまざまな葛藤，喜びがある。保育者の意識として，「遊んでいるから」よしとするのと，「もっと深まりはないか」と思ってかかわるのとでは，大きな違いがある。保育者自身がその遊びに興味･関心をもつことが必要であろう。また，「友だちと遊んでいる」という姿にも，幼児なりの葛藤があることを見極めなければならない。本当はもっと違う遊びをしたいけれど，友だちに嫌われるから従っている場合や，自分がリーダーシップをとって満足して遊んでいる場合がある。保育者は，そうしたことも見極める「目」をもたなければならない。

保育者によっては，幼児が何かをつくると，「お店にしないの？」「売らないの？」と，初めから「遊びを発展させる」という姿勢でかかわる場合があるが，そうした結果よりも，１つひとつのことに充実してかかわれるように助言し，援助することが必要である。そのうえで，新たな展開のきっかけを見逃さないようにすることである。しかし，すでに触れたように，細切れの保育時間ではなく，遊びを通して充実感を味わえる十分な時間が必要であり，使うものや場所にできるだけ規制が少ないことが望まれる。

このように，援助の内容は奥深いものである。生活の場面，遊びの場面で，どのように幼児にかかわるかということが常に問われなければならない。

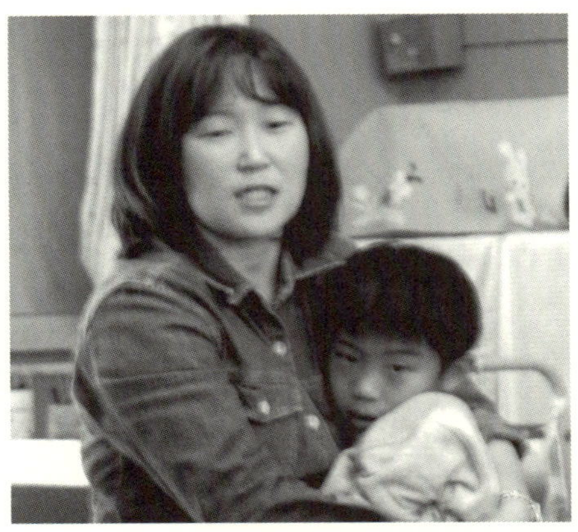
悲しいときは，しっかり受け止める

3人の遊びは，朝のジャングルジムでの，自転車遊びから始まり，保育室，ジャングルジム，園庭と動きながら進んでいる。最初の自転車遊びは,「学校ごっこ」をするにあたって，友だち同士で意志を確かめ合っているようにみえた。年長児

●事例：学校ごっこ（女児・5歳）

外で遊んでいた女児3人が，保育室に戻り「ランドセル」「学校ごっこするの」と言いながら，画用紙を素材にしてつくったランドセルを背負い，絵本，棚，台所セットで区切られたスペースの中で学校ごっこを始めた。ランドセルは5個あり，男児用は2個，女児用は3個あった。「男の子はあまり遊ばないから，ランドセル2つなの」とH子は観察者に説明する。

テーブル（机），椅子を並べ，「自分の椅子を持ってこよう」と言いながら，自分の椅子を持ってきて並べる。B子が「もうすぐ，学校の時間よ」と声をかけると，筆箱と手づくりの自由帳を取り出し，漢字の勉強が始まった。手づくりの自由帳には，自分の手で「田・川・山・森」などの漢字が書かれていた。「消しゴム借りたい人，消しゴムありますからね～」「もうすぐ学校が終わる時間よ」「あと5分だけ」といったやりとりが行われた。しばらくすると，学校の場所をジャングルジムに移し，さらに，園庭に場所を変えた。園庭に書かれている円の中に寝そべりながら，字を書きはじめる。保育者が来て，「今日は，お外で勉強なんだ」と声をかけると3人がうなずき，B子が「私，英語できるの」と言うと保育者が「I don't know 」と答えながら，「あれ，机はいらないの？」と聞く。最初は「いらない」と答えていたが，結局用意することになり，保育者が椅子を持ってくる。その後，子どもと保育者が一緒に机を運んできて，漢字，英語，算数の手づくりの自由帳を使っての学校ごっこが，片づけの時間まで続けられた。

（記録：昭和女子大学短期大学部初等教育学科1年：川浪香菜子）

の場合, しばしば遊具がこれから一緒に遊ぶ友だちを待つための集合場所になる。最後もまた，ジャングルジムで遊びを終えている点から，３人にとって，ここが基点となっているようである。

この遊びでの保育者の役割は，基本的には，子どもの主体性を重視し，遊びを見守ることにある。節目，節目では声をかけ，幼児がときどき，今していることを報告しに来たときに，相づちを打つことがある。しかし，直接的な援助は少なくても，幼児がどのような活動をしているかは把握している。したがって，３人の幼児が園庭に出たときに，少し間をおいてから，保育者も園庭に出て，前述の事例のようなかかわりをしている。

遊びにおける保育者の援助には，直接的な援助と間接的な援助があり，発達年齢が上になるに連れて, 保育者の直接的な援助は少なくなっていく。その一方で, 遊びや生活の中での人間関係の変化には，とくに留意しなければならない。誰がリーダーかボスかの見極め，幼児同士の力関係などに注意が必要である。

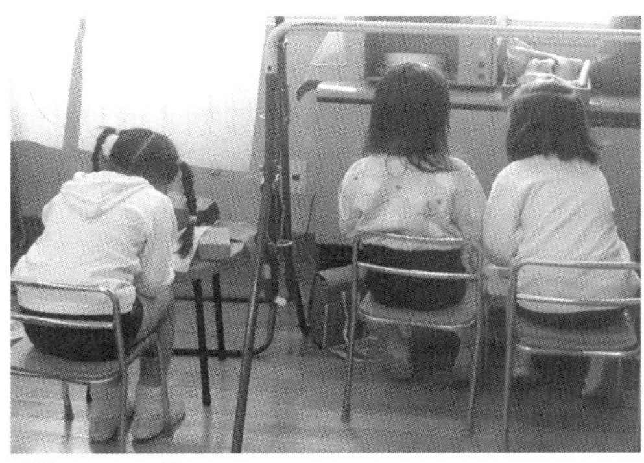
学校ごっこの始まり

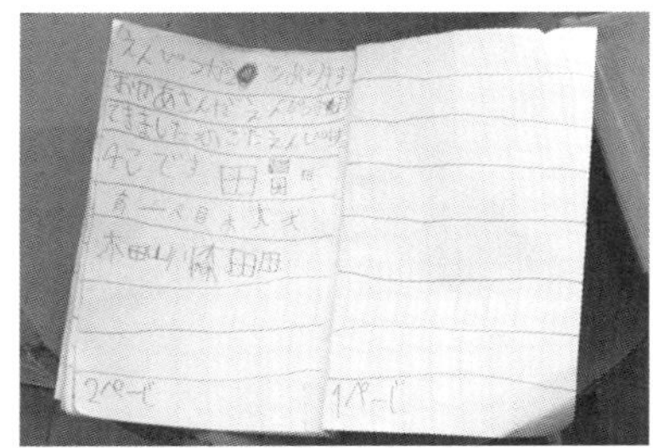
手づくりの自由帳

机と椅子で落ち着いて勉強？

机はいらないの？

3. ティーム保育

1 ティーム保育の意義

ティーム保育とは，１人ひとりの幼児のよさ，可能性を開くために，幼稚園等において複数の教師が共同して保育にあたることをいう。その原点は，1960 年代のアメリカにおけるカリキュラム改革運動にある。この運動は授業形態の可動性，教育工学導入の試みを目指して，ティーム・ティーチングとして提唱されたものである。従来の固定的な１学級・１教師の授業形態に対して，子どもの学習の状況を柔軟に考え，複数の教師からなる授業形態で，小学校教育を中心に広く普及してきたものである。

「幼稚園教育要領」「保育所保育指針」「幼保連携型認定こども園教育･保育要領」の改訂（定）において，保育内容の見直し，充実とともに，幼児１人ひとりのよさと可能性を求めた，よりきめ細かい指導の工夫が求められるようになった。そこで，あらためてティーム保育という形態が注目されることになった。たとえば幼稚園では，個人の活動，グループの活動，学級全体の活動などが多様な形で展開されている。また，自然体験や社会体験が重視される中で，そうした活動を通して，幼児の生活体験を豊かにしようと，園外保育，遠足など，園の外へ出かけることもある。これらの場面では，多くの幼児が広い範囲に散らばり，さまざまな活動が同時に進行することなどが頻繁に生じる。また，学級を超えた幼児同士のかかわりも生まれる。そうした状況を考えるとき，１人の保育者が学級すべてを掌握するという考えから脱して，複数の保育者が共同して保育をすることが求められる。つまり，ティーム保育とは，学級を基本としながらも，その枠を超えた柔軟な指導を実現しようとするものである。

固定的な学級の枠を超えて，幼児期の可塑（かそ）性を大事にしながら，１人ひとりの発達の相違を考慮しながら，よりきめ細かい指導の形態としてティーム保育がある。幼児はかかわる相手に応じてさまざまな側面を見せる。また，同じ姿でも保育者によって受け止め方が異なる場合がある。だからこそ，複数の保育者が保育にあたることは，１人ひとりの幼児のよさや可能性を開くことにつながる。つまり，ティーム保育は，保育者間の協力体制を高めることにより，１人ひとりの幼児にきめ細かい指導をすることを目指している。もちろん，ただ複数で保育にあたるという「形態」に着目するだけでなく，この意図を十分に理解して，保育者同士の連携を密にして実践にあたることが大切である。

幼稚園，保育所，認定こども園における「ティーム保育」は小学校での「ティーム・ティーチング」の理念を生かしながらも，その具体化においては，幼児教育の基本，特性を生かした運用でなければならない。第一に，「幼稚園教育要領」

「保育所保育指針」「幼保連携型認定こども園教育・保育要領」では「自発的遊びを中心とした保育」を基本としている。遊びを中心とした総合的な活動をより発展的な活動にするためには，保育者の見方が固定的にならないことが必要であり，そのためにも，複数の保育者がかかわりをもつことによって，幅広い観点からの指導・援助が求められる。第二に，複数の目で，幼児を理解し，日常の保育の情報を保育者同士が共有することにより，子ども理解が偏ることなく，さまざまな側面から行われることが求められる。

幼児教育の世界では，早い時期から新しい保育の形態として，ティーム保育が保育の場に投入されていたが，あくまで，固定的な「複数担任制」としての意識しか定着せず，とくに，入園初期や３歳児保育にのみ有効な保育形態とされてきた。そのため固定的な学級担任制の職階意識が高くなり，次第に形骸化し，ティーム保育として取り入れる園が少なくなった。しかし，「幼稚園教育要領」「保育所保育指針」「幼保連携型認定こども園教育・保育要領」の改訂（定）によって，新たにその意味が見直されているのである。形だけを取り入れるのではなく，理念を理解し，園の実情にあった運用が期待される。

最後に「幼稚園教育要領」「幼保連携型認定こども園教育・保育要領」の「指導計画の作成上の留意事項」の中で，「幼児の発達に即して主体的・対話的で深い学びが表現されるように」と述べられている。つまり，幼児なりの課題解決能力を身につけようというものであり，将来のアクティブラーニングに向けた基礎を培うものと考えられる。

2 ティーム保育の実践

●K幼稚園の場合

K園では，とくに，「ティーム保育」を提唱しているわけではなく，結果として，保育の形態が，「ティーム保育」の理念を実践していることになる。保育内容は自発活動を中心とするが，園の構造上，広い範囲での保育者の目，かかわりが必要である。さらに，ミルクルーム*，絵本の部屋などが別にある。子どもたちは，そうした環境を縦横に活動する。したがって，園内の保育者は，学級担任のほかに各学年の補助教諭，養護教諭らが，それぞれの場で，どの子がどのような遊びをしていたか，どのような生活をしていたか，誰とか

＊10時から10時半の間に，牛乳を飲む時間がある。自分で遊びに区切りをつけて，飲みにくる。遊戯室の一角にミルクルームとして設けられる。

充実したティーム保育は，「個のかかわり」への余裕も生み出す

母親の保育ボランティアの試み。「絵本の読み聞かせ」もティーム保育の一環

「補助」としてではなく，保育者としての子どもとのかかわりが，幼児理解につながる

遊びの節目に，自由に牛乳を飲む

かわりをもっていたかなどを把握し，必要なときには担任または，園内の保育者に伝える。当然，それぞれの保育者は，園内全員の幼児の名前を覚えている。

もう１つの試みとして，母親による「保育ボランティア」がある。週に１度，母親が帰りの会で絵本の読み聞かせを行う。絵本の内容については，担任の保育者と相談して行うものである。こういった,保護者も保育参加するという試みも,これからのティーム保育の一環として意義あるものと考えたい。

ティーム保育の基本は，すべての幼児をすべての保育者が見ることにある。ティーム保育の効果として考えられることは，①離れた場所にいる幼児も，ほかの保育者がかかわっているという信頼感から，余裕をもって，今，その場の子とかかわることができる。②学級の中で見せることのない幼児の側面をほかのコーナーで見ることができ，偏った幼児理解に陥ることがなくなる。③幼児にとっても１人の保育者だけではなく，多様なかかわりが可能になる。

なお，ティーム保育の実践にあたっては，職員間で十分にその意義を確認し合うことが必要である。形態だけをまねて，「複数担任制」と「ティーム保育」を混同して運用している場合があるので，注意が必要である。とくに，小学校におけるティーム･ティーチングとは，目的が違っていることを認識する必要がある。また，ティーム保育では，担任の保育者への連絡・確認，保育後の話し合い，保育計画の確認等が必要になる。保育にあたる人数の問題ではなく，園全体を，すべての幼児を，園内の職員全員で「見る」という意識が必要である。つまり，ティーム保育は形ではなく，保育者間の気持ちのあり方が大きな比重を占めることになる。

【参考文献】

文部省『幼稚園教育指導書』増補版，フレーベル館，1991

文部省『幼稚園教育指導資料』第１集，フレーベル館，1991

文部省『幼稚園教育指導資料』第４集「人ひとりに応じる指導」フレーベル館，1995

埼玉県教育委員会『教師となって・第一歩　幼稚園』平成 14 年 4 月 1 日，2002

横山文樹『保育者援助に関する予備的考察――指導と援助の狭間の問題――』学苑 734 号，昭和女子大学近代文学研究所，2001

富山大学教育学部附属幼稚園『子どもが主役の園生活――プラン ＆ アイデアの資料集』GAKKEN，1997

『げ・ん・き』No.68，エイデル研究所，2001

【写真および事例】

熊本大学教育学部附属幼稚園

東京都台東区立竹町幼稚園

第10章 評　価

〈学習のポイント〉
①幼稚園，保育所，認定こども園における幼児理解と評価の考え方について学ぼう。
②幼児期にふさわしい生活を展開し，必要な経験を積み重ねていくためには，指導計画はたいへん重要となる。指導計画が適切なものであったかどうか，評価のポイントについて学ぼう。
③幼児をよく理解し，適切な評価に基づいて，保育者自らの保育を反省し，評価し，改善していくことが求められている。保育の環境や援助の基本的な考え方，方法について学ぼう。
④保育実践の適切な評価のための観察方法や評価のしかたについて学ぼう。

1．評価とは

1 評価は日常的なもの

評価というと，何かしらよいもの，悪いものや，できる者，できない者などに区別したり，A・B・Cにランク付けをしたりするようなイメージをもってしまいがちである。しかし，保育の評価は決してそういったものではない。「幼稚園教育要領解説」に「その際，幼児の実態及び幼児を取り巻く状況の変化などに即して指導の過程についての評価を適切に行い，常に指導計画の改善を図ること」とあるように，反省や評価は，園の教育課程の下で，毎日の保育実践すべてに対して行われるものであり，幼児の発達を理解し，よりよい教育が進められているかどうかの反省や評価をするものである。

つまり，保育における評価を，何か特別なものとしてとらえるのではなく，日常の保育の営みの中で繰り広げられる幼児の活動の姿から，子どもたちが何を考え，何を望み，どうしようとしているのかを素早くつかみ，適切な援助を行うことである。そして，その援助が適切だったのか，適切でなかったのか，どうすればよかったのかなどの評価を繰り返していくこと（形成的評価）そのものなのである。たとえば，幼児の1日は，朝の登園から降園まで，幼稚園，保育所，認定こども園の教育目標の下で行なわれる。保育者は，朝登園してくる子どもたちを出迎えながら，子どもの笑顔や顔色，目の輝きや表情，声や言葉，動きなどを観察して，健康状態や調子のよし悪しの評価をする。また，さまざまな遊びの中では，子ども同士の活動や関係の様子を観察し，この時期に必要なふさわしい遊びの体験をしているかどうかを評価する。そして，降園の際においても，幼児の表情や態度などから，充実した1日であったかどうかの評価も行う。

このように，園生活のすべてにおいて，幼児1人ひとりが生きいきと充実した活動をし，望ましい発達を遂げているのかという評価と，幼児の発達に適切な援助ができているのかという，保育者自身の反省や評価を，常に繰り返し行っているのである。

すなわち，保育における評価とは，決して幼児同士を比較し，優劣でランクをつけて評定することではなく，幼稚園，保育所，認定こども園での教育の目的を実現するために，保育が適切に実践されていくように，ごく日常的に行われるものである。

2「何のために」評価が必要か

評価は，それ自体目的ではない。あくまでも教育活動がどのような成果をあげ，またはあげ得ないでいるか，また，その手段・方法についてどのような問題があるのか，といった実態をとらえ，それを価値的に意味づけて反省し，よりよいあり方に改善するためのものである。* このように，幼児の発達の評価は，日々の保育実践の営みの中で，幼児１人ひとりの個性や能力を理解し，現在，教育目標がどの程度達成できているのかという通過点を知り，目標達成のために，保育者の指導や援助は適切であったかという保育者自身の評価を行う。それを踏まえ，より適切な援助のために，指導計画や援助のあり方を修正・改善していくためのものである。いわゆる保育実践から生まれてくる幼児の姿のフィードバックこそ，評価の目的であるといえる。

＊岸井勇雄「幼児教育課程総論」第二版，同文書院，2002

3「何を」評価するのか

（1）幼児期の教育の共通性と評価の観点

2017(平成29)年に「幼稚園教育要領」「保育所保育指針」「幼保連携型認定こども園教育・保育要領」が改訂（定）された。その中でも，大きな特徴として保育所が「幼児教育を行う施設」とされ，幼稚園，保育所，幼保連携型認定こども園の３施設すべてが「幼児教育施設」として位置づけられた。そこで，幼児期の教育において，保育の「何を」評価するのかという問題がある。幼稚園では，学校教育法第22条に規定されている目的を実現するために，第23条に目標（1～5）が掲げられている。保育所では，児童福祉法第39条に目的が規定され，「保育所保育指針」の第１章総則１（2）保育の目標が示されている。そして，幼保連携型認定こども園においては，就学前の子どもに関する教育，保育等の総合的な提供の推進に関する法律（認定こども園法）の第２条第７項に規定する目的および第９条に目標が掲げられ，それに基づいて幼児期にふさわしい生活が展開され，適切な指導が行われるように，指導計画が作成され保育が実践される。評価はその保育実践から指導計画や幼児の姿を通して，「幼児の発達の理解」と「保育者の指導の改善」という両面から行われる。具体的な評価の仕方については，本章の「4．１評価の仕方について」のところで述べるが，幼児の発達の理解に関しては，幼児の生活の実態を理解しているか，幼児の発達する姿を理解しているかなどについて評価を行う。保育者の指導の改善に関しては，指導計画で設定した具体的なねらいや内容が適切であったか，環境の構成が適切であったか，幼児の姿に寄り添って，必要な援助が行われたかなどについて，評価を行うことが必要である。

(2) 幼児期の教育の評価の在り方について

幼児期の教育の評価について，2016（平成28）年12月の中央教育審議会の答申では「幼児期にふさわしい評価の在り方について」として「幼児一人一人のよさや可能性を評価するこれまでの幼児教育における評価の考え方は維持しつつ，評価の視点として，幼稚園教育要領等に示す各領域のねらいのほか，５歳児については，『幼児期の終わりまでに育ってほしい姿』を踏まえた視点を新たに加えることとする。その際，他の幼児との比較や一定の基準に対する達成度についての評価によって捉えるものでないことに留意するようにする。」としている。今回の改訂（定）で，幼児期において育みたい資質・能力として，３つの柱に整理され，それと並んで「幼児期の終わりまでに育ってほしい姿」として具体的に10の姿に整理された。健康，人間関係，環境，言葉，表現の５領域の内容が５歳児後半にねらいが達成できるように幼児期の終わりまでに育ってほしい姿として３法とも共通に各総則に示されている。

(3) ３つの柱とは

幼児教育において育みたい資質･能力は「３つの柱」に整理されている。「資質･能力」は，幼児期の教育と小学校教育以降の学校教育を通して伸びていくものである。幼児期の教育は，その基礎を培っていくことになる。３法に示されている３つの柱は次の通りである。

① 豊かな体験を通じて，感じたり，気づいたり，分かったり，できるようになったりする「知識及び技能の基礎」
② 気づいたことや，できるようになったことなどを使い，考えたり，試したり，工夫したり，表現したりする「思考力，判断力，表現力等の基礎」
③ 心情，意欲，態度が育つ中で，よりよい生活を営もうとする「学びに向かう力，人間性等」

これらの資質・能力は，「ねらい及び内容に基づく保育活動全体によって育むものである」としている。

(4) 幼児期の終わりまでに育ってほしい姿とは

幼児期の終わりまでに育ってほしい姿「10の姿」は，５領域が10の項目に整理され示されたもので，具体的には３歳児から５歳児の日々の活動を通じて育まれていくものであり，最終的には５歳児後半に育まれるであろうという姿である。10の姿の具体的な内容を次に示す。

① 健康な心と体

「幼稚園（保育所，幼保連携型認定こども園）生活の中で，充実感をもって自分のやりたいことに向かって心と体を十分に働かせ，見通しをもって行動し，自ら健康で安全な生活をつくり出すようになる。」

＜具体的な内容＞

(i) 安定感や解放感をもちつつ，心と体を十分に働かせながら充実感や満足感を持って環境にかかわり行動するようになる。

(ii) 全身を使って活動することを繰り返す中で，体を動かすさまざまな活動に目標をもって立ち向かったり，困難につまずいても気持ちを切り替えて自分なりに乗り越えようとしたりして根気強くやり抜くことで活動意欲を満足させ，自ら体を動かすようになる。

(iii) 適切な活動を選び，体を動かす気持ちよさや自ら体を動かそうとする意欲をもち，いろいろな場面に応じて体の諸部位を十分に動かし進んで運動するようになる。

(iv) さまざまな機会を通して食べ物への興味や関心をもち，皆で食べると美味しく，楽しいという経験を積み重ね，和やかな雰囲気の中で話し合ったり打ち解けたりして親しく進んで食べるようになる。

(v) 健康な生活にかかわりの深い人々に接したり，社会の情報を取り入れたりなどして，自分の健康に対する関心を高め，体を大切にする活動を進んで行い，健康な生活リズムを身につけるようになる。

(vi) 遊びや生活を通して安全についての構えを身につけ，危険な場所，危険な遊び方，災害時などの緊急時の適切な行動の仕方が分かり，安全に気を配り状況に応じて安全な行動がとれるようになる。

(vii) 衣服の着脱，食事，排泄などの生活に必要な活動の必要性が分かり，自分の力で行うために思い巡らしたり判断しようとしたり工夫したりなどして意欲や自信をもって自分でするようになる。

(viii) 園における生活の仕方を身につけ，集団での生活や場の使い方などの状況を予測して準備し片付けたりなどして，自分たちの生活に必要な行動に見通しをもって自立的に取り組むようになる。

② 自立心

「身近な環境に主体的に関わり様々な活動を楽しむ中で，しなければならないことを自覚し，自分の力で行うために考えたり，工夫したりしながら，諦めずにやり遂げることで達成感を味わい，自信をもって行動するようになる。」
<具体的な内容>
(i) 保育者や友だちと共に生活をつくり出す喜びを見出し，自分の力で行うために思い巡らしなどして自分でしなければならないことを自覚して行うようになる。
(ii) 自己を発揮し活動を楽しむ中で保育者や友だちに認められる体験を重ねることを通して，自分のことは自分で考えて行い，自分でできないことは実現できるように工夫したり，保育者や友だちの助けを借りたりしてくじけずに自分でやり抜くようになる。
(iii) 自分から環境にかかわりいろいろな活動や遊びを生み出す中で，難しいことでも自分なりに考えたり工夫したりして，諦めず自分の力で解決しやり遂げ，満足感や達成感を味わい自らの生活を確立するようになる。
(iv) 家族，友だち，保育者，地域の人々などと親しみ合い，幼児なりに支え合う経験を積み重ね，自分の感情や意志を表現し共感し合いながら，自分のよさや特徴に気づき自信をもって行動するようになる。

③ 協同性

「友達と関わる中で，互いの思いや考えなどを共有し，共通の目的の実現に向けて，考えたり，工夫したり，協力したりし，充実感をもってやり遂げるようになる。」
<具体的な内容>
(i) 友だちと積極的にかかわりさまざまな出来事を共有しながら多様な感情の交流を通して，友だちの異なる思いや考えなどに気づいたり，自己の存在感を感じたりしながら行動するようになる。
(ii) 幼児同士のかかわりが深まる中で互いの思いや考えに気づき，分かるように伝えたり，相手の気持ちを理解して自分の思いの表し方を考えたり，我慢したり，気持ちを切り替えたりなどしながら互いに関心を寄せ，分かり合えるようになる。
(iii) 友だちとのかかわりを通して互いの感じ方や考え方などに気づき，互いのよさが分かり，それに応じたかかわりを通して，学級全体などで楽しみながら一緒に遊びを進めていくようになる。
(iv) 人とともにいる喜びを感じ，学級皆で目的や願いを共有し志向する中で，話し合ったり，取りなしたり，皆の考え方をまとめたり，自分の役割を考えて行動したりするなどして折り合いをつけ問題を解決し，実現に向け個々のよさを発揮し工夫したり，協力したりする楽しさや充実感を味わいながらやり遂げるようになる。

④ 道徳性・規範意識の芽生え

「友達と様々な体験を重ねる中で，してよいことや悪いことが分かり，自分の行動を振り返ったり，友達の気持ちに共感したりし，相手の立場に立って行動するようになる。また，きまりを守る必要性が分かり，自分の気持ちを調整し，友達と折り合いを付けながら，きまりをつくったり，守ったりするようになる。」

＜具体的な内容＞

(i) 他の幼児との葛藤などのさまざまな体験を重ね，してよいことや悪いことが分かり，自分で考えようとする気持ちをもち，思い巡らしたりなどして自分の考えをより適切にしながら行動するようになる。

(ii) 友だちなどの気持ちを理解し，他者の気持ちに共感したり，相手の立場から自分の行動を振り返ったりして，思いやりをもってかかわり相手の気持ちを大切に考えながら行動するようになる。

(iii) 学級の皆と心地よく過ごしたり，より遊びを楽しくしたりするために決まりのあることが分かり，守ったり，必要に応じて作り替えたり，新たに作ったりして考え工夫し守るようになる。

(iv) みんなで使う物が分かり愛着をもち，自他の要求に折り合いをつけ大事に扱うようになる。

(v) 自分の気持ちを調整しながら，友だちと折り合いをつけたり，取りなしたり取りもったりして周囲とのかかわりを深め，決まりを守るようになる。

⑤ 社会生活との関わり

「家族を大切にしようとする気持ちをもつとともに，地域の身近な人と触れ合う中で，人との様々な関わり方に気付き，相手の気持ちを考えて関わり，自分が役に立つ喜びを感じ，地域に親しみをもつようになる。また，幼稚園内外の様々な環境に関わる中で，遊びや生活に必要な情報を取り入れ，情報に基づき判断したり，情報を伝え合ったり，活用したりするなど，情報を役立てながら活動するようになるとともに，公共の施設を大切に利用するなどして，社会とのつながりなどを意識するようになる。」

＜具体的な内容＞

(i) 保護者や祖父母など家族から愛されていることに気づき，自分なりに思い巡らしたり表現したりして，家族を大切にしようとする気持ちをもつようになる。

(ii) 小学生・中学生，高齢者や働く人々など自分の生活に関係の深い地域の人々との触れ合いの中で，自分から親しみの気持ちをもって接し，自分が役に立つ喜びを感じるようになる。

(iii) 四季折々の地域の伝統的な行事などへの参加を通して，自分たちの住む地域のよさを感じ，地域が育んできた文化や生活などの豊かさに気づき，一層親しみを感じるようになる。

(iv) 目的に必要な情報を得て友だち同士で伝え合ったり，活用したり，情報に基づき判断しようとしたりするようになる。

(v) 公共施設を訪れ，それが皆の物であり自分に関係の深い場であることが分かり，大切に利用するようになる。

(vi) 国旗が掲揚されるさまざまな行事への参加や，運動会などの行事において自分で国旗を作ったりして日常生活の中で国旗に接し親しみを感じることにより，日本の国旗や国際理解への意識や思いが芽生えるようになる。

⑥ 思考力の芽生え

「身近な事象に積極的に関わる中で，物の性質や仕組みなどを感じ取ったり，気付いたりし，考えたり，予想したり，工夫したりするなど，多様な関わりを楽しむようになる。また，友達の様々な考えに触れる中で，自分と異なる考えがあることに気付き，自ら判断したり，考え直したりするなど，新しい考えを生み出す喜びを味わいながら，自分の考えをよりよいものにするようになる。」

＜具体的な内容＞

(i) 身近な環境に積極的にかかわり，自分から気づいたり，発見を楽しんだり，考えたり，振り返ったり，それを別の場面で活用したりするようになる。

(ii) さまざまな環境に積極的にかかわる中で，より深い興味を抱き，不思議に思ったことなどを探究するようになる。

(iii) 遊びが深まる中で，多様なかかわりを楽しみ，予想したり，確かめたり，振り返ったりして興味や関心を深めるようになる。

(iv) 友だちなどのさまざまな考えに触れる中で，自己の思いや考えなどを自ら判断しようとしたり考え直したりなどして，新しい思いや考えを生み出す喜びを味わいながらよりよいものにするようになる。

(v) 物との多様なかかわりの中で，物の性質や仕組みについて気づき，思い巡らし物を使いこなすようになる。

(vi) 身近な物や用具などの特性や仕組みを生かしたり，いろいろな予想をしたりし，楽しみながら工夫して使うようになる。

⑦ 自然との関わり・生命尊重

「自然に触れて感動する体験を通して，自然の変化などを感じ取り，好奇心や探究心をもって考え言葉などで表現しながら，身近な事象への関心が高まるとともに，自然への愛情や畏敬の念をもつようになる。また，身近な動植物に心を動かされる中で，生命の不思議さや尊さに気付き，身近な動植物への接し方を考え，命あるものとしていたわり，大切にする気持ちをもって関わるようになる。」

＜具体的な内容＞

(i) 自然に触れて感動する体験を通して，自然の大きさや不思議さなどを感じ，好奇心や探究心をもって，思い巡らし言葉などで表しながら，科学的な視点や，自然への愛情や畏敬の念などをもつようになる。
(ii) 同じものでも季節により変化するものがあることが分かり，変化に応じて遊びや生活を変えるようになる。
(iii) 自然現象を遊びに取り入れたり，自然の不思議さをいろいろな方法で確かめたりして，身近な事象への関心が高まるようになる。
(iv) ともに遊んだり，世話をしたりなどする中で，生き物への愛着を感じ，生命の営みの不思議さや生命の尊さに気づき，生命の素晴らしさに感動して，身近な動植物を命あるものとしていたわり大切にする気持ちをもってかかわるようになる。

⑧ 数量や図形，標識や文字などへの関心・感覚

「遊びや生活の中で，数量や図形，標識や文字などに親しむ体験を重ねたり，標識や文字の役割に気付いたりし，自らの必要感に基づきこれらを活用し，興味や関心，感覚をもつようになる。」
＜具体的な内容＞
(i) 遊びや生活の中で自分たちに関係の深い数量，長短，広さや速さ，図形の特徴などに親しむ体験を重ね，必要感から数えたり，比べたり，組み合わせたりすることを通して，数量・図形等への関心・感覚が高まるようになる。
(ii) 遊びや生活の中で標識や文字が人と人をつなぐ役割をもつことに気づき，読んだり，書いたり，使ったりすることを通して，文字等への関心・感覚が高まるようになる。

⑨ 言葉による伝え合い

「先生（保育士等）や友達と心を通わせる中で，絵本や物語などに親しみながら，豊かな言葉や表現を身に付け，経験したことや考えたことなどを言葉で伝えたり，相手の話を注意して聞いたりし，言葉による伝え合いを楽しむようになる。」
＜具体的な内容＞
(i) 相手の話の内容を注意して聞いて分かったり，自分の思いや考えなどを伝える相手や状況に応じて分かるように話したり，話し合ったりするなどして，考えをまとめ深めるようになり，言葉を通して保育者や友だちと心を通わせるようになる。
(ii) イメージや思い巡らしたりしたことなどを言葉で表現することを通して，遊びや生活の中で文字などが果たす意味や役割，必要性が分かり，必要に応じて具体的な物と対応させて，文字を読んだり，書いたりするようになる。
(iii) 絵本や物語などに親しみ，自分の未知の世界に出会うなどしながら興味をもって聞き，思い巡らすなどの楽しさに浸ることを通して，その言葉のもつ音の美しさや意味の面白さなどを友だちと共有し，必要に応じて言葉による表現を楽しむようになる。

(iv) 園生活を展開する中で，新たな環境との出会いを通して，幼児の持っている言葉が膨らんだり，未知の言葉と出会ったりする中で，新しい言葉や表現に関心が高まり，それらの獲得に楽しさを感じるようになる。

⑩ 豊かな感性と表現

「心を動かす出来事などに触れ感性を働かせる中で，様々な素材の特徴や表現の仕方などに気付き，感じたことや考えたことを自分で表現したり，友達同士で表現する過程を楽しんだりし，表現する喜びを味わい，意欲をもつようになる。」

＜具体的な内容＞

(i) みずみずしい感性を基に，生活の中で美しいものや心を動かす出来事に触れ，思いを膨らませ，さまざまな表現を楽しみ，感じたり考えたりするようになる。

(ii) 遊びや生活の中で感じたことや考えたことなどを音や動きなどで楽しんだり，思いのままにかいたり，つくったり，演じたりなどして表現するようになり，友だちと一緒に工夫して創造的な活動を生み出していくようになる。

(iii) 自分の素朴な表現が保育者や他の幼児に受け止められる経験を積み重ねながら，動きや言葉などで表現したり，演じて遊んだり，友だちと一緒に表現する過程を楽しんだりして，表現する喜びを味わい，表現する意欲が高まるようになる。

(5) 幼児理解に基づく評価

幼児の理解に基づく評価について，「幼稚園教育要領」では第１章総則第４.４に，また「幼保連携型認定こども園教育・保育要領」では第１章総則第２，2.（4）に共通の内容として，以下のように記載されている。

「(1) 指導の過程を振り返りながら幼児の理解を進め，幼児一人一人のよさや可能性などを把握し，指導の改善に生かすようにすること。その際，他の幼児との比較や一定の基準に対する達成度についての評定によって捉えるものではないことに留意すること。(2) 評価の妥当性や信頼性が高められるよう創意工夫を行い，組織的かつ計画的な取組を推進するとともに，次年度又は小学校等にその内容が適切に引き継がれるようにすること。」

また「保育所保育指針」では，第１章総則３（4）保育内容の評価に保育士等の自己評価として，「(ア) 保育士等は，保育の計画や保育の記録を通して，自らの保育実践を振り返り，自己評価することを通して，その専門性の向上や保育実践の改善に努めなければならない。(イ) 保育士等による自己評価に当たっては，子どもの活動内容やその結果だけでなく，子どもの心の育ちや意欲，取り組む過程などにも十分配慮するよう留意すること。(ウ) 保育士等は，自己評価における自らの保育実践の振り返りや職員相互の話し合い等を通じて，専門性の向上及び保育の質の向上のための課題を明確にするとともに，保育所全体の保育の内容に関する認識を深めること。」と示されている。

このようなことから，「幼児期に育みたい資質・能力」（３つの柱）や「幼児期の終わりまでに育ってほしい姿」（10 の姿）の評価は，１人ひとりの幼児の発達を十分理解することを基本として，他の幼児との比較をしたり，基準を設けてその達成度を評価したりするのではないということ。また，それらはけっして到達目標ではなく，あくまでも幼児期の教育の方向性であり，ある程度できるであろうという姿であるということ，である。したがって，保育者は，１人ひとりの幼児の発達の通過点や幼児のよさや可能性などを把握し評価をすることが重要である。

2. 幼児の発達の理解は適切であったか

1 幼児の理解とは

幼児を理解することが，保育の出発点といわれるように，幼児の生活の実態や発達を理解するということは，発達の特徴にとらわれ過ぎて，単に３歳児の発達はこうであるといったように，年齢をひとくくりにして理解したり，発達に関して平均化された物差しで，幼児の発達を比較し理解したりすることではない。日々の生活体験の中で，幼児がいま何に興味や関心をもっているのか，もとうとしているのか，友だちとの関係や遊びの様子はどうなのか，友だちへのいたわりや思いやりの気持ちは変化してきたのかなど，１人ひとりの幼児の発達の変化を，十分に理解することである。ただし，理解できるといっても，幼児のすべてを理解することは不可能である。いまよりも，「さらにわかっていこう」とする姿勢が何よりも大切である。

そのためには，幼稚園，保育所，認定こども園という生活空間の中で，保育者が幼児と生活をともにしながら，１人ひとりが，幼児期にふさわしい生活や経験が得られているのかを，しっかり観察し，理解しようとすることである。そして，表面にあらわれた行動から，内面（何を感じ・どう思っているのか・何がしたいのかなど）を推し量ってみることや，内面に沿って援助していくことが必要である。

幼児の活動をただ何となく眺めていたり，１つのことだけに夢中になり，全体の幼児を見ていなかったり，特定の幼児だけにかかりきりになってしまったりすると，１人ひとりの状況は到底把握できず，適切な援助はできない。

幼児理解のためには，幼児の生活する姿から，その幼児の心の世界を推測し，推測したことをもとに，かかわってみることである。そのかかわりを通して，幼児の反応から新しいことが推測されてくる。その結果，幼児の内面や行動をしっかり理解することができ，幼児が目標の達成に向かって，成長していくための適切な援助が可能になるのである。

2 幼児がプラスの原体験を得たか

「幼稚園教育要領」の「ねらい及び内容」の前文に，「各領域に示すねらいは，幼稚園における生活の全体を通じ，幼児が様々な体験を積み重ねる中で相互に関連をもちながら次第に達成に向かうものであること」とある。

幼稚園で日々繰り広げられるさまざまな生活体験は，幼児の成長発達に非常に重要であり，原体験を生涯にわたる人格形成に大きな影響を与える初期（幼少期の体験）*と考えると，それらの体験は，乳幼児期にとって，そのほとんどが原体験といえる。

*岸井勇雄「子育て小事典」エイデル研究所，2003

たとえば，花壇に種をまき，毎日水をやっていると，土から芽を出し大きく生長し，やがてつぼみができ開花する。幼児は草花の生長過程を体験するとともに，大事に育てた種が，美しい花を咲かせたときの喜びと感動を味わう。また，ウサギ小屋では，餌をやるとおいしそうに食べる様子や，うさぎを捕まえようとしても，動きが速くてなかなか捕まえられないこと，触ったときの毛のふわふわした感触，小屋のにおいなどさまざまな体験（驚きや喜び，成功，失敗，悲しみ，緊張，興奮など）を通して，幼児は心や身体を揺さぶられながら，豊かな感性，思考を育んでいくのである。幼児期のこれらの体験は，まさにこれから大人へと成長していく過程の中で，人間形成に大きな影響を及ぼすプラスの原体験である。これらの多くのプラスの原体験を得ながら，生きる力の基礎となる心情，意欲，態度を身につけ，人間として開花していくのである。

したがって保育者は，幼児１人ひとりが，どのような活動をし，どのような体験をし，どのように変化しているのかを見つめ，さまざまな表現から内面を理解し，それらが，その幼児にとって，本当にプラスの原体験になっているのかをしっかりと観察することが大切である。

また，幼児の悲しい経験や失敗など，たとえマイナスになりそうな原体験であっても，それらをプラスの原体験になっていくように，適切な援助をしていくことが必要である。

すなわち保育者自身が幼児をしっかりと見つめ，理解しようとする姿勢がなければ，幼児がプラスの原体験を得ているかどうかについて，適切に評価し，援助をすることはできないのである。

3. 保育者の指導は適切であったか

1 指導計画は適切であったか

(1) 指導計画の評価とは

指導計画とは，保育実践の３要素といわれる「なに（保育内容·活動）」「いつ（保育時期・時間）」「どのようにして（保育方法・環境構成・手順）」*が目標に沿って明確にされることである。指導計画が適切であったかどうかの評価は，この３要素が，その幼児期にふさわしい保育が展開されるよう計画され，適切な指導がなされたかどうかである。日常の保育は，どのような保育形態をとっても，その指導計画に基づいて実施され，指導計画が適切だったかどうかは，実際に保育を行ったときの指導計画と，幼児の活動とに違いがあったかどうかで判断される。いわゆる「ズレ」があったかどうかである。そして，「ズレ」があった場合，“どこに”，“どのような”，“どうして”「ズレ」が生じたのかについて，保育の３要素に沿って反省や評価をすることが必要である。

＊天田邦子・大森隆子・甲斐仁子「子どもの変化を見る　変化を見つめる保育」ミネルヴァ書房，1999

(2) 指導計画と保育実践

①　園外保育の指導計画

ここに，10 月のＨ幼稚園の園外保育の日案（指導計画案）と反省の記録（事例１）がある。日案や実践の反省をもとに，指導計画が適切なものであったかどうかを考えてみたい。

②　指導計画は適切だったか

園外保育は，当日になり，ほかの公園に行った方がよいということで，計画していた公園を急きょ変更することになった。しかし，変更したにもかかわらず，みどり公園には必要としていた葉っぱがなかったために，再度，落ち葉を探しに大城山に出かけていった。しかし，そこにも拾わせたい葉っぱはなく，その代わりに園には無いとても立派な滑り台があった。子どもたちの気持ちは，すっかり滑り台に向いてしまったため，みんなで遊ぶことになった。

この保育実践は，保育目標を達成するために，適宜，計画を変更しながらすすめられていったもので，保育のそれ自体は，特に問題となるものではない。むしろ，最後の大城山では，保育者が子どもたちに拾わせたかった葉っぱはなかったが，子どもたちの気持ちを満足させるために，子どもたちを自由に滑り台で遊ばせたという判断はよかったのではないか。滑り台を見つけた時の歓声や，早く滑りたくてしかたがない子どもたち，大自然の中で滑りながら大空を飛んでいるような，喜びと興奮に満ちた姿が目に浮かんでくる。

さて，そこで指導計画の適切さという視点から，１歩踏み込んで考えてみたい。１つは，園外保育の当日，予定していた白鳥公園には，保育者が期待している葉っぱが無いだろうということで，急きょ予定していた白鳥公園を取りやめ，みどり公園に変更したことについてはどうだろうか。この計画を考えた時点で，まず対象となる公園へ下見に行き，落ち葉の量や，落ち葉の種類，色づきの状態などを確認したかどうかである。つまり，白鳥公園の状況（環境）をよく把握していて，急きょ取りやめることにしたのかという点である。もし，事前に下見に行っていれば，変更しなくてもよかったかもしれない。また，適当でなければ下見の時点で，すぐにほかの公園へ計画が変更できたのではないだろうか。

２つ目には，変更したみどり公園にも期待した落ち葉がなく，再び別の公園へ

●事例１　H幼稚園4歳児クラス　日案

<table>
<tr><td colspan="2">10月22日（火）</td><td>在籍　21名　出席　21名</td><td>欠　席</td></tr>
<tr><td>目標</td><td colspan="2">園外保育で白鳥公園へ行き，秋の自然に触れ，虫や葉を知って採集をする。</td><td>なし</td></tr>
<tr><td>時　間</td><td>幼児の活動</td><td>指導上の留意点</td><td>準　備</td></tr>
<tr><td>8：30

10：30

10：45

12：20
12：40

13：20
14：00
14：30
15：00</td><td>◎順次登園
・持ちものの整理をする
・着替え
・園庭で自由に遊ぶ
・後片づけをする
◎園庭に並び体操をする
・マラソンをする
・うがい，用便を済ます

◎みどり緑地公園へ向う
・葉，木の実の採集をする
◎給食の準備をする
・給食を食べる
・後片づけをする
◎戸外で自由に遊ぶ
◎縄跳び，乾布摩擦をする
◎降園準備をする
◎順次降園する</td><td>・登園してくる子ども，保護者の方に，大きな声で，元気よく，しっかりとあいさつするように努める。

・マラソンは，子どもたちの走る順番を変えたり，歩かないようにして，一生懸命走れるように工夫する。
・園外保育では，園から出ての自然の中での採集に，子どもたちの心も開放的になるので，ケガに十分気をつけて保育をしていく。また，移動が多いので，しっかりと人数の確認をし，子どもたちそれぞれが平均的に木の葉，実を採集できるように援助していく。</td><td>・出席シール

・スコップ
・自転車

・ビニール袋
・帽子
・スモック

・縄跳びなわ
・タオル</td></tr>
<tr><td>実践の反省</td><td colspan="3">今日は，園外保育で白鳥公園に行く予定だったが，小野のみどり公園の方がよいだろうということで，朝の会で急きょ，みどり公園に変更になった。
みどり公園は，子どもたち，保育者の予想をはるかに超えて，どんぐりがたくさん落ちていた。しかし，作品展づくりに使うための葉っぱは１種類しかなく，なかなかよいものが見つからなかった。その後，松ぼっくり，葉っぱを探しに大城山へ向うと「ここに来たことがある」と大歓声があがった。子どもたちの様子は遊びたい気持ちでいっぱいで，「あ！　すごい滑り台！！」と，どんぐりを持っている手を今にも落としそうになっており，葉っぱの数も少なかったので，みんなで遊ぶことにした。
保育者にとっては，思っていた以上に葉っぱも少なく，残念に思っていたのだが，子どもたちの表情の明るさ，楽しさに，来てよかったと思った。</td></tr>
</table>

変更したことである。やむを得ず，行き先を変更しなければならない場合，十分な注意が必要である。重要なことは，たくさんの小さな子どもたちを動かすのは，大変危険であることの認識である。移動する際の子どもたちの体力的負担，移動の安全，水分補給，トイレの有無や個数，手洗いの水道，休憩できる場所，雨が降った場合の対処，葉っぱ拾いの時間など，しっかりと把握しておくことが必要である。今日の園外保育では，大きな事故はなく，全員無事に幼稚園に帰ることができたが，ひとつ間違えると大きな事故につながることがある。指導計画の修正といっても，十分，慎重に判断しなければならない場合もある。

今回のような場合，事前にいくつかの公園へ下見に行っていたならば，最初から目標が達成できる適切な場所で，保育計画が立てられたと考える。したがって，保育計画のいちばんの問題は，これまでの経験や勘に頼らず，「実際に事前の下見を行って確かめる」のひと言に尽きるのではないだろうか。

保育計画は，実際の保育の中で，幼児の遊びや興味や関心，まわりの環境といったことに対して，臨機応変に対応し，迅速に修正や改善をしていき，常に幼児にとって最善の体験が得られるようにしていくことが求められている。だからこそ，立案に至るまでの保育者の入念な下調べや教材研究，環境構成が非常に重要であることを忘れてはならない。

（3）指導計画の評価のポイント

幼児は毎日の生活や遊びの中で，さまざまな事象に興味や関心をもち，「なぜ」，「どうして」という知的好奇心を駆り立てながら，探究心や豊かな感性を身につけ，また，幼児の主体的な環境とのかかわりを通して，自ら発達に必要な経験を積み重ねながら「生きる力の基礎」を培っていくのである。そのためには，幼稚園，保育所，認定こども園といった幼児教育施設での生活が計画性をもったものでなくてはならない。計画性をもつとは，園での教育の目的を達成していくために，それぞれの幼児の発達の時期に，どのような経験が必要であるかを見通して，１人ひとりの幼児が置かれている実情に合わせ，生活に必要な経験が得られるような指導内容や方法について，仮説を立てることである。その目標達成のための指導計画には，長期計画・中期計画・短期計画があり，反省や評価は，各計画すべてにおいて行うことが必要である。評価のポイントは，以下の通りである。

【年間計画】

その年度の始まりから，年度末の幼児の発達の姿を見通して，１年間の季節の変化や地域性，在籍人数などを十分考慮して立案していくものである。１年間を通して，幼児にどのような体験をさせたかったか，それに沿って計画が立てられたか，また，園の行事や地域との連携，小学校との交流など行事に追われ過ぎなかったかなどの点について反省や評価をする。

【月の指導計画】

年間計画のねらいや内容をもとに，月ごとの指導計画を立案する。その月の季節や気候，環境条件や幼児の発達特徴を考えたねらいや内容で，１カ月の指導計画が立てられていたかどうかの反省や評価をする。

【週の指導計画】

月案よりもさらに具体的な計画になる。月の計画のねらいや内容を，各週でどのように展開していくかを計画する。運動会や発表会が迫っているからといって，その週の毎日が同じ練習ばかりになってしまうような計画ではなかったか，保育者の要求を押しつけ，幼児１人ひとりの個性や発達を無視して，無理やり練習ばかりするような計画を立てていなかったかなどの反省や評価をする。

【日の指導計画】

週の計画のねらいや内容を受けて，幼児が安定した環境のもとで，安全で健康な１日が送れるようにするための時間割であり，日案だけが独立したような活動の羅列であってはならない。日案こそ教育目標を達成するための直接的な活動になる。１日の終わりには，教育目標の流れの中で，幼児の活動と保育者の援助が具体的に計画されていたか，幼児が十分に活動できたかどうかの反省や評価が必要である。

【保育指導案（細案）】

１つの保育活動に対する計画である。たとえば，しゃぼん玉づくりの指導計画や，フィンガーペイント遊びなどの指導計画である。保育の目標や活動の展開，幼児の予測される言葉や動き，保育者の留意点などを記入した指導計画である。１日の保育活動ごとに，指導計画案を立てることが望ましいが，それが難しい場合は，幼児の実態把握や教材研究，環境構成などを綿密に計画・準備し，保育に望むことが必要である。

園内研修や地域の研究会で公開保育などを行う際には，必ず保育活動の指導案を立て保育を行う。保育研究では，その資料をもとに話し合いが行われる。

幼児が生きいきとして活動できていたか，幼児の発達に沿った，ねらいや活動計画であったか，無理な計画ではなかったか，保育者の援助は適切であったか，活動のねらいや目標が達成できたかどうかについて反省や評価を行う。

(4) 反省や評価に基づいた指導計画の改善

「幼稚園教育要領解説」には，「指導計画は１つの仮説であって，実際に展開される生活に応じて常に改善されるもの…」とある。保育実践の反省や評価に基づき，それらが生かされるような，指導計画の改善が常に求められている。毎日の保育実践の中では，そのときどきの幼児へのかかわりや援助のあり方が，すぐに評価され，修正や改善が行われてこそ，現在進行中の遊びや生活に対して，より望ましい援助ができるのである。また，１日の反省や評価から，指導計画と幼児の活動に「ズレ」があった場合，その原因をさぐり，そのズレが，幼児の発達の理解不足なのか，保育内容の材題設定に問題があったのか，保育の環境構成に問題があったのか，援助そのものに問題があったのかなどを十分に吟味し，明日からの保育について，可能な限り指導計画の改善が図れるように検討することが重要である。この修正や改善の繰り返しと積み重ねこそが，さらに，充実した保育を実践していくことにつながっていくのである。

2 環境の構成と活動の展開の評価

(1) 環境を通して行う保育

「幼稚園教育要領」には，幼稚園教育の基本に「幼児期の教育は，生涯にわたる人格形成の基礎を培う重要なものであり，幼稚園教育は，学校教育法に規定する目的及び目標を達成するため，幼児期の特性を踏まえ，環境を通して行うものであることを基本とする。」また「その際，教師は，幼児の主体的な活動が確保されるよう幼児１人ひとりの行動の理解と予想に基づき，計画的に環境を構成しなければならない。この場合において，教師は，幼児と人やものと関わりが重要であることを踏まえ，教材を工夫し，物的・空間的環境を構成しなければならない」とある。「保育所保育指針」においては,保育所保育に関する基本原則に「子どもが自発的・意欲的に関われるような環境を構成し，子どもの主体的な活動や子ども相互の関わりを大切にすること。」とあり,「幼保連携型認定こども園教育・保育要領」では，幼保連携型認定こども園における教育および保育の基本に「認定こども園法第２条第７項に規定する目的及び第９条に掲げる目標を達成するため，乳幼児期全体を通して，その特性及び保護者や地域の実態を踏まえ，環境を通して行うものであることを基本とし，家庭や地域での生活を含めた園児の生活全体が豊かなものとなるように努めなければならない。」とある。このように，幼児期における教育の基本は「環境を通して行う」ことが明示してある。したがって，保育者は常に指導計画や保育実践が，１人ひとりの幼児にとって，ふさわしい環境構成がなされていたかどうかの反省や評価が必要である。

(2) 物的・空間的環境をつくりだす

１つには，意図的，計画的な環境の構成を考えるということである。幼児が興味や関心をもち，積極的に参加し活動する中で，充実感が得られる計画的な“環境構成”を考えることが大切である。

たとえば，事例１の園外保育のように，拾ってきた落ち葉や木の実を使って，制作遊びをする際の環境構成では，幼児が活動しやすい時間帯や活動時間の配分，保育場所，自分が拾ってきた落ち葉をどう使うのか，みんなが出し合って使うのか，１人ひとりで活動するのかグループなのか，絵具や画用紙などの教材や遊具の配置，使用する落ち葉の種類や数量などの構成を考えることが大切である。また，はじめての活動では，保育者が実際にモデルを見せることも環境構成では重要なポイントの１つである。幼児の反応や活動を予測しながら，環境構成の計画を考えることが必要である。

日常の保育室は，幼児が自然や季節の変化に興味や関心をもったり，時間や空間の認知などを理解したりする有効な環境である。たとえば，魚やザリガニやかめの飼育，ヒヤシンスを育てる，また壁にお誕生日のカードやカレンダーを貼りつけるなど，それぞれ目的をもった環境構成を行うことが大切である。そのため保育室の壁や窓の活用も環境構成にかかせないものである。幼児の絵画を貼ったり，子どもたちや保育者が制作した作品を壁面に貼りつけたりして壁面構成をするのもよいだろう。

壁面構成の具体的な内容として，各月や季節，おはなし，行事に関係するものなどさまざまであるが，目標やねらい，幼児の発達を考えて，課題を設定して取り組むことが必要である。たとえば，10月の環境構成によって「秋を楽しむ」というようなねらいを設定し制作する場合，季節感のある題材を選び，季節の変化や動植物に興味や関心がもてるような構成を考えることが大切である。環境構成を手がかりに，話題が発展し，遊びや制作，さらに，実際の体験へと広がっていく中で，さまざまな秋を知り，生活の中で秋を味わっていけるようにしたいものである。また，芋ほりなどの生活経験から，壁面構成へと発展させていくことも，子どもたちの制作意欲をかりたて，豊かな表現活動が期待できるのである。

これらを踏まえて，その月の環境構成がねらいに適したものであったか，幼児はその環境に興味や関心がもてたか，生きいきとした活動の展開になっていったかなどについて，反省や評価をしていくことが必要である。

もう１つの環境構成として，「幼稚園教育要領解説」には「その際，いつも保育者が環境をつくり出すのではなく，幼児もその中にあって必要な状況を生み出すことを踏まえることが大切である」とあるように，いつも保育者が意図的に環境構成をしなくても，その環境と幼児，あるいは幼児同士の相互作用の中から，自主的，主体的な遊びが展開できるということである。たとえば園庭の遊具の配置や種類は変わらなくても，日々の環境がまったく同じではない。雨が降れば園庭には水たまりができ，小さな川もできる。土山も雨あがりであれば非常に滑りやすく，登るのもひと苦労で，すべれば服が泥だらけになってしまう。また，雑草がたくさん生えてきても，あえて刈り取らなければ，そこにバッタやコオロギなども生息するようになる。一生懸命に育てたトマトであっても，なにもしなければいつの間にかカラスに食べられ，悲しい思いの中に自然の厳しさを知る。このように，さまざまな体験を通して，本当の自然のおもしろさや，厳しさに触れるのである。すなわち，保育者が特別に「環境」を用意しなくても，その条件の中で，子どもたちは環境をうまく自分たちのものとし，自ら遊びを見つけ，遊びを工夫したり，創造したりしていく中で，成長していくこともできるのである。意図的，人為的な環境構成をしないこと，これも１つの「環境構成」なのである。

したがって，適切な環境構成であったかどうかの反省や評価は，場所や空間，ものや人，身のまわりに起こる事象，時間などを関連づけて，幼児が具体的なねらいを身につけるために必要な体験が得られるような環境の構成が，どれだけつくり出し得たかについて行うことである。

3 幼児の活動に沿った必要な援助

(1) 保育者の援助とは

活動の展開と保育者の援助について,「幼稚園教育要領」「保育所保育指針」「幼保連携型認定こども園教育・保育要領」の第１章総則に「幼児の行う具体的な活動は，生活の流れの中で様々に変化するものであることに留意し，幼児が望ましい方向に向って自ら活動を展開していくことができるよう必要な援助をすること」とある。満３歳の入園から卒園までの幼児期において，心や身体の発達は，２歳児とは比べものにはならないほど大きな変化が起きる時期である。たくましくなった身体で，長時間でも戸外で遊べるようになり，言葉だけでも，かなり長い話ができるようになったり，読んだ絵本を整った文で話せるようになったりもできる。また，母から離れようとしては，また戻るという行為を繰り返しながら，自立への１歩を踏み出し，集団生活の中では，自分とは違った考えや行動をするほかの存在を知り，その中で，自分を主張していくことを覚えていく。やがて，友だち同士で話し合いをしたり，力を合わせて活動したりしながら，集団として生活する楽しさや喜びを知り，幼児期に必要な心と体をつくりあげていくのである。

しかしながら，この幼児期はそう簡単にいくものではなく，自分の思い通りにはいかないさまざまな壁やハードルを乗り越えながら成長するのである。したがって保育者には，このような幼児が自信を失わないように，自己実現に向かって，すくすくと成長できるように，日々の保育のあらゆる場面を通して，１人ひとりの幼児に適切な援助を与えることが求められるのである。

(2) 援助の評価──実践記録から──

保育者の援助が適切なものであったかどうかについて，U 幼稚園の保育実践から考えてみたい。次の事例は,保育研究のテーマ「健康な心とからだを育てる保育」の実践記録である。子どもたちの活動の中で，心に残る場面をエピソードとして記録し，それを持ち寄り，子どもの姿の理解や保育者の対応について，反省や評価を行い，保育の改善に取り組もうとしたものである。

①　U 幼稚園の保育実践から

●事例２：「３歳児の園生活について」担任　H.K.

【はじめに】

４月に入園した年少組は，初めて集団生活を経験する子どもたちばかりである。まだまだ言葉では相手に上手に思いを伝えられず，１人でぽつんとしていたり，すぐにものの取り合いでけんかになったりすることが多く見られた。年中，年長とは違った独特の世界である３歳児である。この子どもたちが徐々に園生活に慣れ，自分のまわりにいる友だちに目を向け，ぶつかり合いながらも仲を深めていく様子を記録にとってきた。園生活に慣れてくる過程は子どもによってさまざまであるが，今回は友だちとのかかわりが下手ですぐに泣いてしまい，いつも保育者に助けを求めに来ていたＳ夫を中心に取り上げて考えてみることにした。

【エピソード】

Ｎ夫が１人でブロックを使い，車をつくって遊んでいた。Ｓ夫がＮ夫の側に来て残っているブロックを取り出し，何かつくりはじめる。しばらくすると，Ｎ夫が使っているブロックをＳ夫が勝手にいくつか取り，自分のブロックにつなげる。Ｎ夫「いけんわぁね，ぼくが使いよるんじゃけぇ」，Ｓ夫は何も言わず，今度はＮ夫のブロックを取って逃げようする。

Ｎ夫「もう，絶対にあげん」と言いながらＳ夫のブロックを壊す。Ｓ夫「ぼくができん」と泣きながらブロックの上にうつ伏せになりブロックを隠そうとする。Ｎ夫はＳ夫を上からたたいたり，足をひっぱったりする。保育者「ブロックはまだ箱の中にあるんじゃけぇ，２人でやったらいいわぁねぇ」と２人の間に入り，けんかをやめさせるが，Ｎ夫「だって，Ｓ夫が人のを取るんじゃもん」，Ｓ夫「ぼくブロック１人でやるもん」。いろいろ話したが結局，２人ともブロックで遊ぶのをやめてしまった。

【考察】

１人っ子で今まで家では自由におもちゃを使っていたＳ夫にとっては，自分が欲しい物を使えない経験はなかったかもしれない。保育者がいくら人が使っている物を取ることは悪いことだと話しても，なかなか理解してくれなかった。自己中心的な物の見方や感じ方が強く，相手の立場に立って考えることが難しかったのかもしれない。これはＳ夫に限らず，年少の入園当初の子どもたちにはよく見られる。これから集団生活をしていく中で自分がした行動によって相手を困らせたり，自分も楽しく遊べなくなったりするということを少しずつ話していかなければと思った出来事であった。

【まとめ】

入園当初は同じ場所に居ながら，それぞれが別々の遊びをしていることが多かった。年少組もさまざまな体験を通して，１人で過ごすよりも何人かの友だちと一緒にやる方が活動が広がり楽しいということが感じられるようになってきている。入園当初のＳ夫の勝手な行動をとったり，わがままをいったりするのは，３歳児のありのままの姿と思うが，友だちや保育者との触れ合いを通して，相手のことを思いやる気持ちがでてきたり，相手とコミュニケーションをとることによって物事を進めていこうとする姿も見られる。保育者は子ども１人ひとりの思いが出せ，安心して過ごせるような環境を整え，１人ひとりに合った指導をしていくことの大切さを再確認した。今後も子どもの興味を大切にし，１人ひとりの心に寄りそった保育を心がけていきたい。

② 援助のあり方について

保育者の援助が，Ｓ夫・Ｎ夫の活動に対して適切になされたのか，２人の発達の理解や保育者の言葉かけ，態度について考えてみたい。２人のエピソードでの保育者の援助は，以下のとおりである。

・保育者は「ブロックはまだ箱の中にあるんじゃけぇ，2人でやったらいいわぁねぇ」と2人の間に入り，けんかをやめさせる。
・人が使っているものを取ることは悪いことなどいろいろ話した。
・ある程度まで2人のかかわりを観察し，すぐに口だしをしなかった。

これらの保育者の援助は，なんとか２人が仲よくブロック遊びをしてほしいという思いと同時に，このような援助をしていくことによって，やがて集団生活の中で友だちと一緒に遊ぶ楽しさや，譲り合うことの大切さを理解できるようにしたいという意図からであったと思われる。

保育者がはじめのところで述べているＳ夫の様子や，３歳児の発達特徴からみると，Ｓ夫がＮ夫のブロックを取った行為は，Ｎ夫に対してけっして悪意や敵意をもっているのではなく，Ｎ夫がブロックで遊んでいるのを見て，Ｎ夫と友だちになり，一緒にブロックで遊びたい，そんな気持ちでいっぱいだったのではないかと思われる。Ｓ夫は最初，箱の中のブロックで遊びはじめた。やがてＳ夫はまだ箱の中にブロックがあるにもかかわらず，Ｎ夫のブロックを取り，自分のブロックにつないだ。Ｓ夫のこの２つの行為は，Ｎ夫が自分の相手をしてくれるかどうかの“ちょっかい”である。それが最初の行動だけでは，Ｎ夫は何の反応も示してくれなかった。そこで，大胆にもＮ夫の使っているブロックを取ったのである。するとＮ夫は「いけんわぁね，ぼくが使いよるんじゃけぇ」と返してきた。

S夫は“まってました”とばかりに，それがN夫の“相手にする”というサインだと思い込み，N夫のブロックを取って逃げようとしたのである。

このようなS夫の行為は，1人っ子だったS夫が，幼稚園に入り，母親とは違った新しい魅力のある友だちに出会った喜びと，早く誰かと友だちになり，一緒に遊びたいという気持ちの表れではないだろうか。

N夫から「いけない」といわれ，なおさらブロックを取って逃げようとする行動も，自分の気持ちを，まだ言葉だけではうまく表現できないもどかしさの表れといえる。一緒に遊びたいけど，きっかけがつかめない，うずうずとした精一杯のN夫に対する表現ではなかったか。一方のN夫は，まだ，S夫のそんな気持ちを理解できず，最後には思い余って，実力行使になってしまったが，S夫の行為に対して「イヤなことはイヤ」と自分を主張し，仲間の中で，自分を表現することができるようになってきた姿（段階）ととらえられる。したがって，この2人のように，同じ3歳児クラスといっても，1人ひとりの発達する姿には違いがあり，保育者はそれを理解し，それぞれに適切な援助をしていくことが必要になってくる。

保育者は考察のところで，この時期の発達について，「自己中心的な物の見方や感じ方は……S夫に限らず，年少の入園当初の子どもたちにはよく見られる」と述べているように，これから少しずつ他者への関心が高まってくる段階である。また，S夫がN夫のブロックを取る行為に対して，「いくら人が使っているものを取ることは悪いことだと話しても，なかなか理解してくれなかった」と述べている。悪いことは悪いと指導することは当然必要なことである。しかし，現在のS夫にとって，保育者のいっている意味が，本当に理解できる段階にあったかということである。つまり，もう少し2人の発達の姿を的確に理解し，適切な援助があれば，それぞれにちがったかかわりができ，ブロック遊びを放棄させてしまうことなく，2人が一緒に遊べるようになり，友人関係がつくれる方向へと発展させることができたかもしれない。そのようなことをしっかり省察し，2人のエピソードに対して幼児の発達の理解，保育者の指導という面から，もう少し踏み込んだ反省や評価が必要ではないだろうか。

保育者はまとめのところで「最近のクラスの様子について，『友だちや保育者との触れ合いを通して，相手のことを思いやる気持ちや，相手とコミュニケーションをとることによって物事を進めていこうとする姿が見られる』『さまざまな体験を通して，1人で過ごすよりも何人かの友だちと一緒にやる方が，活動が広がり，楽しいということが感じられるようになってきている』」といっているように，日々の保育実践の中で，幼児なりに確実に成長が見られている。そのことは，日々の保育実践の成果であることはいうまでもない。ただ，それに満足することなく，“もっとこうすれば”という気持ちを常に忘れず，保育に臨むことが大切である。

今回のような保育場面での保育者の援助に対して，反省や評価を行う際に必要な内容としては，以下のことが考えられる。

・子どもを十分理解できていたか（性格，行動，幼児をとり巻く環境，発達など）。
・保育者は幼児の話や訴えが理解できていたか。
・保育者のいっていることを幼児が理解できていたか。
・自信をもたせるような働きかけができたか。
・興味や関心，意欲が高まるような援助であったか。
・準備物や配置など，その場の環境構成は配慮されていたか。

4. 適切な評価のために

1 評価の仕方について

評価の仕方について，５歳児クラスの７月第１週の指導計画を例にあげ，「幼児の発達の理解」と「保育者の指導」の面から，どのような観点で評価を行えばよいのかについて述べる。

［ねらい］

・七夕まつりに向けて，いろいろなものに関心をもち，進んで準備をして集いを楽しむ。

［内容］

・笹飾りや案内状を作成して，七夕まつりの集いを楽しみに待つ。
・笹飾り作りを通して色，形，文字に興味をもつ。
・集いで発表する歌や踊りを考えたり，身近なもので楽器をつくったりして演技を工夫する。

１日の保育や週の保育を振り返って，反省や評価を行う場合，具体的には，以下のようなものがあげられる。

（1）幼児の発達の理解

①幼児が何をどのように活動すればよいかが理解できていたか。
②活動に興味をもって，意欲的に取り組んでいたか。
③この活動で，これまでなかった幼児同士の話し合いや協力する姿が見られたか。
④必ずしも設定した活動に参加していない幼児がいても，その幼児の態度や行

動などの意味を幼児の目線でとらえられたか。

(2) 保育者の指導

①指導計画で設定したねらいと内容は適切であったか。

②保育場所やイス・机の配置などの環境構成は適切であったか。

③笹飾りや案内状が楽しくつくれるように，いろいろな材料を準備できたか。

④幼児は保育者が意図した必要な経験を得ることができたか。

⑤星や星座，夜空，神話などに興味をもち，すすんで調べたり見たりできるような，図鑑・絵本などが準備できたか。

⑥幼児の制作活動に対して，いっしょに選んだり，考えを出し合ったりしながら，協力してつくる楽しさが味わえるような援助ができたか。

⑦１人ひとりの表情や興味，活動への取り組みの様子を把握していたか。

⑧幼児の言葉に耳を傾け，いろいろな訴えをきちんと受け止められたか。

以上のように，幼児の活動する姿から，「幼児の発達の理解」と「保育者の指導」の評価が，繰り返されることが重要である。

もう１つ大切なことは，保育全体を振り返り，保育実践をより確かな目で適切に反省，評価していくためには，保育に対して共通理解をしている保育者が，複数で話し合いを行うことである。そのことによって，１人の保育者では見えなかったり，気づかなかったりした幼児の姿，発達する姿などが多角度からとらえられ，より客観的な評価ができる。そして，それは，反省や評価が個人のもので終わらず，園全体のものとなり，今後，短期から長期に及ぶ保育計画の修正や改善へとつながっていくのである。

また，１カ月に１回というように，定期的に事例を持ち寄り，園内で研修会を開いたり，園外の研修会に参加したりして，常に幼児の心身の発達や保育技術の向上に努めることが大切である。

2 適切な評価のための観察記録

評価は，幼稚園，保育所，認定こども園の目標を達成するための保育が展開できているかどうかの点検である。たとえば，宅配便のように，荷物を届ける仕事を例に考えてみよう。

めざす目的地への道順，休憩場所などの計画は明確になっているか，安全に走りつづけられるように，ガソリンやオイルが満たされているか，タイヤがすり減っていないか，ブレーキはしっかりと効くか，バッテリー液やウインドウ液は十分であるのかなど，しっかりと点検されていなければならない。その安全確認のうえに立って，運転者はアクセルを踏むことができるのである。しかし，走行中に何らかの原因で，自動車にトラブルが発生し，スムーズに走行できなくなった場合，素早くそれに対応し，再び目的地に向かって自動車が走行できるようにしなければならない。無事に目的地に着くことができたが，配達の時間が遅れ相手先に多大な迷惑かけたとしよう。会社に戻って，今回の状況をどのように報告すればよいのだろうか。「自動車が途中で止まり，到着時間が遅くなりました。お客様に迷惑をかけました」では報告にはならないし，反省や評価にもなっていない。走行前の点検は，本当に適切であったのか，走行中に何か異常な音や臭いはしなかったか，道順を間違えなかったか，配達計画に無理はなかったかなど，また配達が遅くなったお客様にどのように接したのか，そのときのお客様の様子はどうだったのか，など反省や評価を踏まえた詳しい報告が必要である。そのような報告があってこそ，トラブルの原因が的確につかめ，適切な改善方法がとれるのである。そのためには，走行前・走行中・走行後すべてにおいて，しっかりとした観察を行い，その観察を記録に残しておくことが重要である。

すなわち，保育者は日々の保育実践で，幼児のさまざまな様子をしっかり観察し,記録することが重要である。そしてこの観察記録が,次の保育実践(計画,実践,評価，改善）へとつながっていくためには，曖昧な記憶や憶測ではなく，できる限り事実に基づいた，そのときの状況が具体的にわかる内容の客観的かつ正確な記録であることが望まれる。それらの観察記録は，保護者と共有することになり，教育施設と家庭とが一体となって子どもの学びを支援していくことになるのである。こうした記録は，今後のさまざまな保育計画の貴重な資料となるので，大切に保管しながら活用していきたいものである。

そこで，観察記録のとり方として，次にいくつかの方法をあげておくことにする。記録の方法は，その記録をもとに，保育の反省や評価を行い，保育計画の修正や改善を図っていくためのものであるので，その目的に応じた適切な方法で記録すればよい。

3 いろいろな観察記録の取り方

(1) 行動描写法（逸話記録法）

観察目標である対象について，「いつ」「だれが」「どこで」「どうして」「どんな行動をしたのか」などを，観察したそのままの事実を順序に従って具体的に記述する方法で，事実と解釈を区別して記録する。ただし特徴的な行動だけが記録されやすいので注意が必要である。

(2) 時間見本法

あらかじめ記録する時間を設定しておいて，その時間内に起こった行動のすべてを，できるだけ正確に記録していく方法である。特定の行動の生起回数や，持続時間などを記録する。注意することは，実際に観察された事実と解釈とは，はっきり区別する必要があり，あとで見たときに，事実か，あるいは記録者の主観なのか曖昧にならないようにしたい。

(3) 行動目録法（行動見本法，チェックリスト法）

あらかじめ起ることが予想される行動を一覧表（チェックリスト）にしておき，観察したい特定の行動が現れた場合に，その項目をチェックする方法である。簡単に記録できるが，チェック項目が多いと項目を探すのに時間を要したり，行動を見逃したりするので，正確な観察がむずかしい。また，チェックリスト作成にあたっては，観察したいと思う行動の内容を明確にしておくことが大切である。

(4) 評定尺度法

観察した行動や様子（たとえば，興味や関心，明朗性，積極性，親切さなど）について，評定尺度を用いて点数化し，記録する方法である。この尺度は５段階が便利でよく用いられるが，３段階でも７段階でもよい。注意点としては，観察時に評価項目に沿って，行動や様子を十分観察して評定することである。評定が甘くなったり，厳しくなったりして，一方に偏らないようにし，できれば信頼性を高めるために，数人で記録し評定することも考えたい。

(5) 図示法

環境の空間的な配置とか，人やものの位置，移動の様子などを図で記録する方法である。その方がうまく表現できる場合には，立体的でわかりやすく評価しやすい。

(6) 視聴覚機器による記録法

近年の視聴覚機器の発達はめざましく，性能のよい，軽量で持ち運びの容易なビデオカメラやデジタルカメラが数多く製品化されていることから，それを利用しない手はない。とくに子どもの速い行動や表情，言葉の記録などには最適である。何回も再現でき，行動の分析や保育研究に利用できる。ただ，むやみに子どもにカメラを向けることによって，子どもが意識し，行動が抑制されたり，大げさになったり，ふざけてしまったりすることもある。子どもの自然な姿が記録されるように注意することが必要である。

4 よりよい観察・記録をするために

「おや，こんなことができるようになった」とか，「こんな気持ちや考えがもてるようになった」など，幼児の小さな変化は，保育者の日々の観察があってこそわかるのである。幼児理解の根本は，幼児の言動の１つひとつをしっかりとみつめ，観察しようとする姿勢がもっとも大切である。日常の保育における，観察・記録の一般的なポイントとしては，以下のとおりである。

①保育者の先入観や好き嫌いではなく，できるだけ冷静に客観的に観察し，観察

の観点を設定している場合は，目的に沿ったものをしっかりと観察することが必要である。

②観察とは「よく見る」こと，「よく考えて見る」ことである。ただ漠然と見ているのではなく，幼児の活動を系統立てて見ることが大切である。

③数量化した方が理解しやすい場合は，一定の行動の生起した回数，継続した時間，幼児の行動半径など，単なる印象ではなく数値で表すことも必要である。

④観察の記録は，単に記憶に頼るのではなく，その場でできる場合はその場で，事後ならばできる限り記憶の鮮明なうちに, 速かに記録することである。また，絵や図で記録しておくのも具体的でよい。正確な観察・記録のためには熟練を要するため, 目的に応じた記録を的確にとらえられるような訓練も必要である。

⑤特にビデオなどの機器を使用する場合には，観察されていることを子どもが意識すれば，子どもの言動に影響を及ぼす。自然のままの行動を観察するためには，子どもに意識されないように十分配慮をし，慎重に観察・記録をとることが大切である。

【参考・引用文献】

巷野悟郎他編集代表『保育技術辞典』同文書院，1980
高杉自子編著『幼児の指導と評価』ぎょうせい，1983
小林　一・飯田和也編著『指導計画立案ノート』ひかりのくに，1997
天田邦子・大森隆子・甲斐仁子編著『子どもの変化を見る　変化を見つめる保育』ミネルヴァ書房，1999
宇部短期大学附属藤山幼稚園『健康な心とからだを育てる保育　―エピソードを通して子どもの姿を見つめる―』2000
文部省『幼児理解と評価』チャイルド本社，2002
岸井勇雄『幼児教育課程総論』同文書院，2002
文部省『幼稚園教育要領解説』フレーベル館，2008
中央教育審議会『幼稚園，小学校，中学校，高等学校及び特別支援学校の学習指導要領等改善及び必要な方策等について（答申）』文部科学省，2016
文部科学省『幼児教育部会における審議の取りまとめについて（報告）』2016
無藤隆・汐見稔幸・砂上史子著『ここがポイント！３法令ガイドブック』フレーベル館，2017
文部科学省『幼稚園教育要領』2017
厚生労働省『保育所保育指針』2017
内閣府・文部科学省・厚生労働省『幼保連携型認定こども園教育・保育要領』2017
無藤隆・汐見稔幸編『イラストで読む！幼稚園教育要領、保育所保育指針、幼保連携型認定こども園教育・保育要領はやわかりBOOK』学陽書房，2017

第11章 保育者の役割

〈学習のポイント〉 ①幼児にとって，保育者がどういう存在かを幼児の視点で考えよう。
②教育の本質を踏まえて，幼児に対する保育者の態度・あり方を考えよう。
③保育者が幼児に与えている影響を考えよう。
④そのうえで，具体的な援助のあり方を考えよう。

1. 心のよりどころ

1 幼児にとっての幼稚園，保育所，認定こども園

幼稚園，保育所，認定こども園に入園するまで，子どもは家庭を中心に生活している。家庭は子どもにとって住み慣れたところであり，家族に守られ，安心してのびのび過ごせる場所である。一方，園は子どもにとっては未知で不慣れな場所である。未知な場所は人に期待を抱かせる反面，不安を感じさせ緊張させるものである。入園したばかりの子どもたちは，慣れない環境の中で，どう過ごしたらよいかわからず，どの子も緊張している。もちろん，すぐに慣れて元気に遊び出す子どももいるが，１週間が過ぎても緊張がとれず，送ってきた母親から離れられない子どももいる。あるいは，周囲の様子を見ているばかりで，遊び出せないでいる子どももいるし，保育者の後をついて歩く子どももいる。

このように，初めて園に通うようになった子どもにとっては，初めのうち，園はいまだのびのびと過ごせるような「遊ぶ場所」ではない。そこは，身の置きどころもない，「緊張と不安に満ちた場所」なのである。それゆえ，子どもはそこにとどまっているだけで精一杯なのである。*

＊園という空間が，子どもにどのように感じられているかを考えることは大切である。「自分のクラス」「園庭」「広間」など，異なる感じられ方をしている可能性がある。

園が緊張と不安に満ちた場所であるのは，そこが自分の家とは異なり，「よそよそしさ」を帯びているからである。子どもが幼稚園等でのびのびと遊べるようになるためには，「よそよそしさ」に代わり，自分の家と同じように「親しさ」を感じるようにならなければならないのである。

2 幼児が主体的に生きるための「私の場所」

（1）自分自身の空間を生む私の場所

園が「緊張と不安に満ちた場所」から「遊ぶ場所」に変わったとき，子どもはそこで主体的に生きいきと過ごすようになる。子どもが主体的に生きられるということは，その場所が自分の家と同じように「私の場所」と感じられていること

を意味する。つまり，十分な「親しさ」や「親密感」をその場所に感じているということである。

哲学者であり教育学者でもあるO.F. ボルノウ（O.F.Bollnow）は,「人間には『自分自身の空間』をもつことが必要であり，自分自身の空間の典型が，安らぎを与えてくれる『家屋』である」と言っている。* 「自分の家」や「自分の部屋」というような自分自身の空間にいるとき，私たちは安心し，くつろぎ，未来に向かって前向きに行動しようとする気持ちになれる。それは，自分の家という空間が，家族の愛情を感じられるゆえに，特別に親しみを感じさせてくれるからである。このことは大人だけではなく，子どもにもあてはまることである。むしろ，子どもは大人よりも強く自分の家の中で安心感を感じるのであり，大人以上に自分の家を必要としているのである。

*O.F.ボルノウ『人間と空間』せりか書房, 1978, pp.262〜269, 275〜276

ボルノウのいう「自分自身の空間」が園の中に生まれることが，子どもを生きいきと主体的に活動させることになるのだが，自分自身の空間は，より具体的には,「私の場所」をもつことにより生まれる。すなわち，子どもが「私の場所」と呼べる具体的な場所を獲得することから，子どもの主体的な園生活が始まるのである。

(2) 私の場所を生む保育者

入園したばかりの子どもたちは，どこにいたらよいのかわからないような，いわば所在なげな様子でいることがよくある。すなわち,彼らには居場所(私の場所)がないのである。そのような子どもたちが不慣れな園の中にとどまっていられるように，保育者はあらかじめ子どもたち１人ひとりに「私の場所」を用意してあげる。たとえば，ロッカーや椅子に１人ひとりの名前をつけたり，座る場所を決めてあげたりする。

「私のロッカー」「私の椅子」「私の引き出し」など,これらの具体的な「私の場所」は，子どもたちがよそよそしい園空間の中に，親しみを感じるようになるためのきっかけを与えてくれる。不安にかられている子どもたちの中には，そのような場所にすがることで遊びを見つける子どももいる。たとえば，子どもが自分のロッカーの中にすっぽりと入り込んで，緊張した面もちでまわりの様子を見ていることがある。そして，やがてその子どもがロッカーから出て，友だちと同じ遊びを始めることがよくある。そうした経験を繰り返すことで,「私の場所」の親密さが保育室全体に及び，そこが自分自身の空間と感じられるようになっていくのである。

保育者が子どもたちのために用意する「私の場所」は，子どもが遊びだしたり，意欲的に園生活を始めることを支えているといえる。その点で，私の場所は園に不慣れな子どもたちにとって,「心のよりどころ」となっているのである。** 保育

**要するに「心のよりどころ」は,「私の絵本」「私の椅子」など,「私のもの」といえる「物」を, 子どもが園の中に所有することにより生まれるのである。

者が環境の構成として行っている配慮の一部は，園空間の中に子どもにとっての「心のよりどころ」を生み出すことでもある。

(3) 私の場所としての保育者

保育者は園の環境を子どもにとっての「私の場所」にしているのだが，一方で，保育者自身の存在が子どもにとって「私の場所」であり「心のよりどころ」でもある。

子どもが不安になったり恐ろしい思いをしたときに，一番にすがり守られたいと思う相手は養育者である。養育者のもとにいるとき，子どもは安心しきっている。園においては養育者に代わる存在は保育者である。したがって，保育者の存在こそが，園の環境の中でもっとも子どもに安心感を与えてくれる環境なのである。

保育者の存在が子どもに安心感を与えるというのは，ロッカーや椅子が具体的な場所であるのと同じように，保育者の身体が具体的な場所であるからである。つまり，子どもが実際に保育者の身体を「私の場所」として確保でき，それに触れることができ，すがることができるからこそ，子どもは安心感を得られるのである。「保育者の身体が私の場所である」ということは，「その保育者が私の先生である」ということを意味する。それゆえ，保育者は子どもが「私の先生」と感じられるように接してあげる必要がある。

保育者が子どもにとって「私の場所」と感じられるには，「そこに保育者の身体がある」だけでなく，その身体を子どもが確保できなければならない。つまり，保育者が一定の場所に居続けることが必要なのである。あるいは，子どものもとにとどまることが必要である。保育者が終始動き回ってばかりいるのでは，子どもは保育者の身体を確保することができず，保育者を「私の場所」（私の先生）と感じることもできないのである。

入園したばかりの子どもたちにとって，保育者はまず彼らの「心のよりどころ」にならなければならない。そのためには「子ども１人ひとりのもとにとどまろう」とする姿勢をもつことが大事である。

3 子どもの存在を受け入れるまなざし

保育者が子どもの心のよりどころになるには，子どもが保育者に親しみを感じられるようにならなければならない。親しみは直接的な触れ合いから芽生えるものであるから，まず保育者と子どもの間に個人的なかかわり・個人的なつながりが生まれることが必要である。すなわち，子ども１人ひとりが保育者と「出会う」*経験をすることが大切なのである。子どもが保育者と出会ったと思えるためには，以下の条件が必要である。

＊「出会う」ことについて，深く考えてみたい人は，吉田章宏『子どもと出会う』（岩波書店，1996）が参考になる。

(1) 子どもの存在そのものに注目すること

子どもが保育者と個人的なつながりをもつためには,「先生がしっかり私を見てくれている」と実感できることを必要とする。つまり,保育者は意識的に子ども１人ひとりの存在に全意識を注ぎ,注目する必要があるのである。そのときに,子どもは「私に関心をもってくれている先生がたしかにそこにいる」と実感でき,保育者と自分がつながった手応えを感じられるのである。

保育者が最初から集団としての子どもたちしか見ていないならば,保育者の視線は子どもたちの上を移ろっていくだけであり,子どもたちは保育者が自分に注意を向けてくれていると十分に感じることはできない。子どもが保育者とのつながりを感じられるためには,保育者のまなざしとしっかり出会うことが必要なのである。それゆえ,保育者は子どもたちを集団として見る前に,子ども１人ひとりを十分に見ることが大切なのである。

(2) 温かなまなざし(笑顔)を向けること

子どもの存在に注目することは子どもにまなざしを向けることであるが,そのまなざしの質が重要である。不慣れな環境にいる子どもは,不安な気持ちや寂しい気持ちなどをやさしくそのまま受け入れ,わかってくれる人を求めている。それゆえ,保育者は子どもたちが受け入れられていると感じられるように,温かなまなざしを向けることが大切である。

温かなまなざしは子どもの心を解きほぐし,心を明るくする。そして,子どもの心は保育者に対して開かれ,自ら保育者に話しかけたり,応答していくようになる。それは子どもが保育者に近づいていくことであり,親密感が増していくことである。

(3) 柔らかな身体(受容的な態度)でかかわること

子どもが受け入れられていると感じるうえで保育者のまなざしが重要なのだが,同様に重要なのが保育者の身体のあり方である。子どもは自分にかかわってくる保育者の身体全体から,その保育者が自分をどのように思っているのかを敏感に感じ取る。つまり,保育者が子どもに対してどのような態度をとっているかは,保育者自身の身体の状態にあらわれてくるのである。それゆえ,まず保育者の身体は「受容されていると感じられる身体」である必要がある。

人に対してやさしく受容する態度は,柔らかさとして身体にあらわれる。保育者の柔らかな身体は緊張した子どもの身体を真綿のようにやさしく包み,穏やかに応じてくれる。そのような保育者の身体のあり方が,子どもの身体を柔らかくし,その不安や緊張を解きほぐすのである。それゆえ,保育者は普段あまり自覚していない自分の身体のあり方をときおり意識してみることが大切なのである。

4 信頼し合う関係

保育者が子どもの心のよりどころであるということは，子どもが保育者を頼りにしているということである。保育者を頼りにできるということは，子どもが「先生が私を受け止めてくれる」「先生が私を助けてくれる」と信じていることにより支えられている。つまり，子どもの側に保育者に対する信頼があるのである。

子どもが保育者を信頼するようになるのは，実際に保育者が子どもの期待に応え，気持ちを受け止め，子どもの存在を受容することを実行することによる。つまり，保育者が子ども１人ひとりを大切にし，誠実にかかわることを続けることで，子どもは保育者に対して全幅の信頼をおくようになるのである。

一方，保育者も子どもを信頼していなければならない。そもそも保育者が子どもの存在を受け入れるのは，すべての子どもたちの中に自ら育とうとする力が宿っていることを信じるからである。たとえどんなに不安にかられていようとも，温かいまなざしで受け入れてあげさえすれば，子どもは自らの力で意欲を取り戻すと信じているのである。

このように，子どもと保育者の間には信頼し合う関係が生まれてくる。日々のかかわりの中で，この信頼関係が深まっていくことで，心のよりどころとしての保育者の存在価値が確かなものになっていくのである。

5 心のよりどころとして保育者が支えるもの

心のよりどころとして保育者は子どもを支えているわけだが，詳しくは，保育者は次の２つの働きをしている。

(1) 子どもが生きることを支える

子どもにとって保育者の存在が心のよりどころとして際立ってくるのは，子どもが不安にかられていたり，気持ちが暗く沈んでいる場合である。このようなことは園生活に慣れた後でも，またどの年齢の子どもにもよくあることである。

子どもがけんかなどをして暗く沈んだ気分になったとき，その子どもは周囲でほかの友だちが楽しそうに遊んでいても，その遊びに加わっていくことも，あるいは１人で何かをすることもできず，１人所在なくいるだろう。この子どもの立場になってみれば，この子の生きている世界が孤独の世界になっているといえる。このときに保育者が子どものそばに行ってあげれば，保育者はこの子どもが孤独の世界を生きることを支えることになる。さらには，孤独の世界をみんなと一緒の世界に変えることもできる。いずれにせよ保育者は，子どもが自分の世界を懸命に生きることを支えるのである。

(2) 子どもに意識されないしかたで子どもの活動を支える

上記のように，子どもが孤独になったときには，保育者の存在は際立ってくる。

一方，子どもたちが明るく元気に活動しているときには，保育者はほとんど必要ないかのように思われる。４歳児や５歳児であれば，保育者がいなくても遊びを展開していける。しかしながら，そのことは子どもたちにとって保育者が無意味になってしまったことを意味してはいない。子どもたちが保育者を常に意識しないでもいられるようになったということなのである。

元気に遊んでいる子どもたちを見ていると，子どもたちの意識の中にやはり保育者が存在していることがわかる。たとえば，園庭で遊んでいた子どもたちが何かを発見したとき，それを保育者に見せようと走っていく。あるいは，何か困ったことが起きたときに保育者に助け船を求めにいく。

これらのことは，保育者が一緒にいないときでも，子どもたちの中に保育者が存在していることを意味している。はっきり意識されてはいなくても，何かあったときに保育者の存在が際立って意識される以上，子どもたちの中に保育者は存在しているのである。すなわち，子どもたちが元気に活動しているときにも，保育者は子どもたちの活動の背景になって，それを支えているのである。そういう意味で，保育者は子どもが暗く沈んでいる場合だけではなく，園生活全体を通して，心のよりどころとしての役割を果たしているのである。

2. あこがれを形成するモデル

1 保育者の特徴

教育において教師と子どもは人間として対等であるといわれる。たしかにそれは真実であるが，保育者が子どもとは違う特質を備えていることも真実である。そのことが教育を可能にしている。

（1）有能さ

保育者は子どもができない多くのことができる。たとえば，保育者は言語能力において優れている。子どもは自分の思っていることを言葉でうまく表現することができないが，保育者にはそれができるし，子どもに代わって子どもの思いを表現してあげることもできる。また，保育者は上手に折り紙を折ることもできるし，上手に工作をすることもできる。子どもが困難に直面しているときには，保育者が助言して助けてくれる。

このように，保育者は多くの点において子どものできないことができ，子どもの知らないことを知っている。それは保育者の有能さである。保育者が有能であることで，子どもは自然に保育者のことを尊敬し，保育者のようになりたいとあこがれるのである。

(2) 権威

保育者が有能であることは，保育者に権威をもたらすことになる。「権威」という言葉は，時には否定的な意味を込めて使われることがあるが，教育においては真の権威は重要なものである。

真の権威とは権力を振り回すようなことではない。和田修二は，教育者の権威は子どもが自発的に従うことで新しい自分になっていける力である，といった内容を述べている。* つまり，子どもが学び成長していけるように適切にこたえることができる教師が権威をもつのである。さらに和田は，権威をもつ教師は子どもの自己形成の意欲や自立の可能性を信頼しているともいう。** つまり，子どもを信頼し適切に子どもにこたえる教師に対して，子どもは自ら従おうとするのである。そこに教育が生まれるのである。

保育者は子どもと信頼し合う関係をなし，そしてその有能さを十分に働かせて子どもにかかわる。それゆえ，保育者はよい意味で子どもにとって権威のある人になるのであり，子どもは自ら保育者から学ぼうとする気持ちになるのである。

(3) 愛着の対象

愛着は乳児期に子どもと養育者との間に形成される情緒的な強い結びつきのことである。これに類するようなことが幼児と保育者との間にも生じる。すでに述べたように，保育者が子どもに対して個人的なかかわりをもち，温かなまなざしを向け，子どもを受容するようにかかわるならば，子どもは保育者を好きになる。つまり，愛着を抱くようになるのである。そのため，とくに3歳児などによくあることだが，保育者と一緒に遊びたがり，子ども同士で保育者を奪い合うことにさえなるのである。

子どもが保育者に愛着を抱くということは，子どもが保育者に自分を同一化し，保育者のもっているものを自分の中に積極的に取り込もうとするようになることを意味している。一般的に，人は好きな人の言うことは素直に聞き入れるだけではなく，自らその人と同じように行動したい，同じようになりたいと思うものである。幼児も同様であり，保育者に愛着を抱くからこそ，保育者にあこがれを抱くのである。

(4) 目立つこと

以上のような特質が保育者にあることで，子どもにとって保育者の存在は園の中で特別に目立つ存在となる。もちろん，保育者が身体的に大きいことも人目を引きつけやすい条件ではあるが，それ以上に子どもは保育者の内面にひかれるのである。子どもにとって保育者は精神的に大きな存在なのであり，そういう意味で大きいことが「目立つ」ということなのである。

＊和田修二『子どもの人間学』第一法規出版，1982，p.181，182
＊＊同上。

このように，保育者は目立つという特質をもっているために，子どもの関心は容易に保育者に向く。それだけ子どもは保育者の影響を容易に受けているのである。それゆえ，保育者は自分が子どもの注目を引きやすいことをよく自覚していることが大切である。

以上のように，保育者は子どもにとって目立つ存在であり，積極的にそのようになりたいと思うあこがれの対象である。そのことによって，保育者は意識するしないにかかわらず，子どもにさまざまな教育的影響を与えているのである。

2 子どもに新しい世界が開かれる

子どもは保育者にあこがれることで，積極的に保育者に関心をもつようになる。子どもは保育者がしていることに興味をもち，自然に保育者のもとに集まってくる。そして，保育者がしている活動を自分もしてみようと思う。さらに，保育者がかかわっている対象にも関心をもつようになる。

たとえば，毎朝，保育者が花に水をやっていれば，何人かの子どもは保育者について歩き，自分も水やりをするようになる。そして，花そのものに注意が向き，花にかかわることを知るようにもなる。また，保育室にテーブルを置き，そこにお面づくりの材料を用意して，保育者がお面づくりをしていれば，登園してきた子どもたちが１人２人と寄ってきては，保育者と一緒にお面づくりを始める。

このように，子どもたちはそれまでしたことがないことや，かかわったことのないものに保育者を介して興味をもつようになる。そしてそれを機会に新しい経験をし，知らなかったことを学んでいく。

たとえば，花の水やりを通して植物がどういうものであるかを，そして生きていることがどういうことであるかを知ることができる。また，一生懸命お面づくりをすることでハサミやホチキス，セロハンテープの使い方，すなわち道具の使い方に習熟していく。これらは，子どもの世界が広がっていくこと，子どもの世界が新たな世界に変わっていくことを意味する。子どもたちは保育者にあこがれることにより，新たな世界に出会うのである。

3 道徳性が育つ

子どもたちは保育者の行動を見，言葉を聞くことを通して心の育ち（道徳性）にかかわるさまざまなことを学ぶ。

(1) 友だちの心に目が向く

子どもたちは保育者の姿を通して，今まで気づかなかったことに気づくことができる。その１つとして，友だちの心に気づくことが起きる。

保育者は子どもの気持ちに共感し，共有するようにかかわる。たとえば，大きなアリを見つけてその動きに注目している子どもに対して，保育者は驚いた表情で「わぁ，おおきいね」と感嘆した声をかけるだろう。それはアリを見つけた子どもの気持ちに共感しようとするかかわりである。保育者のそのかかわりが，そばにいる子どもたちにもアリを発見した友だちの気持ちに目を向けさせ，それに共感する機会を与えることになる。

また，よくあることだが，いざこざやけんかが起きたときに，保育者が当事者にお互いの気持ちを理解させるように援助することがある。そのとき，たいていほかの子どもたちもまわりに集まって見守っている。集まった子どもたちは，けんかの当事者への保育者のかかわりを見ることを通して，友だちの気持ちに注目し，人の気持ちを考えることの大切さ（思いやり）を学ぶ。

このように，保育者は自分の言動により，人の心に子どもたちの目を向けさせる働きをしているのである。

(2) 行動のしかたを学ぶ

上記のこととともに，子どもたちは社会的により望ましい行動のしかたを学ぶ。たとえば，けんかへの保育者のかかわりを通して，見ている子どもたちもけんかの原因を考え，同じような事態が起きたときにはどのように行動したらよいのかを学ぶ。

そのようなトラブルの場合だけではなく，保育者は子どもたちと一緒に生活している間，終始，社会的な行動をとっている。たとえば，朝，子どもたちを迎えたときには，「おはよう」とあいさつをするし，子どもが何かをしてくれたときには「ありがとう」と礼を言う。

このように，保育者が子どもたちの中で行っている行動は，ほとんどが社会的な行動なのである。それゆえ，子どもたちは園生活の全体にわたり，保育者の行動から社会的な行動のしかたを学んでいるのである。

(3) 価値観・考え方を学ぶ

子どもたちは保育者の言動から，単に行動のしかたを学ぶだけではない。行動を生み出している，行動の根底にある保育者の考え方や価値観をも学ぶ。

私たちの行動は，私たちが何を重要なことと考えているのかという価値観と一体になっている。したがって，私たちの行動には私たちの価値観が表現されているのである。それゆえ，子どもたちは保育者の言動をまねることにより，知らず知らずのうちに価値観を身につけていくのである。

たとえば，上記の「礼」の行動には，「人に感謝する気持ちの重要さ」が表現されている。また，使ったものをきれいにして片づける行動には，「ものを大事にする気持ちの重要さ」が表現されている。花を丹念に育てる行動には，「命を重んじる気持ちの重要さ」が表現されている。子どもたちはこのような価値を行動とともに理解し，身につけていくのである。

以上のように，子どもたちは保育者の姿を通して道徳性にかかわることを学んでいる。それゆえ，保育者は自分の言動が子どもにとって模範となるように，常に自覚して生活することが大切である。

3. 全体的・個別的援助者

保育者は子どもを援助することが大きな役割である。具体的な援助を左右する根本的な問題として，保育者のあり方から考えよう。

1 保育者であること

(1) 子どもの同行者

子どもたちは園において，それぞれ自分の人生を生きている。教育は，本来，子どもたち１人ひとりが自分の人生を切り開いていく営みを支えていくことである。吉田章宏は教育の方法について，それは子どもと教師が「『ともに育つ』に到るために，ともに歩む道」であるという。*

＊吉田章宏『教育の方法』日本放送出版協会，1991，p.20

つまり教育の本質は，教師が子どもを一方的に指導し，正しい方向に連れていくところにあるのではなく，子どもが自分の人生を歩むことに同行しつつ，試行錯誤し，ともに考えながら，教師自身もまた自分の人生を歩むところにあるということである。

幼児教育における保育者も同じであり，保育者は相手がいかに幼くても，同行者として生きるのである。同行者である以上，保育者は自分の知識を子どもに一方的に授けるわけにはいかない。子ども自身がどこをどのように目指そうとしているのかを把握し，子どもの視点からものごとを考え，子どものペースで歩まなければならないのである。

(2) 子どもを尊敬する

保育者が子どもの同行者として生きることは，子どもと保育者が対等であることを意味する。それゆえ，保育者は子どもがいかに幼くても，保育者自身の育ちを可能にしてくれる者として，敬意をもって接しなければならない。

教育実践者の武田常夫は自分の実践体験から，「子どもは本質的に高いものを求め，低いものを拒絶する」と述べ，** 子どもに対して強い敬意の念を抱いている。その敬意の念を抱いていたことで，武田は実践者として成長し続けた。

＊＊武田常夫『真の授業者をめざして』国土社，1990，p.191

保育者にも子どもへの敬意の念が必要である。なぜならば，保育者が子どもに敬意の念を抱くことにより，保育者はその子ども固有の世界に出会うことができるからである。それは子どもの考えや思いに目を向け，子どもの視点で考えることを可能にする。そして，その結果として，保育者自身が子どもから学ぶことも起こるのである。

2 遊ぶことと援助すること

保育者は子どもの活動を豊かにするためにさまざまな役割を果たす。そこで遊びにおいて保育者がどのような役割を果たすのか，詳しくみてみよう。

(1) 遊びの仲間

援助者としての保育者は，子どもの遊び仲間として子どもの遊びに参加する。子どもたちは遊びの中で想像力を働かせ，独創的なアイディアを生み出し，遊びを展開していく。保育者が遊び仲間として参加することは，このような子どもたちの共同的な遊びの展開に共同者として加わることを意味する。したがって，保育者は子どもたちとの応答の中で，子どもたちと同じように想像力を働かせ，独創的なアイディアを出すなどして遊びを楽しむ。そのことが子どもたちの遊びを展開させることにつながるのである。

それゆえ，保育者はまず子どもの遊びの世界に入り込むことが大切である。そして，子どもたちと興味や関心を共有し，彼らの喜びに共感することが大切なのである。

(2) 遊びの援助者

しかし，保育者は遊び仲間としてだけ生きているのでは十分ではない。保育者は遊びから一歩退き，遊びの状態をとらえ，その展開の方向を予測し，教育的に意味のある援助をしなければならない。*

子どもたちは遊びのイメージが膨らんでも，それを実際に具体化することができないことも多い。あるいは，一緒にごっこ遊びをしていても，参加者の間で遊びのイメージが共通になっていないために，遊びの発展がみられないこともある。そういう事態に対して，保育者は子どもたちのイメージが現実化したり，遊びがより発展するように援助する必要がある。子どもたちがイメージを現実化できないでいるならば，「環境の整備者」として，現実化に必要なものを用意してあげることもよいだろう。あるいは，「表現者」として，保育者自身が現実化してみることもよいだろう。また，イメージが共通になっていないならば，「コミュニケーションの促進者」として，子どもたちに何をしたいのか聞いて，子どもたち同士の相互理解を促すのもよいだろう。また，遊びの中で子どもたちが問題に直面したときには，保育者が「助言者」として問題解決のためのヒントを与えることもある。さらに，子どもたちの遊びへの熱中が冷めてきたときには，保育者が

＊具体的な遊びの援助のしかたについては，富山大学教育学部幼児教育研究会・富山大学教育学部附属幼稚園編著『幼児の思いにこたえる環境づくり』第2章（明治図書，1999）を参考にするとよい。

「提案者」として新たな遊びを提案することもある。

このように，保育者は子どもたちの遊びの状態に応じて，さまざまな役割を演じて適切な援助をしなければならないのである。援助者としての保育者は，単に遊びに興じるだけではなく，子どもの発達にとって今必要なことは何かを常に考え，その視点から子どもたちの姿を見ることが必要なのである。

3 援助の要点

保育者はさまざまな役割をとりつつ子どもを援助する。その援助が子どもの発達の促進につながる要点を考えよう。

(1) 状況の中で臨機応変に

保育者は保育が展開していくまさにただ中において，子どもたちに適切な援助をしなければならない。子どもとのかかわり・活動は，常に具体的な状況で起こる。そして，この状況はさまざまな条件が組み合わさっている。たとえば，現実にそこにある物的な環境（何がどの位置にあるか），そこにいる人々の人間関係，時間的条件（十分に遊べる時間があるか），子どもたちの目的意識，天候，雰囲気などがそのつどの状況をつくっている。状況は１つとして同じものはなく，絶えず流動し変化している。

したがって，保育の援助にはマニュアルはないと思うべきである。保育者はできるかぎり状況全体を把握し，どう援助するのが適切かを判断しなければならない。たとえば，製作している子どもがうまくつくれずに行きづまっている場合，手伝ってあげるか，今しばらく見守っているか，ほかの子どもに手伝ってくれるように頼むかは，その子どもがまだがんばれそうなのか，一緒につくっている仲間がいるのかどうか，そばにいにる子どもが教えてあげられそうなのかなど，いろいろな条件により左右される。それらを的確に把握することが必要である。

つまり，保育者がどれだけその場の状況に含まれる条件を把握できているかにより，援助の質が変わってしまう。それゆえ保育者には，その中にいながらその状況の諸条件を的確に把握する力と，状況の変化に応じる柔軟性が求められるのである。

(2) 子ども１人ひとりに配慮する

保育の目的は子ども１人ひとりの成長・発達を促すことであるから，子ども１人ひとりの生活が充実することが第一に考えられなければならない。それゆえ，まずは子ども１人ひとりへの個別的援助*が大切になる。

子どもの発達は，子どもが自分の中からわいてくる興味・関心に突き動かされて，意欲的に遊ぶ中で促されていく。それゆえ，個別的援助は，子ども１人ひとりが充実感をもって遊べるように，そして，その遊びの中で，その子ども自身の発

＊富山大学教育学部幼児教育研究会・富山大学教育学部附属幼稚園編著『幼児の思いにこたえる環境づくり』第１章，では，「一人一人の育ちを支える援助」について，以下のことを指摘している。
・人を理解することはその人の心のありようをとらえること。
・人の生きている世界とはいろいろな意味のまとまりであり，人はそれぞれ異なる世界を生きていること。
・人が生きている世界は「私にとっての意味」と「私たちにとっての意味」が織りなす世界であること。
・体験の意味は子ども自身が見出すものであること。
・子どもを理解するとは子どもの体験の意味を理解することであること。
・子どもに対して援助するにあたっては「人間関係」「目的意識」「時間意識」「気分のあり方」「興味・関心」を観点に子どもを見ることが大切であること。
また第３章では「一人一人を育てる保育者の言葉かけ」について，「入園したばかりの子どもたちに」「生活習慣に関して」「トラブルが起きたときに」「人間関係に目を向けて」の項目に分けて，言葉かけの例を示している。

達の課題が達成されるようになされなければならない。そのためには，まず子ども1人ひとりが何をしようとしているのかを，よく理解することが不可欠である。

また，幼児期の子どもは発達に関して個人差が大きい。それゆえ，同じ活動でも，容易にこなせる子どももいれば，なかなかできない子どももいる。また，これまでのそれぞれの生活経験は異なるので，子どもたちは多様な個性をもっている。熟慮型の子どももいれば，すぐに行動に移す子どももいる。つまり，同じ状況の中でも子どもにより行動のしかた・対応のしかたは違うのである。したがって，保育者は子どもたちの個性の違いにも十分に配慮し，その子どもに合った援助をしなければならないのである。

このように，保育者は子どもたちはみな1人ひとり違うことを前提にして，その違いに配慮した援助をすることが大切なのである。

(3) 個と全体の関係を考慮する

保育の基礎は子ども1人ひとりの発達の援助にあるのだが，1人ひとりの育ちは子どもたち全体の育ちと切り離せない。子どもは集団の中で育つのである。したがって，個別的援助だけではなく，全体に対する援助*も不可欠である。

子どもの遊びや活動はほかの子どもたちとのかかわりや，人間関係により影響を受ける。たとえば，保育室の中に2つの遊びのグループがあるとする。それぞれの遊びに子どもたちが熱中することも大事だが，2つの遊びの間に何らかのつながりが生じることで，遊びがより発展することも考えられる。したがって，より広い視野で子どもたちの遊びをとらえることも必要なのである。

全体的援助においては，次の点を考慮することが大事である。1つは，個人の遊びの充実と全体の遊びの充実との関係である。1人ひとりの充実と集団の充実が両立することが大切なのである。2点目は，個人の発達と集団の発展の関係である。集団への援助は集団を育てるということでもあるのだが，それが個人の発達と結びつかなければならない。それゆえ，個人の発達が集団の中でどう促されるか考えなければならないのである。

＊富山大学教育学部幼児教育研究会・富山大学教育学部附属幼稚園編著『幼児の思いにこたえる環境づくり』第4章では，「個を生かす集団づくり」に関して，「仲間関係の芽生え」「遊びの広がりと仲間集団のタイプとその特徴」「友達になじめない子どもの理解と援助」「集団の輪を乱すタイプの子どもの理解と援助」の項目に分けて，具体的に説明している。

4 子どもの理解者としての役割

上記の援助者としての役割を果たすためには，子どもを理解することが不可欠である。それゆえ「子どもの理解者」としての役割は特に重要である。そこで，子どもの理解者として保育者が理解すべき事柄を整理しておこう。**

(1) 子どもの活動の理解

保育者は，まず子どもが何をしようとしているのかがわからなければならない。つまり，子どもにとっての活動の意味を理解しなければならない。それには，「興味・関心」「活動の目的」と「子どもにとっての環境の意味」をとらえることが

＊＊理解のしかたについて関心のある人は，津守真『子どもの世界をどうみるか』（日本放送出版協会，1957）を読むとよい。

含まれる。

たとえば，大型積み木を積んでいる子どもたちが，「探検」に興味をもっており，「探検の基地をつくる」という目的で積み木を積んでいるとすれば，それが活動の意味である。さらに,「探検」という興味をもつことで,「平均台」が「一本橋」という意味をもったり，「トイレットペーパーの芯」が「望遠鏡」という意味をもったりする。こういう，子どもが環境に与えている意味を理解することで，子どもの活動の意味がよりよく理解できるのである。

(2) 子どもの発達の理解

保育とは子どもの発達を支えることであるから，発達状態を把握することが必要である。保育内容の領域として示されている発達の諸側面について，１人ひとりの状態を把握することで，そのとき必要な援助の内容とあり方がわかるのである。ただし，子どもの発達を理解する際に留意することがある。それは子ども１人ひとりがどのような道筋をたどりながら発達しつつあるのかを理解することである。すべての子どもが同じような発達の過程をたどるわけではない。子どもたちがそれぞれ固有の発達の仕方をすることを前提として，１人ひとりの発達を理解することが大切である。

(3) 子どもの体験の理解

子どもの発達はどういう体験を積んでいくかにより左右される。保育者は子どもにとって有意義な体験をさせていく必要がある。それゆえ，子どもの体験の意味を理解しなければならない。

体験の意味とは，子どもがある活動をした結果として，何を感じ，何を学んだかということである。たとえば，長い時間試行錯誤してつくりたかったものが完成したとき，その子どもが「充実感を覚えるとともに，自信をもった」とすれば，それが体験の意味である。

子どもが発達に必要な体験を積んでいけるように，保育者はある活動がどういう意味をもったのか，あるいはもちうるのかを常に考えなければならないのである。その際，留意しなければならないことは，子どもたちが同じ活動に参加したとしても，全員が同じ体験をするとは限らないということである。たとえば，運動会という活動が，ある子どもには自信を与えるかもしれない。逆に，ある子どもには参加しなければよかったという悔いの思いをいだかせるかもしれない。また，ある子どもには家族の愛情を感じさせてくれるかもしれない。それゆえ，子どもの体験はそれぞれ異なりうることを前提に，１人ひとりの体験を理解しようと努めることが大切なのである。

【参考文献】

O.F. ボルノウ『人間と空間』せりか書房，1978

武田常夫『真の授業者をめざして』国土社，1990

富山大学教育学部幼児教育研究会・富山大学教育学部附属幼稚園編著『幼児の思いにこたえる環境づくり』明治図書，1999

津守 真『子どもの世界をどうみるか』日本放送出版協会，1987

和田修二『子どもの人間学』第一法規出版，1982

吉田章宏『教育の方法』日本放送出版協会，1991

吉田章宏『子どもと出会う』岩波書店，1996

第12章 幼児教育の進展

〈学習のポイント〉 ①子ども主体の幼児教育のあり方を再考すると同時に，今後の幼児教育の方向性を探ろう。
②先覚者たちの歩みを再考することによって，幼児教育・人間教育の原点を探る旅に出かけよう。
③「心」をキーワードにして保育を考え,「心のアンテナ」「心のくすり箱」「心の体操」の意義を学ぼう。
④保育のニーズの多様化に対応できる保育者の資質とは何かを学ぼう。

1．子ども観の歴史

子育てをはじめとする，子どもへの大人の接し方は，その時々のいろいろな状況によって決定されるが，根本的には，子どもというものをどういう存在として見ているかという「子ども観」に支配されている。これは，社会の慣習や制度についても同様である。まず，その大きな流れを見てみよう。

原始時代，人々は本能的に子どもを育てていたと思われる。それは間違っていなかった。今でも動物の子育てに学ぶべきところが少なくない。「育(はぐく)む」の日本語の語源は，親鳥が翼を広げてひなを抱え込むことであること，ひなが幼い間は，命がけで守りながら，行き届いた世話をし，一定の時期が来ると突き放すようにして自立を促すことから来ている。なまじ「子ども観」などというものをもつ以前は，人類は，自然なあり方によって育てられてきたのである。

未開社会では，子どもへの意識が自覚された。生命誕生の不思議，その成長力，かわいらしさ。こうしたことから，子どもは神秘の対象とされ，時には神の怒りを鎮めるための犠牲とされることさえ生じた。これは，人類が想像力という知的な発達を見せはじめたことに伴う悲劇ともいえる。

子どもの受難の歴史が明らかに始まったのは，古代国家の成立という高度に社会化された体制が生まれたときからである。すべての人間を，その体制や権力にとって役に立つかどうかで評価することが始まった。

都市国家スパルタでは，子どもが生まれると，政府の役人が来てその子を鑑別し，その子が健康で賢く，将来スパルタのために有用な人材になると判断されると生存が許され，そうでないと判断されると殺された。また，生存が許された子どもも，母親には国家の子として預けられ，７歳になると，全寮制の国の寄宿舎に入れられて，文字通りスパルタ教育を受けたのである。

役に立つかどうか，という基準で人間の価値を決めることになれば，子どもは大人に比べて小さく弱く，無知無能の役立たずということになる。何の働きもないうえに，消費ばかりし，大人の労働の足手まといになる存在である。「餓鬼」，「穀潰し」といった蔑称も生まれ，障害者とともに差別され続けることになった。同時に，このような子どもを早く大人に近づけ，マイナス面を矯正し，役に立つようにしなければならないということで，「教え込み」や「訓練主義」の教育が生まれ，体罰も盛んに行われるようになった。

こうした考えは，中世以降まで続いた。「ルネッサンスの聖書」といわれたラブレーの『パンタグリュエル物語』やエラスムスの『幼児教育論』には，当時の子どもたちが，教育という名のもとに，どんな残酷な扱いを受けていたかが生々しく描かれている。

このような子ども観を打ち破って，近代の児童中心主義教育の道を開いたのが，ルソー，ペスタロッチー，フレーベルをはじめとする幼児教育の先覚者たちだった。彼らは総じて，子どもは小型の大人ではなく，子どもには子どもの世界があること，子どもには発達する力が内在し，その力を十分に使わせることによって，人間としての全面的な発達が保障されるのであって，大人が考える理想の鋳型（これはしばしば大人にとって都合のよいものである）にはめ込むのは，子どもの発達をゆがめるものであることを主張した。1900 年前後，エレン・ケイが「20 世紀は児童の世紀でなければならない」とし，デューイが「児童こそ太陽系の中心」と唱えるなどして，20 世紀の教育は児童中心主義を無視しては成立しないものとなった。

一方，最近の日本においては，以下のような流れがある。

日本は，1945（昭和 20）年，第二次世界大戦の敗戦によって，初めて人権に基盤を置く主権在民の近代民主主義国家となったが，過去を引きずりながら，また新しい問題を抱えることとなる。

その１つが国のための子育てが，親のための子育てに替えられただけで，子ども自身のための子育てにならなかったという点である。親の虚栄心や誤解から早期開発教育指向が広がり，人間として幸せに生きる力の根を育む保育を妨げ，最近ではさらに，子どもを機械のようにマニュアル通りに操作するべきものと考え，思い通りにならないとノイローゼ，パニック，幼児虐待などに至るケースも増加している。

J.A. コメニウス
(J.A.Comenius)
(1592～1670)

1 キリスト教に基づく子ども観

コメニウスの子ども観は，キリスト教的子ども観に基づいている。子どもは，神から授かったものである。すなわち彼の言葉でいうと，「神の貴重な贈物かつ至上の宝物」である。また彼は，幼児には多様な素質・能力の芽が与えられていて，この芽は植物の生長のごとく，幼児の成長発達に即して育てられるべきだと主張している。もちろんその土台は聖書である。これをもとにして人間論・教育論・カリキュラム論・学校論・教育方法論を展開している。彼が，子どもを大人のひな型とみなした中世的子ども観を完全に脱却し，前述したようにキリスト教に基づく新しい子ども観を打ち立てた人であることに，とくに注目したい。

2 子どもの能動的な活動性に基づく子ども観

ジョン・ロックの幼児教育論の特色は，政治論・経済論・宗教論・哲学論と同レベルで教育論を展開している点である。彼は人生の中での幼児教育の重要性に着目し，それを強く主張した。教育こそが人間の間に大きな相違をもたらすものであり，「敏感な幼年時代に与えられたわずかの，言い換えればほとんど感じられないくらいの印象が，非常に重大な，また長続きする影響を与える」* と言っている。彼は幼児期の重要なポイントを習慣形成に置いている。ゆえに早期からの教育・習慣づけを説いている。

J. ロック
(1632～1704)

＊J.Locke『教育に関する考察』服部知文訳，岩波文庫

彼の理論の根底には「白紙説」がある。つまり子どもは白紙のようなものであり，好きな型に入れ，形の与えられる蜜蝋(みつろう)にすぎない。

この理論は，子どもの能動的な活動性の重要視と教育の重要性を説いたものである。

3 自然人に基づく子ども観

ジャン＝ジャック・ルソーは，子ども研究の重要性をその著書『エミール』の序において力説している。

「人は子どもというものをまるで知らない。だから，人が子どもについて現在もっているような間違った考えをもとにして進むならば，進めば進むだけ間違った方向に行ってしまう。もっとも賢明な人たちでさえ，大人が知らなければならないことだけに心を奪われていて，子どもたちが現在どんなことを学ぶことのできる状態にあるのかを考えてみようとしない。彼らは常に子どもの中に大人を求め，大人になる前に，子どもがどんなものであるかを考えない。……あなた方はまず，あなた方の生徒をもっとよく研究することから始めなさい。なぜなら，あなた方が生徒をまるで知っていないことはまったく確かなのだから」。**

J.-J. ルソー
(1712～1778)

＊＊Jean-Jacques Rousseau『エミール』永杉吾輔・宮本文好・押村襄訳，玉川大出版部

以上の言葉の中にルソーの子ども観の主たるものが入っている。彼は，中世社会の偏見・権威などによってゆがめられた人間，それまで小さな大人と考えられていた子どもを見て，本来の人間回復が重要だと考えた。そしてその本来的人間を自然人と定義し，子どもを子どもとして見ることを主張し，子どもの発見者として注目されることとなった。また教育への最大のカギとして「大人になる前に，

子どもがどんなものであるのか」の研究を指摘した。教育者にとっての子どもの理解においても，たいへん重要な示唆を与えている。また前述したようなことからも考えられるように，大人中心から子ども中心へと幼児教育の視点転換を示した。よって学習主体者としての子どもの位置づけを明らかにし，とくに幼児期における消極的教育の重要性を主張した。これは外からの強制による教え込みの教育ではなく，子ども自らが学習主体者となり，大切なのは子どもの心身発達を保護し，環境を整えることである。よって，子どもに教えることではなく，知りたいという欲求を起こさせることである。言い換えれば，教師中心・書物中心の教育から子ども中心の教育への転換である。

またここで注目すべきことは，子どもの権利の擁護者としての位置を幼児教育史上に確保したことである。

4 生活近接の原理に基づく子ども観

ペスタロッチーが子どもをいかにとらえていたかについては，次の言葉から考えられる。「人間性のすべての能力を賦与されているものであるが，しかしその能力はいずれも発達しておらないので，いわばまだ開いていない芽のようなもの」。* 彼はロックの「白紙説」を否定し，子どもにはあらゆる能力がその芽という形で与えられているとした。教師はこの芽を促進する役割にすぎないとしている。いわゆる子どもの自己活動を中心においた教育を推進した。つまり幼児を援助する教育を提唱している。それは幼児の頭（知），心臓（心情），手（技能）の三根本力の芽であり，大人の援助によってそれがバランスよく発達すると考えた。さらに彼が主張したのは「生活近接の原理」による生活教育，労作教育である。教育の目的を，学校における知識の習得ではなく，生活に適応できることにおいている。

J.H. ペスタロッチー
（1746～1827）

＊Pestalozzi『幼児教育の書簡』長田新編「ペスタロッチー全集」平凡社，1960

5 神性に基づく子ども観

フレーベルの子ども観のキーワードは神性である。「すべてのものの中には，1つの永遠の法則が宿り，働き，そして支配している。この法則は外的なもの，すなわち自然にあっても，内的なもの，すなわち精神にあっても，またこの両者の統一，すなわち生命にあっても，同様に常に明らかにあらわれている。……すべてのものを支配するこの法則の根底には，永久に存在する統一者が存在する。……統一者とはすなわち『神』である。すべてのものは神性，すなわち神から出てきている。そして神性すなわち神によって制約されている。神の中に万物の唯一の基礎がある。すべてのものは神性がそのうちに働いているということのみによって存在する。このように，各事物に働いているこの神性がすべてのものの本質なのである」[*]という言葉がフレーベルの主著『人間の教育』の最初に書かれている。彼の永遠の法則は＝（イコール）神性であるから，当然フレーベルのいう幼児の本性とは神性であり，教育の仕事は，この神性を引き出すことであるとした。また彼は幼児の自発性を重要視した。彼は幼稚園を幼児の園という花園にたとえ，幼児を花園に咲く草花，保育者を草花を世話する園丁にたとえた。彼が幼児を草花にたとえたのは，幼児の内部に連続的発展性があると考えていたからなのである。

F.W.A. フレーベル
(1782～1852)

＊Friedrich Fröbel, *Die Menschenerziehung.*, 1826

また，彼は子どもの遊びについて多く語っている。その中でとくに注目したいのが，「遊びは児童生活の最高の段階である」という言葉である。遊びは子どもの内にあるものを，外へあらわしたものという視点でとらえたものであり，子どもにとってもたいへん重要な活動であることを示唆した。

それからフレーベルは予感の問題をとらえた。「子どもは万物を制約し，選出し，支配する存在に対する予感をもっている。また，自分の精神的本質を知覚し，神と万物の霊的本質を予感する。子どもは世界の内外に自分におけると同様な霊が働いて，すべてを支配しているとの予感・信仰・期待をもっている」[**]という言葉にもあるように，認識の根本に予感をキーワードとしておいたのである。また連続発展性についても述べている。彼の考えによると，人間の発達段階に固有な精神や心身の要求があり，それが連続的に発展してこそ人間として成長していくのである。

＊＊Friedrich Fröbel『フレーベル全集』第2巻，玉川大出版部

6 児童中心主義に基づく子ども観

ジョン・デューイの教育思想は，児童中心主義であり哲学に基づく教育学である。それは従来の伝統的な教育，教師・教科書中心主義の教育に痛烈な批判をしている。

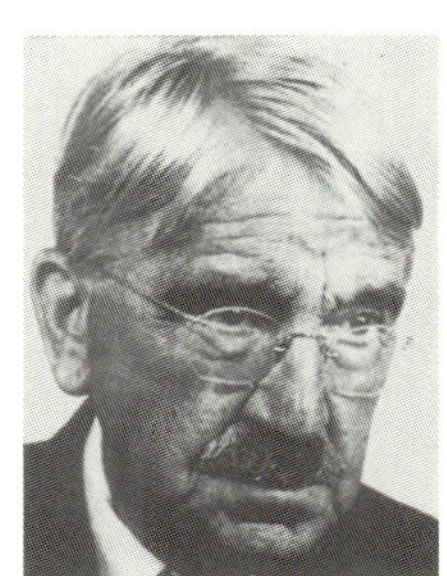

J. デューイ
(1859～1952)

彼は「教育は児童が中心であり，目的であり，その成長発達が理想である」[***]と語り，児童中心主義をはっきりと主張している。ルソーを中心とするこれまでの理想主義的な児童中心主義とは異なり，神なる自然・子どもの自然を否定し，適当な環境を与えなければならないとした。この適当な環境とは，精神的·物理的·社会的環境を含むものである。

＊＊＊J.Dewey, *The Child and The Curriculum*,1902

彼の考えの新しさは，社会的環境を重視した点であった。これは言い換えれば子どもの社会性に注目したということである。

幼児は他の動物に比べると無力である。ゆえに社会的関係を形成していくのであり，それが相互依存的な人間社会のあり方である。さらに彼は，子どもを正しく指導することが子どもの未来を決めるだけではなく，社会そのものの改造にもつながると述べている。

7 21世紀の方向性

前述したように，近代に入り，ルソー，ペスタロッチー，フレーベルを中心とした児童中心主義が確立されたことにより，子ども観についても一定の段階に到達したように思う。ただ現実の社会では多種多様な問題があり，その解決方法は決まっているわけではない。現場の保育者も多忙な日常の保育に埋没するのではなく，子ども観の歴史を今一度再考してほしい。

そして保育の本質とは何かを探求する機会を得る必要がある。子どもは育つ存在であると同時に，育つ場が与えられなければ育たない存在である。制度上で「児童憲章」をはじめ，「子どもの権利に関する条約」等で「権利行使の主体としての子ども観」が打ち出された。方向性としては，まとまった形ができつつあるが，現実の問題としては，１人ひとりの子どもとかかわりながら，より深い子ども観の理解と，ともに育つ喜びを共有しつづける必要があると思われる。

2. 先覚者たちの歩み

経済的にも高度成長を遂げたわが国の教育現状をみると，21 世紀を担う今の幼児・児童の行方が思いやられる。家庭内暴力・校内暴力・いじめ・自殺等さまざまな問題が起こっている。その背景（根っこ）には，家庭でも学校でも真の人間を育てているのではなく，早くから受験勉強やせまい職業人を目ざす教育があるのではないか。子どもの人間性を見失った保育や教育が，家庭で，園で，学校で行われているからではないだろうか。

今こそルソー，ペスタロッチー，フレーベルを中心とした先覚者たちの教えに耳を傾けるべきではないか。そこから幼児教育，ひいては人間教育の原点を探っていく必要がある。

1 コメニウス

近代教育の父であり，教授学の樹立者であるコメニウスは，幼児教育の重要性を唱えた人でもある。同時に彼は近代幼児教育思想の先駆者的役割を果たした人物の１人でもある。彼の幼児教育思想を知るためには，次の著書をひもといていかなければならない。『大教授学』と『母親学校指針』(後の『幼児の学校』) である。『大教授学』において母親学校または幼児の学校の位置づけを行い，幼児教育論の大要を示した。『母親学校指針』はそれをさらに詳しく示し，展開させたものである。

幼児教育の方法原理としては，感覚主義と合自然主義をとった。時に感覚教育を重要視し，その中で彼が書き著わした絵入り読本『世界図絵』を使った。また早期教育の主張者でもあり，各家庭の母親を中心とした幼児教育の必要性を主張した人であった。とくに幼児にとって人生最初の学校として「母の膝（ひざ）」を示したのが印象深い。コメニウスの幼児教育史上における意義を考えると，近代学校体系の創設者であり，母親を中心とした幼児教育思想および家庭教育論を確立したその業績は，後のペスタロッチー，フレーベルに明らかに影響を及ぼした。

2 ルソー

近代思想の先駆者であるルソーの思想は，政治・経済・社会等広範囲にわたっている。彼の幼児教育思想は，主としてその著書『エミール』の中で述べられている。彼はそれまでの子どもを小さな大人としか見なかった子ども観を完全にぬぐいさり，子どもを子どもとして見るべきだと唱え，子どもの発見者として名を残した。ルソーの教育論の特色は，自然に即した教育を中心においたことである。

教育は，「自然」と「事物」と「人間」の三者によって行われるが，それが一致するためには，人間の自由にならぬ「自然」，つまり子どもの内部的成熟に合わせるべきであるとし，早期教育を否定して消極的教育を唱え，子どものもつ自由性・活動性を生かす環境を整えることを重視した。彼は母親の役割だけでなく父親の役割についても指摘している。母親・父親両者が協力して，自然の道に従って教育するべきだというのが彼の考えであった。この家庭教育の重視は，後にペスタロッチーに引き継がれて，発展する道をたどっていくことになる。

3 ペスタロッチー

ペスタロッチーは，貧民教育に生涯をかけた教育実践家であった。また彼は幼児教育の実践家というより初等教育の分野を含めて活動した人である。ゆえに初等教育の父ともいわれる。また家庭教育の重要性も主張し，「居間の教育学」「親心子心」を中心とした理論を示した。「生活が陶冶する」という言葉にもあるように，生活教育を重視した。

4 フレーベル

フレーベルは，幼児教育史上，世界で初めて「幼稚園」を創設した人であり，後世の幼児教育に多大な影響を与えた人物である。

彼は 1826 年に主著『人間の教育』の中で教育の本質を論じ，教育思想全体を明らかにしている。

彼は，幼児の創造活動を満たすための遊具「恩物」を考案した。1839 年「遊戯および作業の教育所」をつくり，これが1840年に世界で初めての「幼稚園」の創設になったのである。彼は幼児教育における母親の重要性を主張したが，母親のために1844年『母の歌と愛撫の歌』を刊行した。フレーベルの幼児教育論を考えるにあたっては，キーワードとしては，前節で述べたように「神性」「自発性」「連続発展性」である。さらに「遊び」をつけ加えなければならないであろう。彼は幼児教育における遊びの価値を非常に高く評価し，意味深いものと考えた。

5 モンテッソーリ

モンテッソーリ*は，1896年イタリア最初の女性医学博士となった。主に精神科で発達遅滞や精神障害を研究し，1907年にはローマのスラム街で，「子どもの家」を設立した。

＊Montessori（1870～1952）

そこでの実践を『モンテッソーリ法』という本に著わした。彼女の教育思想は，子ども中心主義の流れをくんでいる。彼女は，子どもの自由の尊重・作業の重視・敏感期・モンテッソーリ教師をキーワードにして，その実践を行った。とくにモンテッソーリ法については，次のような特徴をもっている。感覚教具をはじめに，年齢に応じた各々の教具が準備された環境の中で，幼児自身の興味や能力に応じた自由選択活動をすることである。

つまり教具・保育者・環境構成等，まわりの条件を整えることにより，幼児の自立を促そうと考えたのである。

6 先覚者たちの残したもの

ルソー，ペスタロッチー，フレーベルは，いずれも人間の尊厳性・平等性を信奉しつつ，それを原点として人間教育を考え，あるいは実践した人々である。ルソーは真の人間教育のあり方を予言し，ペスタロッチーはそれを実践し，そしてフレーベルはペスタロッチーの実践を深く理論化しつつ，乳幼児の教育の方法を自ら創造し実践した。３人が共通に強調しているのは，「まず人間をつくれ。それから職業人を育てよ」ということである。それは，「普遍性をもって生まれた子どもを特殊化する教育」から，「子どもを特殊化から守り，普遍性の実現を保障する教育」への転換である。

知・情・意の調和した全面的な発達を図ることが先で，専門の教育はその後からするということである。その調和した全面的な発達を図ることこそ幼児期と児童期の教育の中心的課題である。あくまでも幼稚園・保育園は知識や技能を教えるところではない。身体的な精神的なすべての芽生えを健全に育てて，初めて立派な花を咲かせることができる。フレーベルは，次のように世の親や大人に警告している。「あなた方の子どもは，溶かして流せばいろいろな形になれるような蝋（ろう），または思うようにどんな形にもつくれる粘土のようなものではない」。この言葉の意味を私たちは再考しなければならない。教育史上，ルソーが予感したものをペスタロッチーが実践し，ペスタロッチーが実践したものをフレーベルは哲学的に深めたといわれる。ルソーは子どもの発見者といわれ，ペスタロッチーは初等教育の父といわれた。そしてフレーベルは乳幼児の発見者であると同時に幼児教育の父と呼ばれた。

3. いま求められている方向

いま求められている方向を２つの側面からとらえていくことにする。１つは保育者自身に求められているもの，もう１つは保育そのものがもっている新課題である。

1 保育者に求められているもの

（1）21 世紀の保育のキーワード「心」

21 世紀の保育を考えるにあたって，キーワードになるのは「心」である。

まず，保育者は常に「心のアンテナ」をもって保育現場に出なければならない。現代社会のさまざまな問題点が子どもに影響を及ぼしているが，子どもは必ず何らかのサインを出してくる。サインは，それを受けとめてくれる人がいて意味をなすものである。保育者が前述した「心のアンテナ」をもっていれば，それに対処することができる。

次は「心のくすり箱」である。くすり箱は，すべての幼稚園，保育所，認定こども園の保育室または職員室に置いてあるが，ここで提案したい「心のくすり箱」とは，子どもがケガをしたり，また不安・恐怖感があるとき，その気持ちに共感し癒すことができるくすり箱のことである。１人ひとりの子どもに，違った「心のくすり箱」が必要かもしれない。保育者自身の「心のくすり箱」は何かも問わなければならないだろう。

さらに「心の体操」である。保育者，子ども，ともに「心の体操」をしているだろうか。保育内容の多様化によって保育者自身も疲れ，子どもたちも疲れている。このような現状の中で，子どもにとって「心の体操」になるのは何かを考えなければならないし，保育者自身も常に自分の「心の体操」とは何なのかを知っておかねばならない。「心の体操」には，べつに難しい定義があるわけではない。

気分がリフレッシュできれば，それでよいのだ。保育者間の自主研修でそれぞれの工夫を出し合い，その効果を確かめて，母親たちにも伝えて欲しい。

(2) 生きる力と困難な状況に対処する力

現代社会の困難な状況の中で，子どもには「生きる力」を身につけてほしい。そのためには，乳幼児期の発達課題（人間や社会に対する「愛情」と「信頼感」，自分で考え，行動し，責任をもつ「自立感」，自分で自分をコントロールする「自律感」，初めてすることは下手でもやっていれば必ず上手になるという「有能感」など）を身につけることが何よりも重要である。保育者は，何を教えるかではなく，子ども自身がこのための原体験を十分にもてるように配慮するプロでなければならない。

(3) 望ましい保育者の姿

基本的には，「幼児との信頼関係を十分に築き，幼児とともによりよい教育環境を創造」（幼稚園教育要領）していく保育者であることが求められる。具体的には，「幼児の精神安定の拠り所」「憧れを形成するモデル」「幼児との共同作業者，幼児と共鳴する者」「幼児の理解者」「遊びの援助者」としての役割（時代の変化に対応した今後の幼稚園教育の在り方に関する調査研究協力者会議最終報告）が求められている。

私が重視するのは，以下のポイントである。

まず第一に子どもを受けとめる豊かさと温かさをもった保育者，第二にソーシャルワーカー的視点をもった，子どもおよび保護者の心のケアができる保育者，第三に子どもが出会う最初の先生として，いい意味で心に残る，言い換えれば，子どもの心の原風景となる保育者，第四に子どもの自己実現を援助しながら，保育者自身も自己実現するように努力する保育者である。

2 保育全体に求められているもの（保育の新課題）

社会状況の急激な変化に伴い，いわゆる保育ニーズがますます多様化している現在，保育の現場ではいくつかの新しい課題が発生し，その対応または解決策が急がれている。

(1) 子育て支援

少子化時代において，安心して子どもを産み育てる環境整備が問題になっている。また幼稚園や保育所，認定こども園が入園児だけではなく，地域の子育て支援センター的役割を果たし，家庭を支援していこうという流れがようやく見られるようになった。しかし社会背景としては，核家族化により，祖父母から育児のノウハウを学ぶことができず，マスメディアの育児情報にまどわされる母親も多くいる。育児の悩みを気軽に相談できる場所が必要である。これらの現状を打開するために，「エンゼルプラン*」をはじめ，諸施策が講じられつつある。社会全体としての支援体制が充実するのは望ましいことであるが，地域に一番密着した子どもの専門家がいるところといえば，保育所，幼稚園，認定こども園である。これらの地域子育て支援センターとしての役割は，今後もとくに注目されるであろう。さらに，この子育て支援を細分化していくと，延長保育・一時的保育・放課後児童クラブなどさまざまな広がりがある。制度面だけではなく，人的配慮やそれに伴う補助金のあり方などについても同時に考えていかねばならないだろう。保育ニーズとは，本来，子どもの切実なニーズであるということを忘れてはならない。

*厚生・文部・労働・建設（当時）の４大臣合意によって出されたプランで，子育て支援に関する1995（平成7）年以降の10年間の国の計画を示したもの。1999（平成11）年には新エンゼルプランが出された。

(2) 多文化保育（国際化と保育）

親が外国籍の子どもや帰国子女など，異文化環境で育った子どもが年々増加している。

一口に異文化といってもさまざまなケースが考えられる。たとえば両親とも外国人，一方の親のみが外国人，日系の子ども，海外の帰国子女，さらに細かく見ていくと，オールドカマー（在日朝鮮・韓国）に対し，ニューカマー（東南アジア・南米）の日本への定住も増加している。国際化という言葉を幼稚園，保育所，認定こども園との関連で考えると，いくつかのケースが考えられる。外国語会話などの保育内容への組み入れ，外国との交流，異文化の背景をもつ子どもの受け入れなどがあげられる。とくに最近の検討課題とされているのは，一番最後のケースである。まず問題となるのは，コミュニケーションの障害，つまり言葉の障害である。子どもが日本語を理解できない場合や，親が理解できない場合もある。英語圏の国のみであれば，保育者が英語さえ話せればよいが，母国語もそれぞれ多様である。とくに母国語が英語でない場合は，保育者自身が子ども・親とコミュニケーションをとるために，その母国語の理解に向けて努力しなければならない。また，外国人の子どもを受け入れる場合，宗教のことも聞いておかなければならない。給食メニューへの配慮も必要になってくる。またコミュニケーションがとれないがゆえに，ストレスがたまって園児間でのトラブルに発展しかねない。いずれにしても，さまざまな事例が発生してくるのは避けられない。解決のマニュアルは存在しない。事例ごとにその状況を正確に判断し，人間として誠実に対処していかねばならない。

(3) 幼小の連携

数年前から幼小連携については，研究・実践が検討されているが，新しい「幼稚園教育要領」「保育所保育指針」「幼保連携型認定こども園教育・保育要領」においても，小学校教育との接続に当たっての留意点が示されている。特にここで注目しなければならいのは，つぎの３つの視点である。

① 発達や学びの連続性を踏まえた幼児教育の充実
② 保育者の資格および専門性の向上
③ 家庭・地域社会の教育力の再生・向上

これらの視点を踏まえ，幼小の連携研究・交流が進められなければならない。すでに日本のいくつかの地域で実践されている幼稚園・保育所・認定こども園の保育者と小学校教員の交流体験・実践に注目したい。つまり保育者が小学校へ，また小学校教員が幼児教育の場へと向かう交流体験である。これらの実践には事前･事後研修も含まれるが，非常に重要な意味をもつものである。これらの交流･研究実践が進めば幼小連携の在り方と方向性が見えてくると思う。つまり幼小連携の本質は,文言だけでなく必ず実践に基づく検証をはじめ,さまざまな視点（子どもの発達，保育者の質の向上，地域・家庭の教育力）を含むものでなければならないのである。

【参考文献】
梅沢信生『子ども観の歴史』新読書社，1993
秋葉英則『子どもの発見・教育の誕生』清風堂書店，1991
天田邦子・大森隆子・甲斐仁子編著『子どもを見る・変化を見つめる保育』ミネルヴァ書房，1999
荘司雅子編『幼児教育の源流』明治図書，1993
上野辰美・森楙・谷田貝公昭・武田紘一編著『幼児教育情報ハンドブック』コレール社，1991
小田豊・榎沢良彦編『新しい時代の幼児教育』有斐閣アルマ，2002
大橋喜美子編著『事例でわかる保育と心理』朱鷺書房
岸井勇雄『幼稚園教育の進展』明治図書，1998
岸井勇雄『幼児教育課程総論』第二版，同文書院，2002
岸井勇雄『子育て小事典』エイデル研究所，2003
柴崎正行編『保育原理』第三版，同文書院，2011

索引

Index

―― さ　行 ――

―― た　行 ――

―― な　行 ――

―― は　行 ――

―― ま　行 ――

―― や　行 ――

―― ら 行 ――

―― わ 行 ――

保育・教育ネオシリーズ［1］

幼児教育の原理

2003年4月1日　第一版第1刷発行
2009年4月20日　第二版第1刷発行
2018年4月1日　第三版第1刷発行
2022年3月31日　第三版第2刷発行

編著者　榎沢良彦
著　者　岸井勇雄・鬢櫛久美子・田川悦子
菱田隆昭・岡崎公典
内藤知美・平野良明
大久保 智・横山文樹
矢持九州王・長谷雄一
制作協力　清原一隆（KIYO DESIGN）
発行者　宇野文博
発行所　株式会社　同文書院
〒112-0002
東京都文京区小石川5-24-3
TEL (03)3812-7777
FAX (03)3812-7792
振替　00100-4-1316
印刷・製本　中央精版印刷株式会社

Printed in Japan　ISBN978-4-8103-1467-0